U0534308

公园之城

从"首提地"到"示范区"

成都市公园城市建设管理局
中国城市规划设计研究院
成都市公园城市建设发展研究院
主编

中国社会科学出版社

图书在版编目（CIP）数据

公园之城：从"首提地"到"示范区" / 成都市公园城市建设管理局等主编 . —北京：中国社会科学出版社，2023.6

（新发展理念的成都实践）

ISBN 978-7-5227-1999-3

Ⅰ.①公⋯　Ⅱ.①成⋯　Ⅲ.①城市建设—研究—中国　Ⅳ.① F299.21

中国国家版本馆 CIP 数据核字（2023）第 097308 号

出 版 人	赵剑英
策划编辑	喻　苗
责任编辑	范晨星
责任校对	韩天炜
责任印制	王　超

出　　版	中国社会科学出版社
社　　址	北京鼓楼西大街甲 158 号
邮　　编	100720
网　　址	http://www.csspw.cn
发 行 部	010-84083685
门 市 部	010-84029450
经　　销	新华书店及其他书店
印刷装订	北京明恒达印务有限公司
版　　次	2023 年 6 月第 1 版
印　　次	2023 年 6 月第 1 次印刷
开　　本	710×1000　1/16
印　　张	18.25
字　　数	271 千字
定　　价	158.00 元

凡购买中国社会科学出版社图书，如有质量问题请与本社营销中心联系调换
电话：010-84083683
版权所有　侵权必究

牵头人及编撰专家

牵头人

王　凯　中国城市规划设计研究院院长、全国工程勘察设计大师
刘玉泉　成都市委常委、统战部部长，成都市总工会主席
杨小广　成都市人民政府副秘书长，成都市卫生健康委员会党组
　　　　书记、主任
金　城　成都市公园城市建设管理局党组书记、局长

领衔专家

王忠杰　中国城市规划设计研究院副总工程师、风景分院院长
古利军　成都市公园城市建设管理局党组成员、副局长
刘洋海　成都设计咨询集团党委专职副书记、工会主席
董　珂　中国城市规划设计研究院副总规划师、总工室主任
张圣海　中国城市规划设计研究院西部分院院长
束晨阳　中国城市规划设计研究院风景分院总工程师
陈　明　中国城市规划设计研究院副总规划师、院士工作室副主任
陈明坤　成都市公园城市建设发展研究院院长

编撰组成员

王　斌　黄曦玫　王　全　肖莹光　张清彦　景泽宇　李云超
孙培博　郝　钰　袁　敬　吴　熙　吴　岩　吴　雯　高　飞
王　璇　王国清　吴　凯　曾　真　董　琦　王卓琳　雷　夏
杜晓娟　田　涛　付　凯　王　颖　薛海燕　张丹妮　郭　旭
耿福瑶　龚　辉　王浩丞　王若煊　付　珊　杨逸凡　罗光全
徐　蓉

序 言

城市是中国经济、政治、文化、社会等方面活动的中心，在党和国家工作全局中具有举足轻重的地位。党的十八大以来，中国人居环境持续改善，住房水平显著提高，同时仍存在整体性缺乏、系统性不足、宜居性不高、包容性不够等问题，大量建设、大量消耗、大量排放的建设方式尚未根本扭转。转变城市发展方式，推动城市高质量发展，更好地满足人民群众对美好生活的需要，是党中央对新发展阶段城市工作的要求，也是住房和城乡建设部以习近平新时代中国特色社会主义思想为指导，推动城乡建设绿色发展的工作导向。

成都建设践行新发展理念的公园城市示范区是党中央交给四川省和成都市的重大使命。2018年2月，习近平总书记在四川成都视察天府新区时提出，"要突出公园城市特点，把生态价值考虑进去，努力打造新的增长极，建设内陆开放经济高地"。成都公园城市建设实践，应坚持以人民为中心，统筹发展和安全，将绿水青山就是金山银山理念贯穿城市发展全过程，充分彰显生态产品价值，推动生态文明与经济社会发展相得益彰，尊重城市发展规律，探索山水人城和谐相融新实践和超大特大城市转型发展新路径。

从"首提地"到"示范区"，成都公园城市示范区建设实践取得了阶段性重大成效。近年来，四川省和成都市牢记习近平总书记的殷切嘱托，坚持人与自然和谐共生，优化城市发展格局，厚植城市生态基底，坚持以人民为中心，统筹城乡规划建设管理，实施城市更新行动，注重城乡历史文化保护传承，强调城市文化凝聚，推动美好环境共建共治共享，建设美丽幸福家园，城市经济社会持续稳定增长，市民幸福感安全感不断提升，全面提升了成都市的综合竞争力，推动了成渝地区双城经济圈建设。本书系统梳理了成都市开展公园城市理论探索、建设实践和创新示范的历程与成效，进一步探讨了公园城市的内涵特征和实践价值，总结了成都公园城市示范区在城乡建设方面可复制、可推广的"成都经验"，对中国其他地区和城市因地制宜探索城乡绿色发展路径具有借鉴作用。

全球城市化共同面临气候变化、环境问题、大城市病、文化传承等问题，但城市化进程不会改变，人类的未来无疑仍是城市。探索城市绿色、可持续发展路径是全球城市的共同使命。公园城市为全人类描述了美好的城市愿景："老百姓走出来就像在自己家里的花园一样。"成都公园城市实践在城乡建设绿色发展方面进行了富有成效的积极探索，希望中国开展公园城市建设的城市进一步总结经验，为世界城市可持续发展提供中国方案，共同建设美好城市家园。

王　凯

中国城市规划设计研究院院长

目录 CONTENT

总 论 公园城市：绿色城镇化发展的新模式 // 1

  第一节 中国城镇化 40 年的成就与问题 // 1

  第二节 绿色城镇化是高质量发展的必然选择 // 2

  第三节 成都公园城市的实践价值与意义 // 5

理论探索篇

第一章 时代背景与中央要求 // 13

  第一节 新阶段新理念新格局的时代要求 // 13

  第二节 碳达峰碳中和的资源环境约束要求 // 19

  第三节 习近平生态文明思想引领公园城市建设发展 // 22

  第四节 公园城市坚持以人民为中心 // 25

第二章 新时代绿色导向的新型城镇化 // 27

  第一节 中国特色新型城镇化的道路探索 // 27

  第二节 中国绿色城镇化的现实需求与探索方向 // 32

第三节　绿色城镇化背景下的东方营城智慧 // 39

第三章 公园城市是顺应城市发展规律的新模式 // 43

第一节　生态优先、以人为本的综合解决方案 // 43
第二节　公园与城市融合发展是治疗城市病的施治路径 // 48

第四章 成都公园城市的先行探索 // 54

第一节　成都建设公园城市的政治使命 // 54
第二节　成都公园城市探索历程 // 63
第三节　成都建设公园城市的主要成效 // 66

创新示范篇

第五章 构建公园城市高质量发展新格局 // 73

第一节　落实国家及区域发展要求 // 73
第二节　筑牢公园城市绿色发展生态基底 // 76
第三节　建设产城景融合发展的产业空间 // 82
第四节　"两山夹一城"到"一山连两翼" // 86

第六章 夯实公园城市人与自然和谐共生本底 // 88

第一节　生态保护修复 // 88
第二节　生物多样性保护 // 99

第三节　构建全域公园体系 // 103

第七章　培育公园城市幸福公共生活网络 // 105

第一节　营造公园社区 // 105

第二节　提升公共服务供给 // 115

第三节　优化公共慢行交通 // 122

第四节　塑造公共活动空间 // 127

第八章　推进公园城市活力有机更新 // 135

第一节　系统推动有机更新 // 136

第二节　全面改造老旧小区 // 145

第三节　公园城市历史文化保护与传承 // 155

第四节　转化"剩余空间"为"金角银边" // 162

第九章　创新公园城市场景营造新模式 // 167

第一节　基于场景理论的公园城市建设模式创新 // 168

第二节　公园城市场景营造新模式的机制探索 // 170

第三节　公园城市场景营造的实践探索 // 176

第十章　建设公园城市城乡融合美丽乡村 // 198

第一节　建设国家城乡融合发展试验区 // 198

第二节　乡村景观保护与传承 // 203

第十一章　创新公园城市绿色低碳发展方式　// 212

第一节　绿色交通体系　// 212

第二节　绿色建筑和绿色建造　// 218

第三节　综合管廊和海绵城市　// 224

第四节　绿色生产生活方式　// 229

第十二章　创新公园城市空间治理机制　// 236

第一节　空间治理政策与法规　// 236

第二节　空间治理技术标准体系　// 237

第三节　公园城市智慧城市建设　// 242

第四节　生态产品价值实现机制　// 248

第五节　以片区规划引领推动两项改革"后半篇"文章　// 252

结语与展望

第十三章　结语与展望　// 257

第一节　绿色城镇化是未来发展新模式的必然选择　// 257

第二节　以成都公园城市建设探索绿色城镇化中国方案　// 258

第三节　落实公园城市"首提地"的责任担当与"示范区"的历史使命　// 262

附　录　成都公园城市大事记　// 268

参考文献　// 278

总　论

公园城市：绿色城镇化发展的新模式

第一节
中国城镇化 40 年的成就与问题

一　成就

过去 40 年，中国顺利实现了全球最大规模的城镇化，是一个很了不起的成就。1978—2020 年，中国城镇化率由 1978 年的 17.9% 增长至 2020 年的 63.89%，城镇人口由 1978 年的 1.7 亿增长到 2020 年的 9 亿（5.3 倍），城镇建设用地由 1981 年的 0.67 万平方公里增长到 2019 年的约 13.37 万平方公里（约 20 倍）。（见图 0-1）

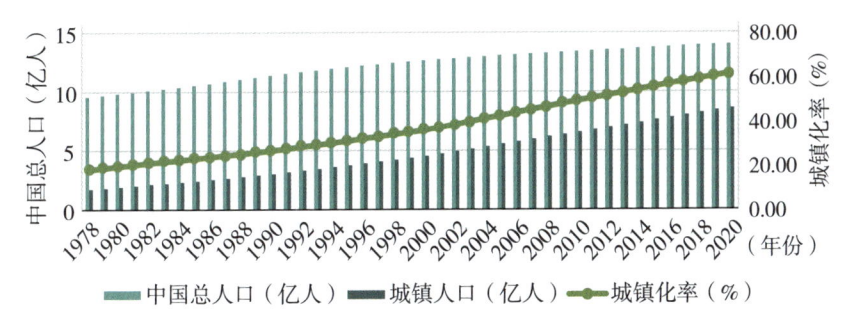

图 0-1　1978—2020 年中国总人口、城镇人口与自然增长率变化趋势

数据来源：中国统计年鉴、中国国家统计局。

中国城镇化支撑了国家经济的高速发展。2020年中国GDP总量突破100万亿元，占全球经济比重从1978年的1.7%提升到2020年的17%，全面建成了小康社会，历史性地解决了绝对贫困问题。城镇化实现了"乡村中国"向"城市中国"的巨大变迁，改革开放后约7亿人口从农村进入城市，城市数量从1978年的196个增长至2019年的684个。城乡人居环境条件得到了根本改善。城镇居民人均住房建筑面积由6.7平方米提高到40平方米，改善了2亿困难人群住房条件。2000—2018年，中国城市建成区面积增长161%，是城市人口增速（81%）的2倍，大量新城、新区人均城市建设用地近200平方米/人。城乡建设、交通、市政等各级各类城市基础设施得到根本性改观。

二 问题

2000—2018年，中国城市建成区面积增长161%，是城市人口增速（81%）的2倍，大量新城、新区人均城市建设用地近200平方米/人，土地资源消耗速度过快。近年来，中国每年房屋新开工面积约20亿平方米，消耗的水泥、玻璃、钢材分别占全球总消耗量的45%、42%和35%。2000—2018年，中国碳排放年均增长11.6%，碳排放总量不断增加，减碳任务面临着经济发展、现代化建设的巨大压力。

第二节
绿色城镇化是高质量发展的必然选择

一 国际趋势

全球气候变化成为人类面临的共同挑战。工业化以来，人为排放的二氧化碳量过多造成了温室效应。2019年的全球平均气温比工业化前高出了1.1℃，2010年至2019年是有记录以来最热的10年。海洋生态系统破坏严重。2019年海洋热含量已深入到深度2公里的海洋，海洋酸化、海水含氧量减少、海平面上升、冰川退缩，严重破坏海洋和冰冻圈生态。

国际组织提出多项国际规则，包括1992年《联合国气候变化框架公约》、1997年京都议定书、2015年巴黎协定、2018年《巴黎协定》实施细则等。2016年10月17日，第三届联合国住房和城市可持续发展大会在厄瓜多尔基多市召开，会议形成《新城市议程》。其中提出：为所有人建设可持续城市和人类住区；推动城市范式转变，实现城市可持续发展转型承诺。国际上，绿色低碳发展成为多个城市的优先选择。与此同时，中国提出"双碳"目标，彰显大国担当和发展新要求。2020年9月22日，习近平总书记在第七十五届联合国大会一般性辩论上提出：中国将提高国家自主贡献力度，采取更加有力的政策和措施，二氧化碳排放力争于2030年前达到峰值，努力争取2060年前实现碳中和。

二 发展研判

第七次人口普查的结果可以看出人口流动有了新的趋势。第一，生态脆弱地区人口减少，环境压力得到缓解。近10年来，生态空间总人口不断减少，从2010年的2.9亿人减少到2.8亿人，减少1000万人。人口的减少一定程度上缓解了生态空间环境压力。同时，国家林业和草原局《中国退耕还林还草二十年（1999—2019）》白皮书显示，近20年中国退耕还林还草约5.15亿亩，实现了农业生产空间向生态空间的大规模"反哺"。第二，人口大量流入地区生态环境压力加大。京津冀、长三角、粤港澳、成渝城市群常住人口5.53亿人，比2010年增长5418万人，占全国比重达到40%。2020年，10个人口增速最快的城市依次是深圳、成都、广州、郑州、西安、杭州、重庆、长沙、武汉、佛山，人口总量达到1.58亿人，比2010年增长4210万人。其占全国人口的比重，由2010年的8.7%提高到

2020 年的 11.2%。

人口快速增长的城市面临着安全挑战。中央城市工作会议提出，城市是中国经济、政治、文化、社会等方面活动的中心，随着人口规模不断扩大、密度不断提高以及极端天气的出现，城市正面临着越来越多的灾害风险和安全挑战，深刻影响着我们的生活。

中国城镇化的趋势判断。中国的城镇化还在发展之中，首先我们对中国城镇化的高点做出科学的预判。到 2035 年、2050 年中国的城镇化率将会达到 75%—80%，未来还有 1.5 亿—2 亿左右的新增城镇人口。2035 年前后是关键时期：城镇人口峰值与碳排放峰值"两峰叠加"。2035 年左右，城镇化预计进入稳定时期，城镇人口达到 10.5 亿—11 亿，碳排放也将达到峰值，人均 GDP 超过 2 万美元。

三 绿色城镇化发展

党的十八大以来，习近平总书记提出"生态文明"重要思想，将生态文明建设写入党章并做出阐述。党的十九大提出，"人与自然是生命共同体，人类必须尊重自然、顺应自然、保护自然。我们要建设的现代化是人与自然和谐共生的现代化"。

党的十八大报告提出，"面对资源约束趋紧、环境污染严重、生态系统退化的严峻形势，必须树立尊重自然、顺应自然、保护自然的生态文明理念"，并将生态文明建设纳入中国特色社会主义事业五位一体总体布局，明确提出大力推进生态文明建设，对于建设美丽中国具有重大意义。习近平主席在致生态文明贵阳国际论坛 2013 年年会的贺信中强调，"中国将按照尊重自然、顺应自然、保护自然的理念，贯彻节约资源和保护环境的基本国策，更加自觉地推动绿色发展、循环发展、低碳发展，把生态文明建设融入经济建设、政治建设、文化建设、社会建设各方面和全过程，形成节约资源、保护环境的空间格局、产业结构、生产方式、生活方式，为子孙后代留下天蓝、地绿、水清的生产生活环境"。

2015年12月，中央城市工作会议时隔37年在北京举行。会议提出，城市是中国经济、政治、文化、社会等方面活动的中心，在党和国家工作全局中具有举足轻重的地位。坚持以人为本、科学发展、改革创新、依法治市，转变城市发展方式，完善城市治理体系，提高城市治理能力，着力解决城市病等突出问题，不断提升城市环境质量、人民生活质量、城市竞争力，建设和谐宜居、富有活力、各具特色的现代化城市，提高新型城镇化水平，走出一条中国特色城市发展道路。

　　推动绿色发展，促进人与自然和谐共生。坚持绿水青山就是金山银山理念，坚持尊重自然、顺应自然、保护自然，坚持节约优先、保护优先、自然恢复为主，守住自然生态安全边界。深入实施可持续发展战略，完善生态文明领域统筹协调机制，构建生态文明体系，促进经济社会发展全面绿色转型，建设人与自然和谐共生的现代化。

　　当前，中国进入高质量发展新阶段，城镇化发展要顺应国家生态文明建设的迫切要求，借鉴国内外绿色生态发展的理论和实践探索，并在绿色发展背景下重新思考人、城市和自然的关系。

第三节
成都公园城市的实践价值与意义

　　2018年2月，习近平总书记在视察四川天府新区时指出，天府新区是"一带一路"建设和长江经济带发展的重要节点，一定要规划好建设好，特别是要突出公园城市特点，把生态价值考虑进去，努力打造新的增长极，建设内陆开放经济高地。2020年1月，习近平总书记主持召开中央财经委员会第六次会议，对推动成渝地区双城经济圈建设做出重大战略部署，明确要求支持成都建设践行新发展理念的公园城市示范区。

成都市以建设践行新发展理念的公园城市示范区为使命责任，突出公园城市特点，全方位探索以绿色为导向的新型城镇化新模式，提升城市的综合竞争力和区域带动力，城市经济社会持续稳定增长，市民幸福感安全感不断提升，城市治理效能和活力韧性进一步彰显。

一 公园城市的核心价值

公园城市理念是贯彻落实习近平生态文明思想的全新实践，是全面体现新发展理念的城市发展新模式，是中央对城市工作"一尊重五统筹"的具体实践，是新发展阶段绿色城镇化发展、探索城市可持续发展多元模式的中国方案之一，其核心价值是建设人与自然和谐共生之城。

二 成都公园城市的内在机制

一是全面践行新发展理念，生态引领城市发展。"九天开出一成都，万户千门入画图。"成都作为举世闻名的天府之国，自然环境优越，西依雪山，都江堰灌区孕育了成都平原，东部为龙泉山脉和丘陵。成都市积极融入成渝地区双城经济圈建设，共筑长江上游生态屏障，协同构建区域生态网络，保护西部山水和精华灌区，保护修复山地森林生态系统，开展全域增绿增景，加强龙泉山城市绿心建设，实施流域水网保护行动，夯实"两山两网、两环六片"的市域生态本底。推动城市组团化发展，构建城园融合发展、人与自然和谐共生的公园城市优美形态。

绿水青山就是金山银山，成都市深入践行习近平生态文明思想，探索生态价值转化和生态产品价值实现路径，以城市品质价值提升平衡建设投入，以消费经济运营平衡管护费用。积极推进自然保护地优化整合，构建了以大熊猫国家公园为主体的成都特色自然保护地体系。加强生物多样性保护，推广大熊猫品牌文化，营造多元休闲旅游业态，建设自然教育和展示体系。在自然保护的基础上，重点打造自然生态公园、乡村郊野公园和城市公园，形成系统性、均衡性、生态化、功能化、特色化的全域公园体系。构建"可进入、可参与、景区化、景观化"的天府绿道体系，通过绿道系统串联、融合、引导、带动、激活沿线资源，综合发挥线性绿色空间的绿色生态、绿色功能、绿色交通、绿色产业、绿色生活五大功效。通过乡村绿道建设，打造多元体验场景，带动乡村地区农商文旅体融合发展。以慢行优先、绿色低碳、活力多元、智慧集约、界面优美为原则，精心打造"回家的路"社区绿道，提高绿色通勤效率，提升了居民幸福感。

二是人本核心，建设市民生活的幸福家园。 成都市积极探索公园城市建设与城市有机更新相结合的路径，落实"幸福美好生活十大工程"，分类系统推动有机更新，全面改造老旧小区，延续千年城市烟火记忆。以公园城市理念指导城市更新和社区建设，结合历史街区、现代新城和未来新区探索公园社区营建路径，实现了"公园"与"社区"的无界融合。如金牛区新桥社区结合府河环境，整合成都当代影像馆、萨尔加多全球艺术中心、PARK艺术交流中心、熊猫驿站等阵地，打造"一圈、一园、一街、一馆、一社"公园社区综合服务平台和文明实践基地。通过完善生活服务配套和消费业态，构建多元场景生活圈，以社区中心公园打造社区活动和交流中心，以特色文化街区创新消费场景，通过特色文化展馆丰富特色文化体验场景，建设"七馆一站一场"综合性社区服务中心，集成展览、阅读、健身等八大功能，提升了社区综合服务水平，增强了社区居民的幸福感、获得感。

三是遵循城市发展规律，创新城市发展动力。 中国城镇化发展进入下半场，吸引创新人群聚集、促进知识经济和消费经济发展是后工业经济社会的特征。成都市遵循城市发展规律，破解传统城市发展模式，促进新发展阶段城市空间格局与发展动能的耦合发展，在公园城市建设过程中探索城市建设与场景理论的结合，突出以人为本的发展核心和导向，融合城市与公园，传承地域文化特色，创造高品质城市生活和消费体验，吸引创新人群聚集，培育城市可持续发展动力和活力，实现从"城市中建公园"到"公园中建城市"、从"空间建造"到"场景营造"的转变。自2019年以来，成都市陆续发布"城市机会清单""六大新经济形态"和"七大应用场景",壮大了城市新经济的版图,提升了成都市城市经济发展的韧性和活力。

四是强调城市文化凝聚,建设人类文明的恒久载体。成都是长江上游的文明起源地,凝聚了田园农耕、兴文重教、商贸往来、开拓创新等文化特征,是中国城址未变、城名未改、延续至今的最古老城市之一,于1982年被国务院公布为首批历史文化名城。结合公园城市建设,成都市提出建设"三城三都",打造高品质生活场景和旅游消费场景。根据城市历史格局和文化遗产资源,加强历史保护和文化传承,提出构建天府锦城"八街九坊十景"的保护展示体系。结合历史街区保护更新,提升景观环境,改善交通,植入功能业态,传承并延续里坊街巷景空间形态。

三 公园城市的实施机制

政府统筹推动,多措并举探索公园城市建设机制。四川省和成都市高度重视,全面落实中央关于成渝地区双城经济圈建设要求,陆续颁布了推进公园城市建设的相关政策文件。成都市委、市政府牢记习近平总书记嘱托,通过推进践行新发展理念的公园城市示范区建设,统领成都市经济社会发展,政府领导高位谋划,统筹推动,探索新发展阶段新型城镇化路径。一是成立公园城市建设领导小组,建立市(区)县2级联动机制,创建了成都市公园城市建设管理局,形成多部门联动、系统高效的工作推进机制。二是在理论研究、技术标准、指标评价、政策法规等方面,构建了成都公园城市支撑体系。三是成都市在推进公园城市建设政策引导与财政保障、建设评估与监测体系、智慧化建设与管理、考核机制等方面也做出了有益的探索。四是创新探索了公园城市建设新机制,在生态产品价值实现、生态引领新经济发展方面,结合用能权、水权和碳排放权等新要素市场,建立了可持续建设、可持续运营和可持续变现等机制。

创新技术标准体系,提升公园城市治理水平。公园城市是新时代绿色城镇化发展的新模式,公园城市建设是城乡规划建设的新课题。成都市结合公园城市内涵和目标，因地制宜构建了公园城市建设的技术标准体系。编制了《成都市美丽宜居公园城市规划（2018—2035年）》，其后按照市级、县级（及功能区）、镇级（及社区）三级传导管控，按照底线约束、格局塑造、品质提升三类构建专项技术标准。目前，随着成都公园城市建设发展和实践推进，已编制发布和正在推进的技术标准近70项，包括城市规划建设、产业功能区、镇乡环境、公共空间、特色风貌街道、绿道建设、生物多样性、林盘保护利用、场景营造和业态融合等方面，具有系统性、先锋性、创新性和本土性的特点，已形成较为完善的体系框架，对促进公园城市建设和示范区探索，发挥了技术标准体系的引导和支撑作用，提升了成都公园城市的现代化治理水平。

2020年，世界城镇化平均水平为55.30%，中国城镇化率为63.89%，发达国家城镇化率平均约为81.3%。全球城市共同面临环境危机、能源危机、气候危机、文化传承等问题。成都公园城市探索具有其资源环境基础和文化特质，标定的是未来形态，四川省提出将成都公园城市进一步建设成为"活力、和谐、美丽、包容、幸福"的城市，旨在为世界城市可持续发展提供未来城市中国方案，促进世界经济的繁荣，让城市生活更美好，为人类命运共同体的全球治理提供中国智慧。

理论探索篇

第一章
时代背景与中央要求

第一节
新阶段新理念新格局的时代要求

2021年1月，习近平总书记在省部级主要领导干部学习贯彻党的十九届五中全会精神专题研讨班上发表重要讲话，强调，"进入新发展阶段、贯彻新发展理念、构建新发展格局，是由我国经济社会发展的理论逻辑、历史逻辑、现实逻辑决定的。进入新发展阶段明确了我国发展的历史方位，贯彻新发展理念明确了我国现代化建设的指导原则，构建新发展格局明确了我国经济现代化的路径选择"。[①]

一　新发展阶段的目标与挑战

（一）新目标

党的十九届五中全会提出，全面建成小康社会、实现第一个百年奋斗目标之后，我们要乘势而上开启全面建设社会主义现代化国家新征程、向第二个百年奋斗目标进军，这标志着中国进入了一个新发展阶段。

---

① 《深入学习坚决贯彻党的十九届五中全会精神确保全面建设社会主义现代化国家开好局》，《光明日报》2021年1月12日第1版。

习近平总书记指出："从历史依据来看，新发展阶段是我们党带领人民迎来从站起来、富起来到强起来历史性跨越的新阶段"。[①] 新发展阶段的主要任务，就是要完成建设富强、民主、文明、和谐、美丽的社会主义现代化强国这一历史宏愿。[②] 党的十九届五中全会提出了2035年基本实现社会主义现代化远景目标，一是中国经济实力、科技实力、综合国力将大幅跃升，经济总量和城乡居民人均收入将再迈上新的大台阶，关键核心技术实现重大突破，进入创新型国家前列。二是基本实现新型工业化、信息化、城镇化、农业现代化，建成现代化经济体系。三是基本实现国家治理体系和治理能力现代化，人民平等参与、平等发展权利得到充分保障，基本建成法治国家、法治政府、法治社会。四是建成文化强国、教育强国、人才强国、体育强国、健康中国，国民素质和社会文明程度达到新高度，国家文化软实力显著增强。五是广泛形成绿色生产生活方式，碳排放达峰后稳中有降，生态环境根本好转，美丽中国建设目标基本实现。六是形成对外开放新格局，参与国际经济合作和竞争新优势明显增强。七是人均国内生产总值达到中等发达国家水平，中等收入群体显著扩大，基本公共服务实现均等化，城乡区域发展差距和居民生活水平差距显著缩小。八是平安中国建设达到更高水平，基本实现国防和军队现代化。九是人民生活更加美好，人的全面发展、全体人民共同富裕取得更为明显的实质性进展。[③]

（二）新挑战

当今世界正经历百年未有之大变局，中国发展的外部环境日趋复杂。新一轮科技革命和产业变革、国际力量对比深刻调整、新冠肺炎疫情全球大流行等一系列趋势和变化导致全球未来发展的不确定性大大增加。中国

---

① 习近平．《把握新发展阶段，贯彻新发展理念，构建新发展格局》，《求是》2021年第9期。

② 于洪君：《中国现代化新征程发展三要素：新阶段、新理念、新格局》，《人民论坛》2021年第7期。

③《中华人民共和国国民经济和社会发展第十四个五年规划和二〇三五年远景目标纲要》，人民出版社2021年版。

发展仍然处于重要战略机遇期，但机遇和挑战都有新的发展变化，机遇和挑战之大前所未有。

在此变局之中，城市发展需要重点把握新发展阶段面临的两方面艰巨挑战。

一是新阶段人民日益多元化的美好生活需求对城市空间供给提出了更高要求。2020年中国常住人口城镇化率达到63%左右，已经步入城镇化较快发展的中后期，城市发展由大规模增量建设转为存量提质改造和增量结构调整并重，城市开发建设方式亟待转型，城市空间环境品质亟待提升。与此同时，中国人均GDP已经超过1万美元，人民群众的需求结构正在逐渐变化，代表"生存机会"的衣、食、住、行等必需型物质产品基本得到满足，代表"生活品质"的教育、医疗、养老、旅游等改善型物质产品和代表"生命价值"的艺术、文化、社会交往、自我创造等精神产品仍待补充。在此过程中，城市空间既需要加速完善基本公共服务，也需要注重文化内涵、环境品质、风貌特色的塑造，兼顾各类人群的基本型、改善型、提升型需求。

二是生态资源环境安全风险较大。中国资源总量丰富，但人均资源占有量远低于世界平均水平，如耕地面积、森林面积、水资源量人均指标以及一批战略性矿产资源储量均不容乐观。此外，资源粗放利用问题依然突出，城乡建设仍以外延扩张的发展模式为主，万元国内生产总值能耗明显高于世界平均水平，万元工业增加值用水量远高于世界先进水平，地区间发展不平衡，资源过度开发导致生态系统退化形势依然严峻，环境治理任务仍然艰巨，城市安全韧性也亟待提高。总体而言，生态资源环境安全短板已经成为目前中国现代化进程的紧约束条件。

二　新发展理念引领高质量发展

习近平总书记在《把握新发展阶段　贯彻新发展理念　构建新发展格局》一文中指出，我们党领导人民治国理政，很重要的一个方面就是要回答好实现什么样的发展、怎样实现发展这个重大问题。2015年10月29日，习近平总书记在党的十八届五中全会上强调："理念是行动的先导，一定的发展实践都是由一定的发展理念来引领的。发展理念是否对头，从根本上决定着发展成效乃至成败。"

在党的十八大以来对经济社会发展提出的重大理论和理念中，新发展理念是最重要、最主要的。新发展理念是一个系统的理论体系，回答了关于发展的目的、动力、方式、路径等一系列理论和实践问题，阐明了我们党关于发展的政治立场、价值导向、发展模式、发展道路等重大政治问题。

习近平总书记强调，全党必须完整、准确、全面贯彻新发展理念。一是由根本宗旨把握新发展理念。人民是我们党执政的最深厚基础和最大底气。为人民谋幸福、为民族谋复兴，这既是我们党领导现代化建设的出发点和落脚点，也是新发展理念的"根"和"魂"。只有坚持以人民为中心的发展思想，坚持发展为了人民、发展依靠人民、发展成果由人民共享，才会有正确的发展观、现代化观。实现共同富裕不仅是经济问题，而且是关系党的执政基础的重大政治问题。要统筹考虑需要和可能，按照经济社会发展规律循序渐进，自觉主动解决地区差距、城乡差距、收入差距等问题，不断增强人民群众获得感、幸福感、安全感。二是由问题导向把握新发展理念。中国发展已经站在新的历史起点上，要根据新发展阶段的新要求，坚持问题导向，更加精准地贯彻新发展理念，举措要更加精准务实，切实解决好发展不平衡不充分的问题，真正实现高质量发展。三是由忧患意识把握新发展理念。随着中国社会主要矛盾变化和国际力量对比深刻调整，必须增强忧患意识、坚持底线思维，随时准备应对更加复杂困难的局面。要坚持政治安全、人民安全、国家利益至上有机统一，既要敢于斗争，也要善于斗争，全面做强自己。

建设践行新发展理念的公园城市示范区，是党中央交给四川和成都的重大政治任务，贯穿着以人民为中心的发展思想，肩负着创构未来城市形态的时代使命，承载着回应人民美好生活向往的责任担当，标定了新时代城市建设发展的价值取向。近年来，成都市委坚定以习近平新时代中国特色社会主义思想为指导，认真贯彻党中央大政方针和省委决策部署，紧扣实际扎实抓好成渝地区双城经济圈建设，加快建设践行新发展理念的公园城市示范区，推动城市能级提升、发展方式变革、治理体系重塑、生活品质提高，各项工作取得新的成绩，美誉度和影响力不断提升，呈现良好发展态势。①

成都的实践表明，全面贯彻新发展理念，是城市高质量发展的必由之路。"十三五"时期，成都坚持以创新发展培育新动能，城市竞争优势实现战略性重塑；坚持以协调发展构筑新空间，城市发展格局实现根本性转变；坚持以绿色发展开辟新路径，城市生态品质实现突破性提高；坚持以开放发展厚植新优势，城市枢纽能级实现跨越式跃升；坚持以共享发展开创新局面，城市宜居环境实现全方位改善；坚持以党建引领激发新活力，城市安全韧性实现系统性增强。"十四五"时期，成都还将努力建设以创新为新动能的高质量发展先行区、以协调为新形态的融合性发展先行区、以绿色为新优势的可持续发展先行区、以开放为新引擎的双循环发展先行区、以共享为新局面的人本化发展先行区②。

三 新发展格局下的战略选择

当今世界正经历百年未有之大变局，中国发展的外部环境日趋复杂。在国际经济循环格局发生深度调整的背景下，习近平总书记在 2020 年 4 月首次提出要建立以国内大循环为主体、国内国际双循环相互促进的新发展格局，并在党的十九届五中全会上对构建新发展格局做出了全面部署，"这是把握未来发展主动权的战略性布局和先手棋，是新发展阶段要着力

---

① 张守帅：《以建设践行新发展理念的公园城市示范区为统领　推动成都在高质量发展中当好全省主干走在全国前列》，《四川日报》2021 年 8 月 30 日第 1 版。
②《成都市国民经济和社会发展第十四个五年规划和二〇三五年远景目标纲要》，2021 年 3 月 22 日。

推动完成的重大历史任务,也是贯彻新发展理念的重大举措"。2021年3月,《中华人民共和国国民经济和社会发展第十四个五年规划和二〇三五年远景目标纲要》正式发布,在第四篇"形成强大国内市场,构建新发展格局"中,明确提出"加快构建以国内大循环为主体、国内国际双循环相互促进的新发展格局"这一项关系中国发展全局的重大战略任务。

从"供给侧结构性改革"到"畅通国民经济循环",再到双循环战略,做强国内市场、释放内需潜力、推动供给体系和需求结构相适应一直是中国推动经济高质量发展的总体思路。双循环新发展格局以国内大循环为主体,就是要坚持扩大内需这个战略基点,使生产、分配、流通、消费更多依托国内市场,形成国民经济良性循环,坚持供给侧结构性改革这条主线,提升供给体系对国内需求的适配性,打通经济循环堵点,提升产业链、供应链的完整性,以生产激发循环动力,以国内市场为最终需求的主要来源,形成需求牵引供给、供给创造需求的更高水平动态平衡。而国内国际双循环相互促进,则是要坚持并持续扩大开放,利用好国际市场,以国内大循环吸引全球资源要素,使国内国际两个市场更好联通,促进内需和外需、进口和出口、引进外资和对外投资协调发展,促进国际收支基本平衡。

在城市发展中,除积极参与新发展格局构建,还应关注双循环下中国经济的新增长点,如消费升级、绿色转型、健康经济、新服务、新基建、数字经济与实体经济的深度融合等,都可能成为激发城市经济新活力的着力点。①

---

① 樊纲、郑宇劼、曹钟雄:《双循环:构建十四五新发展格局》,中信出版社2021年版。

第二节
碳达峰碳中和的资源环境约束要求

2020年9月22日，习近平主席在第75届联合国大会一般性辩论上宣布中国二氧化碳排放力争于2030年前达到峰值，努力争取2060年前实现碳中和。2021年10月24日，《中共中央国务院关于完整准确全面贯彻新发展理念 做好碳达峰碳中和工作的意见》发布，意见指出，把碳达峰、碳中和纳入经济社会发展全局，以经济社会发展全面绿色转型为引领，以能源绿色低碳发展为关键，加快形成节约资源和保护环境的产业结构、生产方式、生活方式、空间格局，坚定不移走生态优先、绿色低碳的高质量发展道路。

一 全球生态治理变革趋势

从法国科学家傅里叶提出温室效应理论，到1972年斯德哥尔摩人类环境会议召开，1988年政府间气候变化专门委员会（IPCC）成立，事关人类可持续发展的气候变化问题逐渐开始进入国际政治议程。在全球范围内虽有减缓气候变化的共识，但由于限制碳排放与传统依赖化石能源的工业化发展具有天然矛盾，不同发展阶段国家之间从1992年《联合国气候变化框架公约》（以下简称《公约》）开始，就一直处于激烈博弈之中。自《公约》签订以来，各国围绕碳减排目标、减排时间表和减排义务划分等方面达成了一系列里程碑式的协议。

1997年达成的《联合国气候变化框架公约的京都议定书》作为人类第一部限制各国温室气体排放的国际法案，至2005年才正式生效，其遵循《公约》制定的"共同但有区别的责任"原则，要求作为温室气体排放大户的发达国家采取具体措施限制温室气体的排放,而发展中国家不承担有法律约束力的温室气体限控义务。2007 年《公约》缔约方第 13 次会议暨《京都议定书》缔约方第 3 次会议确定的"巴厘路线图",明确了并轨推进《京都议定书》二期减排谈判和《联合国气候变化框架公约》长期合作行动谈判,将拒绝签署《京都议定书》的美国纳入其中,强调了国际合作。2010 年《公约》缔约方第 16 次会议暨《京都议定书》缔约方第 6 次会议上,发达国家要求重新解释"共同但有区别的责任"并加速两项谈判"并轨",与发展中国家产生严重分歧,最终通过的《坎昆协议》虽基本维护了"双轨制"谈判方式,但成为了发展中国家和发达国家相互妥协的混合体。①

2015 年第 21 届联合国气候变化大会通过了《巴黎协定》,并于 2016 年 11 月 4 日起正式实施,为 2020 年后全球参与应对气候变化行动做出了制度性的安排。《巴黎协定》提出,要在 21 世纪末将全球平均气温升幅控制在较工业化前水平之上 2℃以内,并通过加强合作争取将全球升温幅度控制在 1.5℃以内,全球将尽快实现温室气体排放达峰,21 世纪下半叶实现温室气体净零排放(使人为碳排放量降至森林和海洋能够吸收的水平)。《巴黎协定》不再强调区分发展中国家和发达国家,而是由国家自身发展情况自主决定国家贡献,因此赢得了最广泛共识,提升了各缔约方参与全球气候治理的积极性,是继《公约》和《京都议定书》后,人类历史上应对气候变化的第三个里程碑式的国际法律文本,也奠定了 2020 年后的全球气候治理格局。②

二 引领全球"绿色发展"的大国担当

中国始终高度重视应对气候变化,一直将绿色发展、循环发展、低

---

① 《"应对气候变化"溯源(会议·机构·政策)》,《中国投资》2011 年第 5 期。
② 项目综合报告编写组:《〈中国长期低碳发展战略与转型路径研究〉综合报告》,《中国人口·资源与环境》2020 年第 30 卷第 11 期。

碳发展作为推动高质量可持续发展的重要战略举措,中国是最早签署《联合国气候变化框架公约》的缔约方之一,成立了国家气候变化对策协调机构,并根据国家可持续发展战略要求,形成了一系列应对气候变化的政策措施。2002年中国政府核准《京都议定书》后,先后在2007年制定了《中国应对气候变化国家方案》《中国应对气候变化科技专项行动》,在2013年制定发布了《国家适应气候变化战略》。2015年6月,中国向《公约》秘书处提交了《强化应对气候变化行动——中国国家自主贡献》文件,提出了二氧化碳排放将在2030年左右达到峰值并争取尽早达峰等自主行动目标。世界自然基金会等18个非政府组织发布的报告指出,中国的气候变化行动目标已超过其"公平份额"。《巴黎协定》的达成同样离不开中国的积极推动,2016年中国率先签署《巴黎协定》并积极落实,2019年底,中国已提前超额完成了2020年气候行动目标。[1]

2020年9月,习近平主席在第75届联合国大会一般性辩论上阐明,"应对气候变化《巴黎协定》代表了全球绿色低碳转型的大方向,是保护地球家园需要采取的最低限度行动,各国必须迈出决定性步伐。中国将提高国家自主贡献力度,采取更加有力的政策和措施,二氧化碳排放力争于2030年前达到峰值,努力争取2060年前实现碳中和"。[2]

中国的"碳达峰、碳中和"承诺引起了国际社会的巨大反响,赢得广泛积极评价。此后,习近平主席在2020年9月30日的联合国生物多样性峰会以及2020年11月的第三届巴黎和平论坛、金砖国家领导人第十二次会晤、二十国集团领导人利雅得峰会"守护地球"主题边会等重大国际场合,都反复重申了中国将言出必行,坚定不移落实"碳达峰、碳中和"目标[3],并在2020年12月的气候雄心峰会上进一步宣布了中国2030年绿色

---

[1] 高世楫、俞敏:《中国提出"双碳"目标的历史背景、重大意义和变革路径》,《新经济导刊》2021年第2期。
[2] 《习近平在第七十五届联合国大会一般性辩论上发表重要讲话》,《光明日报》2020年9月23日第1版。
[3] 《中国应对气候变化的政策与行动2020年度报告》,中华人民共和国生态环境部,2021年6月。

低碳发展的具体目标。中国"碳达峰、碳中和"目标的提出，对全球应对气候变化意义重大，中国正在用实际行动践行多边主义，为保护人类共同家园、实现人类可持续发展做出贡献。

第三节
习近平生态文明思想引领公园城市建设发展

党的十八大以来，以习近平同志为核心的党中央，站在中华民族永续发展的高度，积极回应人民日益增长的美好生活需要，解决日益加重的生态环境问题，将生态文明建设和绿色发展摆在更突出的位置，大力推动生态文明理论创新、实践创新、制度创新，形成了习近平生态文明思想，为新时代中国生态文明建设提供了根本遵循和行动指南。

习近平生态文明思想是习近平新时代中国特色社会主义思想的重要组成部分，是贯彻绿色发展理念、探索"生态优先、绿色发展"路径的指导思想和行动指南，是指导"绿水青山"转化为"金山银山"的科学遵循，是增进人民生态福祉的根本保障。习近平生态文明思想内涵丰富，承载着人民群众对人与自然和谐共生的美好生活的憧憬与向往，集中展现了"生态兴则文明兴，生态衰则文明衰"的历史观、"人与自然和谐共生"的整体观、"山水林田湖草沙冰是生命共同体"的系统观、"绿水青山就是金山银山"的价值观、"良好生态环境是最普惠的民生福祉"的民生观，也为公园城市建设发展提供了根本遵循。

一 "生态兴则文明兴，生态衰则文明衰"的历史观

生态环境是人类生存和发展的根基，生态环境变化直接影响文明兴衰演替。古代埃及、古代巴比伦、古代印度、古代中国四大文明古国均发源

于森林茂密、水量丰沛、田野肥沃的地区，而生态环境衰退特别是严重的土地荒漠化则导致了古代埃及、古代巴比伦的衰落。中华民族向来尊重自然、热爱自然，绵延五千多年的中华文明孕育了丰富的生态文化。公园城市作为践行习近平生态文明思想的城市实践，始终坚持生态优先、绿色发展，把生态保护放在首位、落在实处，通过实施两山地区森林生态系统保护修复、河流湿地生态系统保护修复、自然保护地体系构建、全域公园体系建设、"碧水、蓝天、净土"环境综合治理等系统工程，锚定以"青山绿道蓝网"为骨架的公园城市生态本底。

二 "人与自然和谐共生"的整体观

马克思主义生态哲学认为，人是自然界长期发展的产物，也是能动的自然存在物与社会存在物，人必须与其依存的自然环境进行物质与能量的交换才能得以生存和发展。作为马克思"人与自然"思想的延续，习近平生态文明思想结合中国国情和时代要求，强调自然是生命之母，人与自然是生命共同体，只有运用整体观正确认识和处理人与自然的和谐共生关系，才能达到人类社会发展与自然生态保护之间的最佳平衡。公园城市作为探索山水人城和谐相融新实践，始终坚持人与自然和谐共生，坚持尊重自然、顺应自然、保护自然，科学规划建设生态、生活、生产空间，在保护生态环境的基础上，营造高品质宜业空间，同时满足人民群众对美好生活的需求和向往，实现生态、生活、生产的协调、融合、互促、共荣，推进公园城市可持续发展。

三 "山水林田湖草沙冰是生命共同体"的系统观

党的十八大以来，习近平总书记从生态文明建设的整体视野提出"山水林田湖草沙冰是生命共同体"的论断，强调"统筹山水林田湖草系统治理""全方位、全地域、全过程开展生态文明建设"。"生命共同体"理论深刻阐明了万物共生共荣的自然规律，其本质是对生态环境的系统性认识。公园城市的建设发展始终坚持用全局的视角、系统的思维看待山水林田湖草生命共同体，统筹公园城市、发改、自然资源、生态环境、水利、农业等多部门，通过规划统筹、行动任务实施、工程落位，协同开展山水林田湖草综合整治，保障山水林田湖草生命共同体的整体性与稳定性。

四 "绿水青山就是金山银山"的价值观

"绿水青山就是金山银山"的价值观是习近平生态文明思想的重要导向，明确了生态环境、自然资源对人类社会发展的重要意义，强调在经济社会发展、城市建设的过程中保护好生态环境，在生态环境保护的基础上通过价值转化反哺经济社会发展。公园城市建设发展始终遵循"绿水青山就是金山银山"的价值导向，坚持政府主导、企业和社会参与、市场化运作、可持续的生态产品价值实现路径，依托优渥的自然资源禀赋，创新探索"绿道＋""公园＋""林盘＋"模式，大力营造以生态为本底、以美好生活为导向、以新经济为动能的多元复合场景，以高品质绿色开放空间集聚城市服务功能，激发城市可持续发展内生动力。

五 "良好生态环境是最普惠的民生福祉"的民生观

良好的生态环境关系着人民群众最基本的生存权和发展权，具有典型的公共产品属性，是最普惠、也是最基本的民生福祉。让人民群众能够拥有天蓝、地绿、水净的美好家园，诗意地栖居在青山碧水之间，也是生态文明建设的重要目标。公园城市建设发展始终坚持生态惠民、生态利民、生态为民，实施"锦城蓝天"提升行动、"青山映城"提升行动、"天府蓝网"建设行动、"天府净土"巩固行动、"天府净土"巩固行动、"宁静蓉城"降噪行动等生态惠民示范工程，让公园城市的天更蓝、山更绿、水更清、土更净、景更美，让市民在城市里也能望见雪山、漫步绿道、亲近自然。

第四节
公园城市坚持以人民为中心

进入新时代，中国社会主要矛盾转化为人民日益增长的美好生活需要和不平衡不充分的发展之间的矛盾。党的十八大以来，以习近平同志为核心的党中央始终把人民放在心中最高位置，把群众的事当作最大的事，维护最广大人民群众的根本利益，提出以人民为中心的发展思想。坚持以人民为中心，是习近平新时代中国特色社会主义思想的重要内容，贯穿于习近平新时代中国特色社会主义思想的各个方面，具有深刻的思想内涵、丰富的历史意义和现实意义。坚持以人民为中心，是马克思主义人民性的要求和延续，是中国共产党的初心使命、根本宗旨的集中体现，是建设中国式现代化的本质要求，是城市建设发展道路上的必然选择。坚持以人民为中心，要求尊重人民主体地位，一切为了人民、一切依靠人民，让改革发展成果更多更公平地惠及全体人民，为人民群众的美好生活不懈努力奋斗。

公园城市，是指以人民为中心、以生态文明为引领，将公园形态与城市空间有机融合，生产生活生态空间相宜、自然经济社会人文相融的现代化城市，是探索山水人城和谐相融新实践和超大特大城市转型发展新路径。2022年3月16日，国家发改委、自然资源部、住房和城乡建设部联合印发《成都建设践行新发展理念的公园城市示范区总体方案》，明确要求成都在建设践行新发展理念的公园城市示范区的过程中，践行人民城市人民建、人民城市为人民的发展理念，提供优质均衡的公共服务、便捷舒适的生活环境、人尽其才的就业创业机会，使城市发展更有温度、人民生活更有质感、城乡融合更为深入，率先打造人民美好生活的幸福家园，建设城市人民宜居宜业的示范区。

多年的建设实践证明，公园城市始终坚持以人民为中心的发展思想，顺应民心、尊重民意、致力民生，以满足人民群众对美好生活的需要作为使命方向。公园城市突出公共属性，做到共商、共建、共治、共享。充分发挥政府、市场、社会各方力量，深化重点领域体制机制改革，探索并形成了领导牵头、部门协同、市场主体、专家支持、市民参与的公园城市建设工作推进机制，汇聚了全行业全社会合力，增强了公园城市建设治理效能。公园城市突出人民属性，以人民的获得感和幸福感作为出发点和落脚点。深入实施居民收入水平提升工程、高品质公共服务倍增工程、生活成本竞争力提升工程、城市通勤效率提升工程、城市更新和老旧小区改造提升工程、生态惠民示范工程、稳定公平可及营商环境建设工程、青年创新创业就业筑梦工程、智慧韧性安全城市建设工程、全龄友好包容社会营建工程等幸福美好生活十大工程，将以人民为中心的发展思想落实到公园城市建设具体行动之中，把公园城市建设发展成果转化为人人可感可及、普遍受益的社会认同。公园城市突出"服务所有人"，彰显全龄友好、多元包容的城市气质。针对儿童、青少年、中年、老年以及特殊人群，差异化供给公共服务设施与服务，把人文关怀落实到衣食住行育教医养每个细微处，满足各类人群的个性化需求，努力让孩子们开心成长，让青年实现梦想，让老年人舒心长寿，让特殊人群暖心有尊严，营造"劳有厚酬、闲有雅乐，学有优教、病有良医，幼有善育、老有颐养"的美好家园，让每一个生活工作在公园城市之中的人都能感受到城市的温度、社会的温暖。

第二章

新时代绿色导向的新型城镇化

第一节

中国特色新型城镇化的道路探索

城镇化是现代社会工业化进程中必然经历的阶段,但各国选择的城镇化道路又是不同的。改革开放以来,我们党根据中国所处的发展阶段和特殊国情,逐步探索走出了一条中国特色新型城镇化道路。

一 中国特色城镇化推进过程中取得的成绩

(一)有力推动了国家的工业化和现代化进程

改革开放初期,中国城镇化率还不到20%,经过年均超过1个点的增长,2020年中国常住人口城镇化率达到63.89%,人力资源丰富、市场空间广阔、经济长期向好。中国城镇化的快速推进,为非农产业集聚构筑了空间和平台,使经济发展效益不断提高,为中国赢得了制造业发展的全球竞争优势,有力地支撑了中国经济的持续高速发展。中心城市辐射带动能力增强,中小城市功能稳步提升。2020年中国人均GDP达到1.05万美元,位列世界第63位,实现了人类历史上最大规模的减贫,按照世界银行的划分标准,已经高于中等偏上收入国家的平均水平。中国已经步入城镇化较快发展的中后期,已由高速增长转向高质量发展阶段。

(二)完善了城乡基础设施和公共服务保供给

一是建成了世界上规模最大、覆盖人数最多的社会保障体系。人社部发布数据显示,截至2020年底,全国基本养老、失业、工伤保险参保人数分别为9.99亿、2.17亿、2.68亿。城乡基本医疗保险参保率超过98%,覆盖人口超13.6亿。同时,乡村基础设施和公共服务不断完善,99%以上的行政村通了公路,农村电力、饮水、医务室、图书室等公共服务和基础设施基本实现全部覆盖。二是住房总量短缺问题已明显缓解。目前城镇人均住房建筑面积达到39.8平方米,农村居民人均住房建筑面积达到48.9平方米。城镇保障性安居工程已帮助约2亿困难群众改善了住房条件,农村危房改造解决了2000多万贫困群众的住房安全问题,切实增强了各类住房困难群众的获得感。三是人居环境显著提升。2020年,城市建成区绿地面积共有239.8万公顷,人均公园绿地面积达到14.8平方米;城市生活垃圾处理能力显著提高,46个重点城市的生活垃圾分类,居民小区覆盖率也已经超过了97%,覆盖近1亿户居民。同时,地级以上城市的黑臭水体已基本消除。

(三)推动了小康社会进程

城镇化为农村剩余劳动力提供了大量的就业岗位,在缓解农村人地紧张关系的同时,还为农民增加收入、提高生活水平发挥了重要作用。改革开放以来,总计有5.8亿的人口从农村进入城市工作和生活,农民外出务工收入普遍占到了家庭纯收入的40%以上。1978—2020年,城镇居民家庭人均可支配收入从343元提高到27540元,农村居民家庭人均可支配收入从134元提高到15204元。在城镇化快速推进过程中,国家减少贫困人口6.24亿人(世界银行数据,以1美元国际贫困线计),占世界同期脱贫人口的90%以上,成为对世界减贫贡献最大的国家。

（四）形成了一批具有国际竞争力的中心城市和专业化城镇

城市得到快速发展，城镇体系基本健全。截至 2020 年，已形成 687 个设市城市、1335 个县城和 21116 个建制镇的多层次、多类型、各具特色的城镇体系。城市在国民经济中的主体作用更加突出。全国大约 60% 的工业增加值、85% 的第三产业增加值、70% 的国内生产总值、80% 的税收都来自城市。

北京、上海、广州等中心城市，通过奥运会、世博会、亚运会等重大国际活动的举办，国际化水平和全球影响力得到显著提升，成为带动区域发展的引擎和展示国家形象的重要窗口。以昆山、义乌、苏州、东莞、佛山等为代表的专业化城镇，在商贸和制造业领域独具特色，成为全球经济一体化发展中重要的节点城市。西安、丽江、都江堰、桂林等城市凭借独特的自然与历史文化资源，成为具有重要国际影响力的旅游城市。

二 中国特色城镇化推进过程中存在的问题

（一）城市的快速扩张引发了人与资源的紧张关系

根据国家统计局数据，全国城市建设用地面积从 2000 年到 2019 年的二十年间，从 21131 平方公里增长到 58307 平方公里。土地城镇化速度明显快于人口城镇化速度，从 2000 年到 2018 年中国城市建成区面积增长 161%，是城市人口增速（81%）的 2 倍。新城、新区的人均城市建设用地近 200 平方米/人，远超 105 平方米/人的上线标准。城市工业用地占建设用地比例仍然在 25%—30%，远高于发达国家 8% 的平均水平。城市建设用地的快速扩张，人口的急剧膨胀对相关各类资源造成了极大的压力，引发了一系列问题。中国人均可耕地面积仅为 1.4 亩，相当于世界人均耕地面积的 1/3 左右。坚持集约发展仍然是城市建设的重大命题。

（二）环境污染带来的"城市病"严重影响人民基本生活质量

中国用 30 余年的时间走过了西方 100 余年的发展历程，高速的城镇化与工业化同时带来了严重的城市环境污染问题。2021 年 5 月，由生态环境部会同自然资源部、水利部、农业农村部、国家林业和草原局等共同编制完成的《2020 中国生态环境状况公报》正式发布。据《公报》显示，在空气质量方面，2020 年，扣除沙尘影响后，中国 337 个地级及以上城市中，135 个城市环境空气质量超标，占全部城市数量的 40.1%；在淡水环境方面，全国地表水国控断面水质优良断面比例为 83.4%，同比上升 8.5 个百分点；劣Ⅴ类断面比例为 0.6%，同比下降 2.8 个百分点。随着城市进入"城市病"高发期，并且有区域化蔓延的趋势，对人民的基本生活造成了较大的影响，降低了人居环境质量，且不利于城市竞争力的提升。

（三）"大拆大建"式的城乡开发建设引发的文化传承问题

过往重速度、轻质量、重发展、轻保护的城市发展建设模式对文化遗产造成了巨大的破坏，大拆大建、拆真建假等现象屡见不鲜，造成了不可挽回的损失，涌现了山东聊城、舟山定海、南京老城南等一批影响恶劣的事件，传统文化的传承面临着巨大的挑战。同时，城市拓展对于乡村空间的蚕食态势加剧，由中南大学中国村落文化智库等机构共同发布的《中国传统村落蓝皮书：中国传统村落保护调查报告（2017）》显示，自 2000 年至 2010 年，中国自然村由 363 万个锐减至 271 万个，10 年间减少了 90 多万个，其中包含大量传统村落，人们面临着乡愁无处寄托的处境。

（四）大量的能源消耗与碳排放使环境承载面临巨大压力

中国在快速工业化的进程中，生态系统正在承受着巨大并在不断增长的人口和发展压力。大规模地开采、使用矿产和化石能源，产生了大量的工业废弃物，对自然环境的破坏更加严重。日益增长并快速工业化的生活和生产过程正在消耗着各种各样的能源，并产生了大量的废水、废气、固体废弃物等污染物，污染物也通过各种方式影响着生态系统，破坏或降低了生态系统的恢复力和生产力。尤其是化石能源的大规模超强度利用，加大了可持续发展难度，引发了很多生态环境问题。2018年中国煤炭消费居世界首位，石油消费居世界第二，天然气消费居世界第三。经济增长对资源的消耗不断增加生态环境的承载压力，资源与环境的制约成为中国城镇化发展最突出的挑战。

三　中国特色城镇化的主要特征

纵观中国的城镇化发展过程，既不同于西方发达国家，也明显有别于其他发展中国家。基于对全球、中国城镇化发展历史进程及特殊国情条件的认识，中国城镇化特征突出体现在以下三个方面。

（一）超大规模的城镇化

中国人口规模世界第一，约占世界的1/5，相当于英法德三个国家合计的15.4倍。中国待转移农业人口规模也是世界第一。城镇化每增长一个百分点，就有上千万的人口由农村进入城市，超过荷兰一半的全国人口规模。国土内地域广阔，地形多样，民族众多，区域差异性极大，情况极为多样、复杂。辽阔的疆土使中国获得了绝大多数国家难以比拟的地缘优势和战略纵深，当然也面临着更加复杂的地缘政治格局，需要国家统筹谋划和布局。

（二）区域差异显著的城镇化

中国区域差异明显，总体形成东中西三大板块。中国地域广阔，地理环境繁冗复杂，人口数量及地区经济发展水平极不均衡，造成区域间的巨大差异。特别是中国东、中、西三大板块之间，在经济发展与现代化水平、社会建设完善程度、人居环境质量、历史人文特性等方面都存在明显的差异性。区域间的差异性直接影响了人口的流向，也让区域间的城市发展、人居环境质量产生了明显差异。

（三）"四化"同步的城镇化

中国的"四化"同步进程高度压缩。中国在改革开放40多年的发展时间里，既有从传统社会转变为现代社会的问题，又有从农业社会转变为工业社会的问题，还有从计划经济转变为市场经济的问题，更有从封闭社会走向开放世界的问题。"时空压缩"的正面效应，造就了中国改革开放前所未有的巨大成就，为中国经济社会的可持续发展提供了坚实的物质基础和可靠的现实可能；"时空压缩"的负面效应，又为经济社会的发展带来了前所未有的压力和迫切需要解决的任务。

第二节 中国绿色城镇化的现实需求与探索方向

一 中国绿色城镇化的现实需求

（一）应对城镇化进入下半场面对的挑战

1. 应对经济转型发展的新变化

中国经济发展已经进入"新常态"，这意味着改革开放以来创造的持续快速增长难以再现，应对经济转型是城市发展必须直面的现实。通过空间的供给和更新，突出城市的特色和魅力，为经济转型提供新路径。城市要提高品质，使城市"出门见绿"、出行通畅、生活便捷、活动丰富，这样才能为城市吸引创新创意人才和更多的青年群体。要将城市旧城的更新，与创意园区发展、休闲娱乐空间的塑造、历史文化的保护紧密地结合起来。要通过搭建平台、营造文化和创新场所、塑造有品位的精致空间，激发人们的消费欲望，推动创新创意产业发展。为创新企业和创业者提供多样化的办公需求空间，既能够供给低成本、非正规的办公场所，也能够提供专业化的集聚空间。要关注到乡村地区旅游、民俗文化在经济发展中的作用，促进城乡一体化发展和要素双向流动，推动内需增长。

2. 应对城市发展模式的新变化

城镇化进入下半场，既往的城市空间规模扩张的"普涨"期已经结束。城市发展模式在有限的生态承载力与资源供给下，需要向更集约、更紧凑转型。城市更新作为促进城市发展转型的重要抓手，标志着城市发展方向的更新转变。在这一背景下，要促进城市开发建设方式从粗放型外延式发展转向集约型内涵式发展，将建设重点从房地产主导的增量建设，逐步转向以提升城市品质为主的存量提质改造。以宜居和品质为重点，注重生态修复、空间修补、文脉承续、特色塑造。对部分闲置的旧厂区、旧住宅区和旧仓储区，更新为公共空间和绿地。通过城市更新提高基础设施和公共服务效率，降低服务成本，推动中心城区复兴。

3. 应对绿色技术创新的新要求

推动形成绿色发展方式和生活方式是一场深刻革命。绿色发展要求发展更有效节能环保、更多兼顾经济价值和生态价值；要求在区域协调发展、城乡协调发展过程中更加注重因地制宜处理好开发和保护的关系；要求在开放发展中更加重视普惠性和可持续性。加强绿色技术创新，能够为经济发展注入新动力。绿色技术创新不再局限于单纯降低生产成本、提高经济效益层面，而是强调通过建立经济、资源、环境相协调的管理模式和调控机制，"倒逼"生产者将资源环境成本计入生产成本，不断增加对污染治理技术、清洁生产工艺、绿色智能装备等方面的需求，从而推动相关领域深度研发和生态环保产品的有效供给。推动绿色技术集成创新，能够加速生产过程的绿色化、智能化和可再生循环进程，持续引发各类生产组织在发展战略、产品服务、组织制度等方面的绿色转型，进而推动构建绿色、高效、低碳的生产体系。这将转变高投入、高消耗的粗放型发展模式，为实现经济与资源环境相协调的高质量发展注入新动力。

（二）应对全球气候变化的"大国担当"

1. 气候变化成为人类共同面对的重大挑战

近年来，世界各地极端天气事件频发，造成大量人员伤亡和经济损失。面对气候变化加剧的共同挑战，国际社会应携手努力，加大应对气候变化力度，推动可持续发展，共同构建人与自然生命共同体。

联合国政府间气候变化专门委员会（气候委员会）发布的题为《气候变化2021：自然科学基础》的报告，全面评估了2013年以来世界气候变化科学研究方面取得的重要进展。

报告指出，人类活动已经引起了大气、海洋和陆地变暖。1970年以来的50年是过去2000年以来最暖的50年。1901年至2018年全球平均海平面上升了0.2米，上升速度比过去3000年中任何一个世纪都快，2019年全球二氧化碳浓度达410ppm（ppm为浓度单位，即每百万个干空气气体分子中所含该种气体分子数），高于200万年以来的任何时候。2011年至2020年全球地表温度比工业革命时期上升了1.09摄氏度，其中约1.07摄氏度的增温是人类活动造成的。只有采取强有力的减排措施，在2050年前后实现二氧化碳净零排放的情景下，温升才有可能低于1.6摄氏度，且在21世纪末降低到1.5摄氏度以内。过去和未来温室气体排放造成的许多气候系统变化，特别是海洋、冰盖和全球海平面发生的变化，在世纪到千年尺度上是不可逆的。

从高温热浪到暴雨洪水，近年来全球多地频频遭遇罕见极端天气，造成重大损失。加强气候适应、应对气象灾害成为人类社会需要共同应对的重要课题。

2. 中国提出"双碳"目标，彰显大国担当

2020年9月22日，习近平主席在第75届联合国大会一般性辩论上宣布中国二氧化碳排放力争于2030年前达到峰值，努力争取2060年前实现碳中和。中国已正式接受《〈蒙特利尔议定书〉基加利修正案》，加强非二氧化碳温室气体管控。同时，中国积极参与应对气候变化国际合作，尽己

所能帮助发展中国家提高应对气候变化能力。从非洲的气候遥感卫星，到东南亚的低碳示范区，中国应对气候变化南南合作成果丰硕。2021年10月12日，习近平主席在中国昆明召开的《生物多样性公约》第十五次缔约方大会领导人峰会上发表主旨讲话，指出，"为推动实现碳达峰、碳中和目标，中国将陆续发布重点领域和行业碳达峰实施方案和一系列支撑保障措施，构建起碳达峰、碳中和'1+N'政策体系"。

"双碳"目标是中国基于推动构建人类命运共同体的责任担当和实现可持续发展的内在要求而做出的重大战略决策，展示了中国为应对全球气候变化做出的新努力和新贡献，体现了对多边主义的坚定支持，彰显了中国积极应对气候变化、走绿色低碳发展道路、推动全人类共同发展的坚定决心。这向全世界展示了应对气候变化的中国雄心和大国担当。

3. "双碳"目标是加快生态文明建设和实现高质量发展的重要抓手

"双碳"目标对中国绿色低碳发展具有引领性、系统性，可以带来环境质量改善和产业发展的多重效应。着眼于降低碳排放，有利于推动经济结构绿色转型，加快形成绿色生产方式，助推高质量发展。突出降低碳排放，有利于传统污染物和温室气体排放的协同治理，使环境质量改善与温室气体控制产生显著的协同增效作用。强调降低碳排放人人有责，有利于推动形成绿色简约的生活方式，降低物质产品消耗和浪费，实现节能减污降碳。加快降低碳排放步伐，有利于引导绿色技术创新，加快绿色低碳产业发展，在可再生能源、绿色制造、碳捕集与利用等领域形成新增长点，提高产业和经济的全球竞争力。从长远看，实现降低碳排放目标，有利于通过全球共同努力减缓气候变化带来的不利影响，减少对经济社会造成的损失，使人与自然回归和平与安宁。对绿色低碳发展和生态文明建设提出更高要求，有利于促进经济结构、能源结构、产业结构转型升级，有利于推进生态文明建设和生态环境保护、持续改善生态环境质量，对于加快形成以国内大循环为主体、国内国际双循环相互促进的新发展格局，推动高质量发展，建设美丽中国，具有重要促进作用。

二 中国绿色城镇化的探索方向

（一）探索形成中国绿色城镇化路线

新型城镇化建设作为人类社会发展的客观趋势，是国家现代化的重要标志，推进绿色城镇化是新时代实现绿色发展的重要抓手，也是当前新型城镇化建设的新趋势，顺应了人类急需解决生态环境危机的时代要求，贯彻了党和国家对绿色发展理念的重要指示。

探索形成中国绿色城镇化路线（见图2-1），需要从绿色城镇化的理论内涵、核心内容、规划技术支撑与制度保障体系四部分入手，基于人口土地的工业化与城镇化发展方向，围绕"以人为本""双碳目标""生态价值"的价值内涵，实现城市的现代化发展目标，促进传统农业农村的转型发展。形成"城乡联动""双向互补"的动态、可持续的绿色城镇化发展模式。

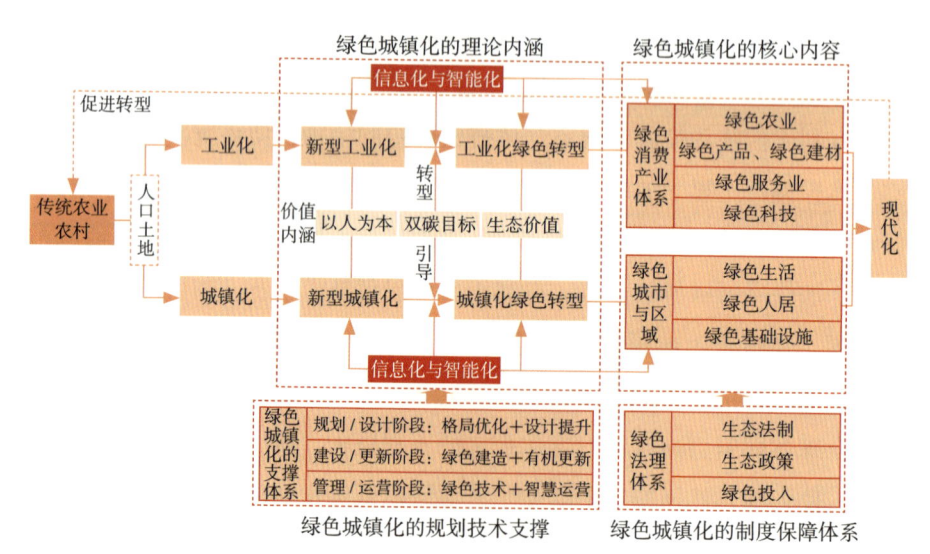

图2-1 绿色城镇化发展路线

（二）优化城镇体系，大中小城镇协调发展

合理规划、科学布局，不断优化城镇体系，坚持大中小城市和小城镇

协调发展。一方面，中小城市和小城镇需要立足所处城镇体系或城市群，找准定位，优化产业结构、拓展发展空间、提升发展水平；另一方面，大城市和特大城市需要充分发挥区域中心城市的辐射带动作用，加快转变发展方式，努力提升城市综合承载能力，更好带动城市群发展，走出一条符合中国国情的大中小城市和小城镇协调发展的绿色城镇化道路。通过加快经济结构调整和转型升级步伐，改造提升传统产业，大力发展战略性新兴产业，以创新推动绿色产业转型升级，协调处理好城镇空间关系，推进区域产业布局与城镇空间格局有机融合，实现绿色城镇化与绿色工业化同步发展。

（三）优化城市结构，塑造有序发展格局

优化空间布局结构，提高空间配置效率，改善空间功能品质，有序集聚、有机疏解。科学认识当前人口流动模式复杂多元的特征，把握人口向都市圈地区集聚、都市圈功能向中心城市郊区及外围疏解的内在规律，准确判断农村地区人口减少、部分城市收缩的趋势，顺势而为、合理施策，促进城市人口和功能有效集聚、有序收缩、有机疏解。引导城市结构与资源禀赋、开发强度、发展潜力相适应。坚持因地因时制宜、多种形态并举。结合永久耕地和城市增长边界划定，研究探索用"绿带"规划手段控制大城市"摊大饼"式蔓延，引导大城市集约紧凑发展和组团式、串联式发展，并与大自然有机交融。

（四）绿地廊道贯穿联通，塑造高品质国土空间

充分体现城绿相融，引自然山水进入城市，从生态性和景观性出发，以"先底后图"的思想进行主城区生态网络构建，塑造高品质国土空间。充分利用市政廊道、铁路高速公路廊道、河流廊道等现状生态要素，合理预留公园绿地、防护绿地等人工廊道。连通外围大生态环境与城市组团内部，形成内外通达的绿色网络格局。避免城市建设过度蔓延，降低城市热岛效应、净化空气，改善人居环境。实现城市生态空间的生态结构的耦合以及生态功能的进化。进一步拓展生态环境发展空间，建设和培育稳定高效的近自然生态系统，提高城市生态空间服务价值。构建以湖泊、湿地、绿地等多形式的国家公园为节点，以河流、防护林带、沟渠为通道，逐渐形成全域开放性的绿色网络。

（五）创新绿色建设模式，提高城市建设水平

着眼于城市整体，探索创新绿色建设模式。形成生态保护、绿色建筑、绿色交通、绿色市政绿色技术集成，并使之落实到规划、土地出让转让、设计、建设、运营和报废的全过程，并制定相应管理办法，明确各利益相关主体的责任，使绿色建设规范化，制度化。充分利用城市现有的山水景观资源，而不是脱离甚至破坏原生态的生搬硬造，即缺乏本底条件的"伪生态"建设，并且适当融合旅游、休闲、文化、创意等功能，在"让城市融入大自然，让居民望得见山、看得见水"的同时，丰富人民的生活，提升城市的价值。积极开展生态城市的建设，因地制宜地在城乡推广"低冲击开发"模式和绿色建筑及建材的应用，真正实现城市与大自然的和谐共生。规范中国低碳生态城建设内涵，提高城镇化发展与城市建设的水平，改变城市粗放式发展模式，改善城市环境，破解制约城市发展的一系列难题，引导城市走向可持续发展之路。

（六）挖掘乡村绿色发展潜力，实现农村现代化发展

在双循环的新发展格局中，乡村是循环的重要一环，挖掘乡村绿色发展潜力，建立城乡之间的生态平衡机制，实现农村现代化发展是绿色城镇化的重要组成部分。城乡是一个共同体，将城乡的经济、社会、政治、文化、生态视为一个整体，从乡村到城市的单向流动，转变为城乡双向流动。让处在生态资源丰富的乡村、欠发达地区居民就地享有城镇化标准的福利，这为生态共同体的持续、协调发展提供便利。在保持生态资源原生态的功能基础上，按照城镇化发展的内在需求、现代人的审美要求进行生态景观的合理化改造，使其与新村建设、新型农村经济发展相适应、相融

合，提升乡村区域的绿色竞争力。通过各种类型的资本下乡，比如现代农业规模经营、乡村旅游、淘宝村、旅游地产、养老地产等，以及市民到农村体验大自然与慢生活乃至创业、定居（包括第二居所）的情况将越发普遍。加强城乡双向要素流动，城市反哺乡村，真正将乡村地区建设成为乐业安居、舒适宜居、诗意栖居的美丽家园。

第三节
绿色城镇化背景下的东方营城智慧

中国城市历史源远流长，在漫长的发展历程中，积累了丰厚的本土规划建设经验，形成了具有特色的东方营城智慧。从宏观环境把握上看，中国传统城市的营建强调象天法地、顺乎自然，在城池选址和山水格局的相互关系上，构造人居聚落环境的基本骨架；在中观形态组织上看，注重整合好城市空间布局、骨架体系和街区肌理的有机联系，建构出体现社会秩序、顺应家庭伦理的有机组织模式；在微观场所营造上，关注街巷串联下的住区单元组合和开放空间体系对城市居民最易感知的公共空间活力的延续。总结中国传统营城智慧主要表现在其生态观与人本观两个方面。

一　中国传统营城智慧中的生态观

中国传统的城市规划理论中具有朴素、综合、生态的观念。中国古代的城市规划理论认为"营城必须治野"，即在城市建设的同时，对城市内外的自然和人工环境同步进行环境整治。这种观点从现在看来是一种非常具有生态思想的观念，体现了中国传统文化中朴素的、综合的生态观。在当今的城市规划与建设中，应该继承和发扬这种文化传统。

中国古代的山水城市随处可见。自然山水不仅是人们生存所依凭的环境，也是构建城市空间秩序的重要因素，人工与自然环境相融合成为中国城市的自觉意识，对自然山水有一种发自根底的向往、仰慕和敬畏之心。在地形起伏的地区，城市往往依山傍水而建，如古代的钓鱼城、白帝城、宜宾等。其城市与自然环境的有机组合，形成了内容丰富而错落有致的空间和景观。这些山水城市的建设基于生态观或依山起势、或临水而居，绝少有削山筑城、填河为街的改造。如古城苏州、婺源、会昌、嘉定等城市的规划建设都与自然环境形成了高度和谐统一的关系。苏州城内，住户往往前门临街、后门临河，河道三横四直；或者有意将河流引入城市，或依自然水网地形建设城市。这样一方面满足了水流及运输的要求，另一方面也起到构建城市中园林水面、丰富城市景观的作用。在山地城市，几乎没有开山辟石的大变动，城市顺山势建造，道路多用步行台阶，不破坏自然地貌，这些城市的建设将人工构筑与自然环境有机结合起来，使得城市的建设十分具有生态的效应。

二　中国传统营城智慧中的人本观

中国传统文化中以人为主体的人文精神和"民本"思想使得中国城市规划思想建立起广泛的人本主义内涵。在"天—地—人"三者统一的格局中，"人"具有最高的地位。虽然有崇尚天地的传统，但城市始终是为"人"服务的。中国传统的营城智慧将人本观深刻地反映在了人与人之间的社会关系上，城市的形态体现了社会伦理秩序。

"天人合一""天人感应"的思想将天文、人文和地文紧密地结合起来，强调现实人伦与世界万物的和谐一致，即用都城的物质形态和布局来体现礼制秩序，追求天、地、人之间的和谐。在一定意义上将对城市世俗生活的肯定和人对自然与社会关系的理解通过物质空间进行了充分的表达。其精神内核是人的价值的自我肯定、天伦与人伦的和谐，体现了鲜明的人本主义内涵。

《管子》在中国历史上首次提出"以人为本"的概念，"因地制宜""因天材，就地利"的营城思想强调从发展经济的角度来探讨城市营建的策略，主张城市规划和建设应该顺应经济发展需要，同时照顾社会各阶层的利益。"民"的重要性日益显现，城市建设和管理更多地从人们世俗生活的现实需要出发，充分地体现了丰富的人本化倾向和人文性。

三 中国传统营城智慧对现代城市规划的借鉴意义

相对于以征服、改造自然为目标的工业文明，中国传统营城智慧的积淀对于当代城市规划而言是非常宝贵的财富，绿色城镇化背景下传统营城智慧的借鉴意义集中体现在两个方面，一是构建更加和谐的城市与自然的关系；二是营造更加宜居的城市人居环境。

（一）和谐的自然关系

中国古代城市是古人的自然观在物质空间的投射。在"天人合一"思想下，城市与山水环境形成的有机统一体，是东方整体性思维的具象表现，并通过易学、术数、风水等文化观念对城市建设构成深远影响。与自然山水环境相融并将山林之乐融入城市，成为中国古代城市规划建设的显著特征。在选址布局上，通过寻找山水环境的内在空间秩序，将城市与建筑纳入区域整体秩序当中，实现城市与自然相融相洽；与此同时，对山川、水系的合理利用，也为城市社会经济发展奠定了良好的基础条件。在尺度规模上，通过宗法制度、等级体系等对城市发展进行约束，使得整个自然环境和聚落体系均成为礼法下的秩序空间，并在客观上使得城市、人口、资源、环境相互协调。在融入环境上，通过结合自然山水的设计手法，将自然环境中的形胜之景与城市中的人文空间相结合，实现天地之美与人工之巧的相得益彰。

（二）宜居的城市环境

中国古代城市十分重视人居环境的建设。无论是基于君权统治而建设的都城、王城，基于行政治理而建设的府城、县城，还是因商贸集市而繁盛的市镇，其中为城市居民日常生活服务的空间都占有相当大的比重，并以构建更加安全、舒适、宜居的城市环境作为重要目标。即使是最初单纯用作军事防御目的而设立的卫所，在后续的发展过程中"民化"趋势也十分显著。在城市结构上，中国古代城市内部空间的规划建设，常常是在遵循规制与贴近自然两者之间求得平衡，形成尊重客观规律的理性空间，为城市居民的生活提供便利。在人文空间上，通过重要人文建筑、信仰空间的营建，确立城市内部空间秩序，把城市生活与地方文化相结合，让城市成为人文精神的载体。在景观营造上，中国古代营城技法深受园林布局影响，重视风景营造，以造园的思维进行城市规划和建设，将景观功能、生态功能和城市功能融为一体，呈现出中华文化所独有的"移天缩地入君怀"的城市景观环境。

第三章
公园城市是顺应城市发展规律的新模式

结合国际经验与城市发展规律，在城市转型由大规模增量建设转为存量规划和增量结构优化的发展阶段，人对自然与城市的价值观随着城镇化率的提高不断改变，绿色宜居的城市生活环境是人们的迫切期望。城市发展的目标和理念也随之嬗变，公园城市理念与模式的提出，是应对城镇化较快发展中后期出现的城市发展问题的综合解决方案，是对城市发展目标与内涵的重新定义，从生产导向转向生活导向，通过公园与城市形态融合到产城人融合，引领城市迈向人与自然和谐共生，实现人民美好生活的价值归依。

第一节
生态优先、以人为本的综合解决方案

一　生态文明新时代城市发展的价值转变

亚里士多德曾说："城邦起于保生存，成于求幸福。"芒福德也曾说："城市首先是人的城市，城市是由人创造的，也是人们生存的空间，城市的发展首先要顾及人在物质和精神上的感受。"人们来到城市，就是为了在这里获得更美好的生活，这一点从古至今从未改变过，但并非在所有的时代这一美好愿望都能实现。

工业文明时代，是人类历史上迄今为止最为辉煌的文明时代，创造了巨大的物质财富和精神财富，为人类社会的发展奠定了雄厚基础，但同时也割裂了人类生产生活与生态环境功能的秩序和联系，割裂了城市中不同阶层人群之间的关系，带来了一系列日益严重的生态问题和社会问题。在工业文明的价值体系驱动下，自然成为了纯粹被征服、被利用的对象，在不断为经济发展提供资源的过程中，丧失了本应获得的来自人类的尊崇与敬畏。同时，城市里的人也只是推动城市这座生产机器不断向前运转的"工业零件"，幸福生活对大部分人而言遥不可及。生态文明是在扬弃工业文明的基础上出现的人类文明演进中崭新的文明形态。它的最显著的特征，就是更加文明与理智地对待生态环境，反对野蛮开发和滥用资源，重视人与人、人与自然、人与社会的和谐共生、良性循环，重视全面和可持续发展及繁荣，是人—社会—环境系统的整体进步。[1]生态文明要求人类社会秉承向历史负责的使命，重构城市与自然的关系。[2]生态文明时代的城市发展，通过致力于持续保持生命活力与环境稳定，并以生态环境质量的持续改善作为人类经济、社会、文化发展的前提，[3]客观上将形成人与自然两个互为依存的中心。生态文明时代的理想城市，应当是人类追求美好幸福生活与自然被尊重、保护、亲近的双赢。

走向生态文明新时代，建设美丽中国，是实现中华民族伟大复兴的中国梦的重要内容。党的十八大以来，绿色发展理念愈加深入人心，美丽中国画卷徐徐展开，中国走进生态文明新时代的号角吹得越发响亮。与此同时，中国经济已由高速增长阶段转向高质量发展阶段，正处在转变发展方式、优化经济结构、转换增长动力的攻关期，城镇化发展进入"下半场"，由"量"到"质"、由"物"到"人"的转变逐渐形成，坚持全面深入推进以人为核心的新型城镇化建设，以更加平衡、充分的发展满足人民日益

---

[1] 成都市公园城市建设领导小组：《公园城市：城市建设新模式的理论探索》，四川人民出版社2019年版。
[2] 王凯、陈明：《中国绿色城镇化的认识论》，《城市规划学刊》2021年第1期。
[3] 沈清基：《论基于生态文明的新型城镇化》，《城市规划学刊》2013年第1期。

增长的美好生活需要，也成为了中国城镇化工作和经济社会发展的时代主题。我们的城市和人民已经从"保生存"来到了"求幸福"的阶段，我们对自然的态度已经从征服利用转向了更加可持续的和谐共处。如何顺应生态文明和国家发展新时代的价值要求，走出一条真正以人和自然为中心的发展路径，正逐渐成为每个城市必须回答的命题。

二　生态优先、以人为本的城市建设要求

党的十八大以来，习近平总书记一直高度重视中国城市建设与发展，多次发表重要讲话。2013年12月，习近平总书记在中央城镇化工作会议中提出："让城市融入大自然，让居民望得见山、看得见水、记得住乡愁。"2014年2月，习近平总书记在北京考察时强调："城市规划在城市发展中起着重要引领作用，考察一个城市首先看规划，规划科学是最大的效益，规划失误是最大的浪费，规划折腾是最大的忌讳。"他还指出："历史文化是城市的灵魂，要像爱惜自己的生命一样保护好城市历史文化遗产。"2015年12月，习近平总书记在中央城市工作会议上强调："城市的核心是人。做好城市工作，要顺应城市工作新形势、改革发展新要求、人民群众新期待，坚持以人民为中心的发展思想，坚持人民城市为人民。这是我们做好城市工作的出发点和落脚点。同时，要着力提高城市发展持续性、宜居性。"2017年2月，习近平总书记在雄安新区规划建设工作座谈会上指出："打造优美生态环境，构建蓝绿交织、清新明亮、水城共融的生态城市。"2019年8月，习近平总书记在甘肃考察时强调，"城市是人民的，城市建设要贯彻以人民为中心的发展思想，让人民群众生活更幸福。金杯银杯不如群众口碑，群众说好才是真的好"。2019年11月2日至3日，习近平总书记在上海考察时强调，"无论是城市规划还是城市建设，无论是新城区建设还是老城区改造，都要坚持以人民为中心，聚焦人民群众的需求，合理安排生产、生活、生态空间，走内涵式、集约型、绿色化的高质量发展路子，努力创造宜业、宜居、宜乐、宜游的良好环境，让人民有

更多获得感，为人民创造更加幸福的美好生活"。2020年11月12日，习近平总书记在浦东开发开放30周年庆祝大会上指出，"要提高城市治理现代化水平，开创人民城市建设新局面。人民城市人民建、人民城市为人民。城市是人集中生活的地方，城市建设必须把让人民宜居安居放在首位，把最好的资源留给人民"。"推进城市治理，根本目的是提升人民群众获得感、幸福感、安全感。要着力解决人民群众最关心最直接最现实的利益问题，不断提高公共服务均衡化、优质化水平。要构建和谐优美生态环境，把城市建设成为人与人、人与自然和谐共生的美丽家园。"①

习近平总书记有关城市建设的论述，总体反映出了党中央对生态文明新时代人民城市生态优先、以人为本的蓝图构想和建设要求，其中可以清晰地看出对城市尊重自然、顺应自然、保护自然的要求，对城市必须始终把满足人民的美好生活摆在第一位的要求，对城市要让良好生态环境成为人民生活的增长点、经济社会持续健康发展的支撑点、展现中国良好形象的发力点的要求。

三　理想人居新范式

新时代理想城市，应当在兼顾尊重自然、维护自然、亲近自然与满足城市健康高效发展、满足人民美好生活需求的过程中，实现高标准保护生态环境与高质量发展城市经济、高品质供给城市服务、高效能开展城市治理的相互成就、有机融合。城市中人们的生产、生活与自然的关系并非一直是工业文明时代的对立割裂关系，事实上，生态文明新时代的理想城市空间范式，既是进化，也是回归。

中国古代文人雅士对恬静、自然的山水生活有着无限的向往，自然与人文相协调的田园生活，不仅能提供自给自足的物质，还能抚慰人的灵魂和精神。从陶渊明《桃花源记》中描绘的"土地平旷，屋舍俨然，有良田、

---

① 习近平：《在浦东开发开放30周年庆祝大会上的讲话》，《光明日报》2020年11月13日第2版。

美池、桑竹之属。阡陌交通，鸡犬相闻。其中往来种作，男女衣着，悉如外人。黄发垂髫，并怡然自乐"，到谢灵运《山居赋》中描述的"选自然之神丽，尽高栖之意得"，"田连冈而盈畴，岭枕水而通阡，阡陌纵横，塍埒交经"，"若乃南北两居，水通陆阻……大小巫湖，中隔一山。然往北山，经巫湖中过"，再到"可行、可望、可游、可居"的中国传统园林艺术基本思想，无不反映出尊重自然、顺应自然、以人为本、天人合一的理想意境。[1] 而西方以霍华德田园城市为代表，各种对人们平等、自由、自足地生活在城乡野融合的有序城市区域中的乌托邦式城市图景畅想也从未间断过。纵览古今中外文学作品或城市研究著作，不难看出东西方异曲同工的人居理念，千百年来，人们对理想人居环境的本质追求并没有随着时间和空间而改变，有美丽富饶的自然、和谐有序的社会，在人工与自然的交融互促中参赞天地之化育，人们可以离开自然再返回自然，诗情画意地栖居在大地上。[2]

从农耕文明时代到工业文明时代，人类改造自然、创造物质的能力突飞猛进，但也把人的发展推向了自然的对立面，把许多人的美好生活向往压制在利益追逐和阶层分化之下，把亘古不变的人居理想置于经济发展之后。如今我们正全力走向生态文明时代，有条件、有机会回归人居理想，并运用比以往任何时代都发达的技术智慧和制度智慧，以生态优先、以人为本的综合解决方案，创造新时代的理想城市空间新范式。

在这一新范式中，城市的生产活动，应能够在不消耗和损害自然生态的前提下，产生可持续的经济效益；城市的全体居民，应能够在体面地享受到基本生活物质所需的基础上，拥有更好的文化体验、商业和旅游体验、空间审美体验、居住改善机会、健康保障机会、休闲活动时间与空间、人性化公共设施使用，以及更好的家园认同；城市的生态空间，应能够在保障自身系统性、完整性、连续性的前提下，有机渗入到城市居民的

---

[1] 孙诗萌：《浅谈中国古代的人居理想》，《人类居住》2019年第3期。
[2] 《人生理想于诗意栖居——吴良镛谈理想人居环境》，《居业》2013年第9期。

各类生活场景空间中，让人们可以自由地亲近自然、拥抱自然，从自然中获取精神力量。

第二节
公园与城市融合发展是治疗城市病的施治路径

公园被视为解决城市不同发展阶段"城市病"的良方，公园与城市的发展可划分为三个阶段。第一阶段，从公园产生到外延式发展，公共绿地数量增加、规模扩张，公园建设受社会复兴影响；第二阶段，公园系统在空间结构上限定城市无序发展，大型公园的投放有效改善城市环境质量，对生态环境的修复产生积极作用；第三阶段，公园与城市融合，进入内涵式发展阶段，公园建设是城市更新中增强获得感、归属感和认同感的重要物质空间载体，有效引导存量提升与秩序重塑，满足人民群众的多元游憩服务需求。

一 近代公园的形成与发展沿革

（一）西方城市公园的产生

工业革命后，为应对不断恶化的城市环境和一系列民生问题的产生，英国率先掀起公园运动（Park Movement），1847 年，英国利物浦市修建了第一座由公共税收支付、服务于公众的城市公园（Publicly Funded Municipal Park）——伯肯黑德公园（Birkenhead Park），标志着英国城市公园建设的开始。法国巴黎为改善公共环境卫生，对中世纪风格的城市结构开展城市改造，建设公园与林荫道系统。随后欧洲布鲁塞尔、维也纳、巴塞罗那等城市也开启了以公园与林荫道建设为前置条件的城市改造，公园系统逐渐开始引领城市结构。

(二) 公园系统的形成

公园运动后,城市公园建设获得巨大发展,市民对公共性的游憩需求日益增加,需要更为优美的环境体系。奥姆斯特德在波士顿建构的翡翠项链(见图3-1),被视为近代公园系统的代表。1878年,波士顿跨越市区,从市域角度启动公园系统的构建,历经17年,以波士顿公地(Boston Common)为起点,向外延伸至自然空间,形成以自然水系保护为核心,沿河塑造多样的绿色空间,将周边湿地、田园公园、植物园、湿地、海滨公园、儿童公园以公园路串联起来,形成著名的"翡翠项链"。在城市发展演变的过程中,波士顿的公园系统犹如波士顿的一条项链,有效保护了城市中的绿地,是城市最具活力、风景最为动人的区域。为新城区的居民提供了迷人的与自然接触的空间。

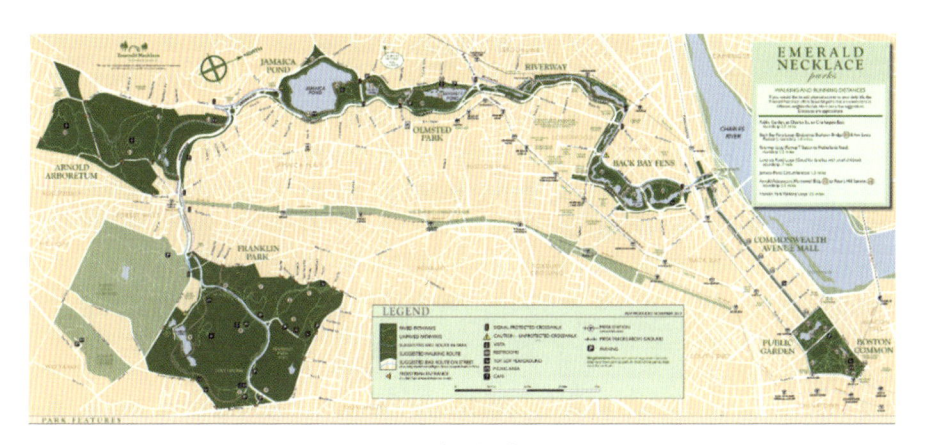

图 3-1 波士顿翡翠项链

图片来源:https://www.emeraldnecklace.org。

(三) 公园系统建设引领城市开发

明尼阿波利斯的公园系统是美国城市公园勃兴时期的产物,为保护城市丰富的森林、湖泊等自然资源,将城市内的水系与生态空间纳入公园体系，沿水建设林荫道，形成88.5公里长的公园绿链（见图3-2），为城市保留结构完善的绿色生态廊道。历经近150年的发展，该公园系统也随着城市扩张而不断完善，逐步从数量公平转向地域公平，并成为城市美丽展示的重要空间载体。为避免景观同质化，明尼阿波利斯的公园系统将城市划分为七个景区，成功保留了近27.5平方公里的水域与绿色空间，城市中15%的用地为公园与绿地。以水道为核心的环城绿廊包括各类公园、花园、游憩场地，针对全民运动健身需要，投放休憩、聚会、观景、运动空间，城市中居民可在10分钟内快速进入户外活动场所。

明尼阿波利斯市的公园系统构建成为城市绿地系统规划的源头，公园系统在防灾避险、旅游休闲服务等方面也发挥了积极作用。在此之后，城市绿地系统逐步形成丰富的公园类型，并在公园路的基础上发展形成绿道、生态廊道，公园与城市的空间关系逐渐向区域化发展。

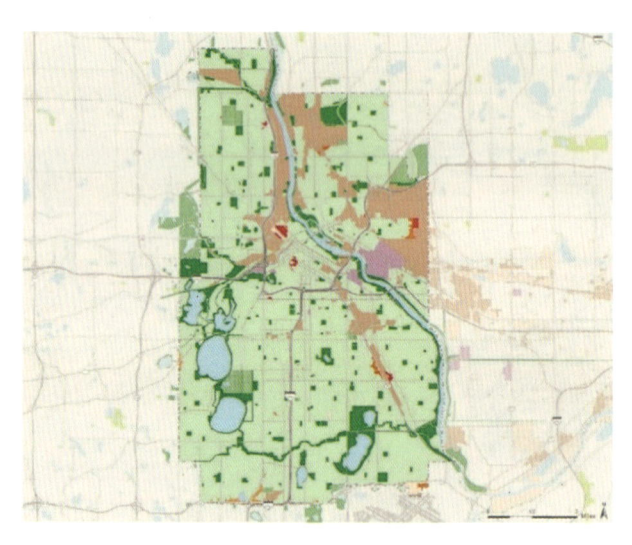

图3-2 明尼阿波利斯公园系统

图片来源：http://overseas.weibo.com/user/whywh/3587047031421671。

二 公园与城市融合发展，实现城市与自然和谐共生

随着公园与城市不断地发展融合，公园绿地系统有效地限制了城市快

速开发过程中的无序扩张,并引导了城市的发展,一定程度上消解了很多大城市所面临的人口密集问题。

(一)增强公园绿地的生态完整性

在城市快速扩张的过程中,绿带控制城市规模,从结构上限定城市边界。在绿道规划的基础上,1944年,伦敦制定战后第一版大伦敦公园系统规划方案时,提出"公园道"概念,将城市内的公园、环城绿带和其他绿色空间相互链接,串联生态节点形成绿色空间系统网络。随着城市扩张,伦敦通过提高绿色空间连通性,明确绿色开放空间级配概念,逐步形成公园生态圈,既提高了城市生态基础设施的韧性,又可提供多样化的游憩服务功能。随着城市公园系统与生态空间的结合,逐步完善区域绿色空间网络的完整性。(见图3-3)

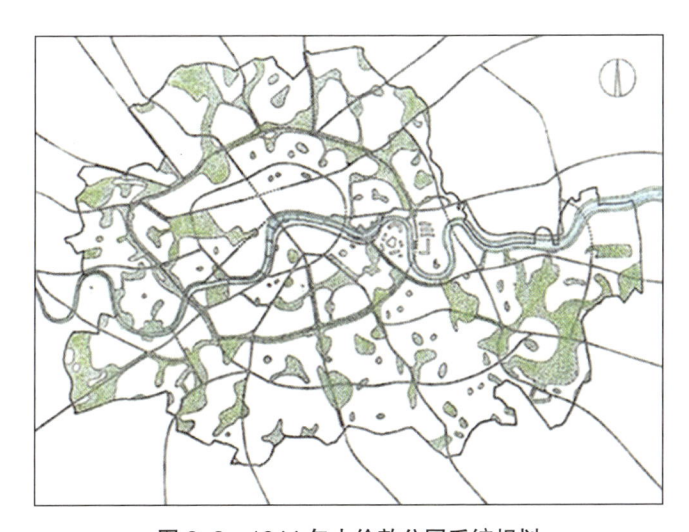

图3-3 1944年大伦敦公园系统规划

图片来源:http://www.landscapearchitecture.org.uk/london-landscape-open-space-planning/。

(二)以公园绿地引导城市发展

在城市空心化的背景下,绿链从功能上引导城市内向汇聚。以伦敦绿链为代表的公园网络化构建,使公园与城市高度融合,有效提升城市形象，提高城市竞争力。1991年的"绿色战略报告"中提出，通过"绿链模式"挖掘伦敦城市内部的水网与路网的空间新价值，引导城市发展再次聚焦到内伦敦区。公园与水系、道路、慢行交通、生物多样性保护等众多城市功能网络叠加，激发公园新价值，为城市带来勃勃生机。经过近一个世纪的发展，伦敦的绿环与绿链空间塑造了城市格局，并成为城市绿色基础设施的重要组成部分，部分原生态的自然空间和物种栖息地，成为伦敦生物多样性保护的展示窗口。

进入21世纪，欧洲提出基于自然的解决方案作为一种新的理念，将绿色空间网络视为"解决城市问题"的城市基础设施，公园与城市的关系突破传统的环境美化作用，转而形成前瞻性的引领作用。大众对公园绿地有了更多的使用偏好与需求，公园之于城市不仅满足于城市生态名片、形象名片的塑造，更是城市活力的体现。同时也是改善环境品质，提升绿地服务品质，提高城市绿色空间质量成为国内外城市提高全球竞争力的重要路径。

（三）以公园绿地激发城市活力

以"公"为名的公共活动空间。伦敦的八座皇家公园，是伦敦占地面积最大的一类绿色空间，为满足新时期使用需要，这些百年历史的名园打破传统的静态存在，陆续编制皇家公园的十年更新计划，逐步通过微更新的方式，融入亲子、运动与文化功能，从大花园成为儿童乐园、户外音乐厅等。如海德公园的戴安娜王妃纪念园，设计精巧的纪念喷泉，对于增强市民的认同感和凝聚力具有非凡的意义。

以"绿"为名的户外交往空间。在伦敦、斯德哥尔摩、哥本哈根等城市的更新中，城市更新与绿楔、绿廊的构建结合，有效引导城市组团发展。公园绿地成为城市友好、空间公平的重要支撑。在伦敦国王十字片区更新中，公园绿地与多元城市功能混合，延续城市文化精神遗产。在具有亲水活力的摄政运河公园、具有原生自然空间的卡姆利街公园中置入面向成年人的游乐场等多样化场所，在口袋公园中设置咖啡快闪店，为交通枢

纽使用者提供户外展厅、文化和遗产展场，以及商业品牌展示的场所，使交通枢纽周边的公共空间变得丰富多彩。

*以"园"为名促进科技发展。*随着英国"去工业化"进程的推进，伦敦东区的工业与轻工业陆续衰败，失业、贫穷、疾病使伦敦东区进入发展困境。借助伦敦举办奥运会的契机，伦敦东区的施特拉福德地区成为伦敦最具活力的文化教育片区，其中英女王伊丽莎白二世公园的建设被视为该区域城市更新的里程碑。该片区更新采取三大措施：从生态修复出发，与大尺度绿地系统结合，构建生态安全格局，改善片区生态环境；落实绿色基础设施建设，整合利亚山谷的河流、森林资源为市民提供休闲游憩；高品质绿地建设，为周围的科技产业园提供文化碰撞的场所，吸引外来投资。通过片区更新，引导城市良性发展，提升土地价值，不仅满足宜居生活的需要，亦带来社会效益与经济效益，带动文化、科技创新的全方位发展。

公园与城市空间的有机融合作为新时代城市发展的高级形态，是城市文明的继承创新，是回归人居理想模式的重要路径，是对生态文明建设规律的把握。在存量发展与增量结构优化的城市发展模式下，城市的增量空间一定是人—城—产融合发展的模式，即公园城市的理念和模式，以实现民生与环境的协调统一，实现景观与生态的高度融合，实现功能与格局的共享共建，助力实现城市美好生活的社会价值。

第四章
成都公园城市的先行探索

第一节
成都建设公园城市的政治使命

2018年2月，习近平总书记在视察四川天府新区时指出，天府新区是"一带一路"建设和长江经济带发展的重要节点，一定要规划好建设好，特别是要突出公园城市特点，把生态价值考虑进去，努力打造新的增长极，建设内陆开放经济高地。2020年1月，习近平总书记在中央财经委员会第六次会议中明确支持成都建设践行新发展理念的公园城市示范区。中共中央、国务院印发的《成渝地区双城经济圈建设规划纲要》提出，成都要以建成践行新发展理念的公园城市示范区为统领。2022年1月28日，国务院正式批复同意成都建设践行新发展理念的公园城市示范区。2022年3月16日，《成都建设践行新发展理念的公园城市示范区总体方案》正式印发。从"首提地"到"示范区"的蜕变，既体现了成都建设公园城市的优越资源条件，也反映了成都在经济、社会和城市发展方面的普适价值。

一 成都作为"首提地"的资源条件

（一）自然地理特征多元

成都位于中国第一阶梯向第二阶梯过渡的地带，是成都平原的主体部分。全市整体地势自西北向东南倾斜，在市域范围内形成高山、平原、丘陵三分的独特地貌以及世界罕见的自然景观。

西部以山地和深丘地貌为主，最高处位于大邑县，海拔达到5364米。位于成都西北的龙门山和西侧的邛崃山是成都平原的天然屏障，天气晴好时向西遥望，就能看见杜工部笔下"窗含西岭千秋雪"的巍峨景象。

中部平原由岷江、沱江及其支流冲击形成，具有相对安全的地质构造。岷江、沱江两大水网的众多水系和人工河网，联同世界闻名的都江堰水利工程，构成了独特的都江堰灌区系统，奠定了成都平原千年生生不息的发展基础。都江堰灌区系统将人工系统和自然系统有机融合，与大自然共生和谐，使得成都平原从城市到田园再到山区，每一处都孕育着勃勃生机。（见图4-1）

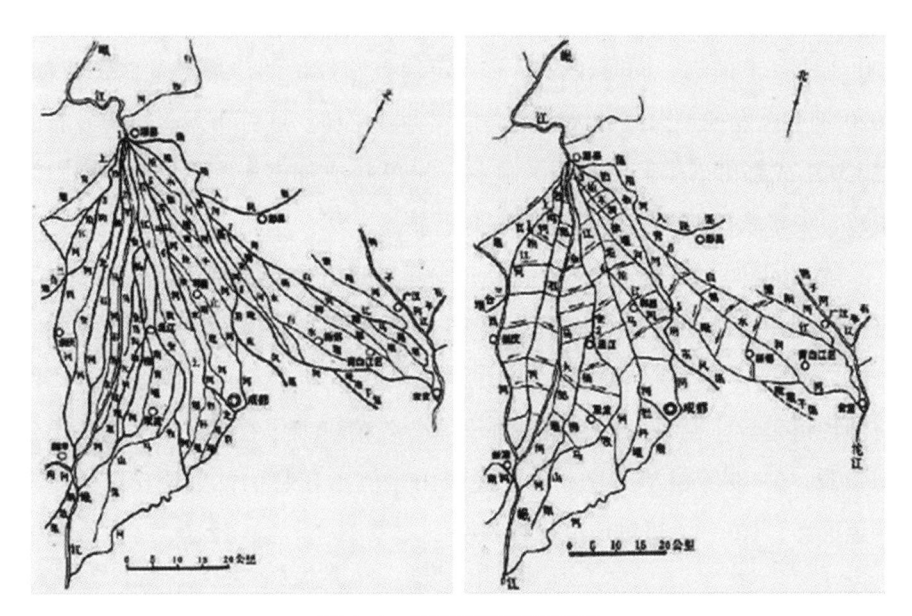

图4-1 都江堰老灌区渠系

（左：旧渠系图，右：新渠系图）

资料来源：金永堂主编：《都江堰》，水利电力出版社1986年版。

东部丘陵与中部平原以龙泉山为界，属于川中丘陵，是中国最典型的方山丘陵分布区。地表经沱江及其支流切割后，形成丘陵起伏、溪沟纵横的显著地理特征，随之形成了梯田层叠、旱地广布的大地景观。

（二）自然资源要素多样

成都市多样的地貌环境和适宜的气候条件，造就了"山水林田湖草"多样自然资源。山地高差急剧变化形成的垂直气候带差异，造就了极其丰富的生物多样性，平原到丘陵地带的地形过渡则形成了差异化的农业景观和人居模式。

成都生态系统类型多样，拥有极为丰富的野生动植物资源。根据2020年度成都市生物多样性监测报告，成都现记录的高等植物有4459种，占全国14%，占全省植物总数40.86%；共记录陆生野生动物700种，其中国家一级重点保护动物29种，国家二级重点保护动物120种。平原、丘陵地带生物多样性保护成效逐渐显现。龙泉山城市森林公园内分布有至少300余种乡土植物，同时还保存了一定种类和数量的珍稀濒危保护植物，2020年首次发现了国家Ⅱ级珍稀濒危树种香果树。成都市观鸟协会发布的《2020年成都市鸟类监测报告》显示，2020年成都市新增了包括海鸥、黑颈鹤、中华秋沙鸭等在内的9种鸟类记录。

成都同样具备多样的农业资源。成都是四川重要的商品粮基地、中药材基地，川芎、川附子、川黄连等86种道地药材享誉全国。以龙泉山为分界，成都市农业耕作呈现龙泉山西侧沃野小田与龙泉山东侧缓坡丘田的农业种植差异。龙泉山西侧是成都平原传统精耕细作农耕区，呈现小田生态景观，6—9等耕地占比85%。龙泉山东侧山丘起伏，呈现丘田林壑的特色形态，10—14等耕地占比超60%。

（三）城乡关系融洽

成都的乡村从来都不是社会经济生活中的配角。成都具有城乡资源等值、城乡差距较小的特质，成都的城乡发展不是一种城市剥夺农村的发展方式，而是互补共荣的方式。

在农业社会，成都就是中国三大农耕基地之一。在都江堰灌区系统基础上，成都平原内形成了独特的林盘人居聚落模式。与其他历史城市以规制的城镇建设或大规模聚居为主的人居模式不同，林盘多散落于田间，是集生活、生产和景观于一体的复合型人居模式。最初建设的目的在于更好地集体防洪抗涝，并且其分散式布局的形态构成非常适用于精耕细作的农作方式。林盘与场镇、大小林盘之间形成层级化的组织模式，林盘承载着居住、交往休闲、农业与养殖业等功能，而场镇则承载着定期赶集、商业贸易和公共服务等功能。（见图4-2）

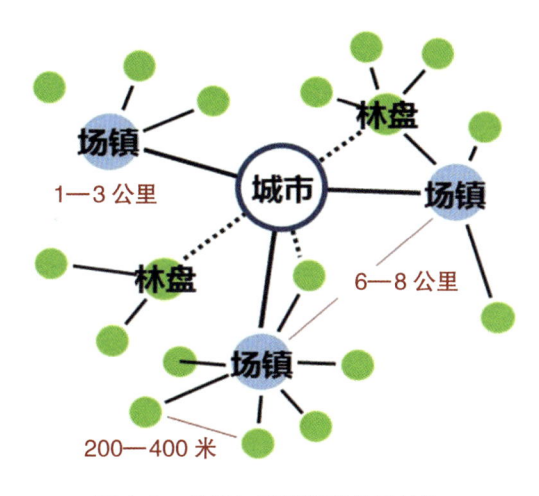

图4-2 林盘与场镇聚落体系结构

城乡本底条件方面，成都城乡差距较小，乡村产业持续健康发展，城市与乡村同具魅力。成都是国内农家乐的发源地，在成都乡村家庭经营性收入中，批发零售住宿餐饮占比较高。乡村产业发展越发多元和有力，使得成都城乡收入差距低于全国水平，且连年下降。

城乡融合政策方面，成都是城乡融合发展试验的先锋地区。2007年6月，国家发展改革委下发《关于批准重庆市和成都市设立全国统筹城乡综合配套改革试验区的通知》，是继上海浦东新区、天津滨海新区之后又一个国家综合配套改革试验区，也是全国最早的城乡综合配套改革试验区。2019年12月，国家发展改革委等18部门印发《国家城乡融合发展试验区改革方案》，其中成都西部片区承担了11项改革试验任务中的5项。2021

年2月，国家发展改革委批复了《四川成都西部片区国家城乡融合发展试验区实施方案》，进一步加快了成都市城乡融合试验区建设的步伐。按照实施方案提出的目标，成都在城乡融合发展中将进一步探索绿色生态价值实现机制，探索城乡产业协同发展新模式，建立健全城乡统一建设用地市场，完善农村金融服务体系，健全城乡有序流动的人口迁徙制度，充分释放试验区的引领带动作用，形成一批可复制可推广的典型经验和体制机制改革措施。（见图4-3）

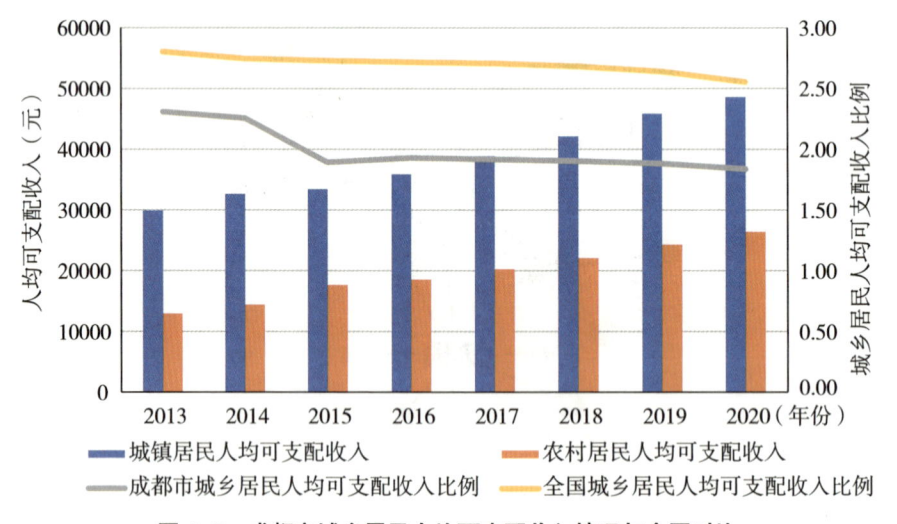

图4-3 成都市城乡居民人均可支配收入情况与全国对比

资料来源：成都市历年统计年鉴、国家统计局数据库。

二 成都作为"示范区"的普适价值

（一）经济发展水平的代表性

2020年成都市GDP 1.77万亿元，常住人口2094万，人均GDP 8.5万元，略高于全国平均7万元，在省会城市和副省级城市中处于中游水平（见图4-4）。2010—2020年人均GDP增速也同样位居中游（见图4-5）。从城市财政水平来看，成都市2020年人均一般公共预算收入约7261元，与中西部地区城市水平大致相当，位于全国城市中游水平（见图4-6）。可以说，成都的经济发展水平和发展阶段居中，成都的公园城市建设和绿色城镇化道路，对全国尤其是中西部广大城市具有较为广泛的示范意义。

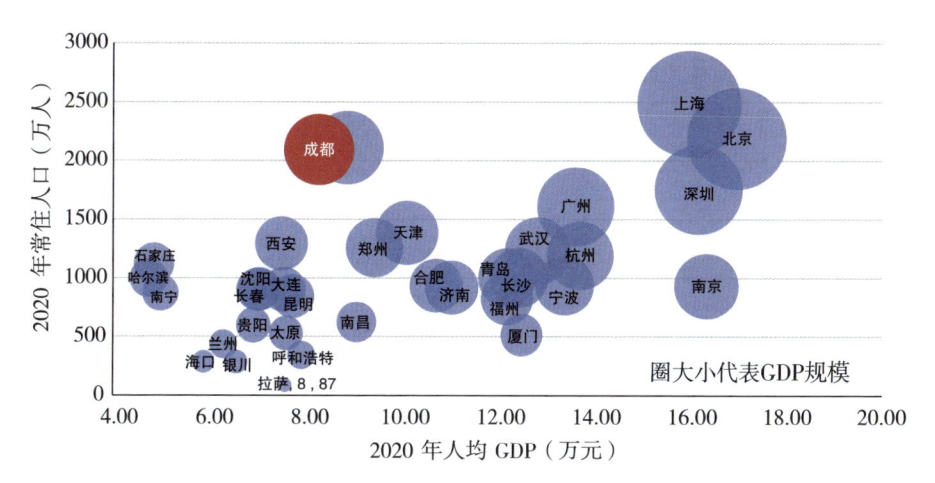

图4-4　各直辖市、自治区首府、省会城市和副省级城市常住人口、GDP、人均GDP对比

资料来源：各城市统计公报及七普数据。

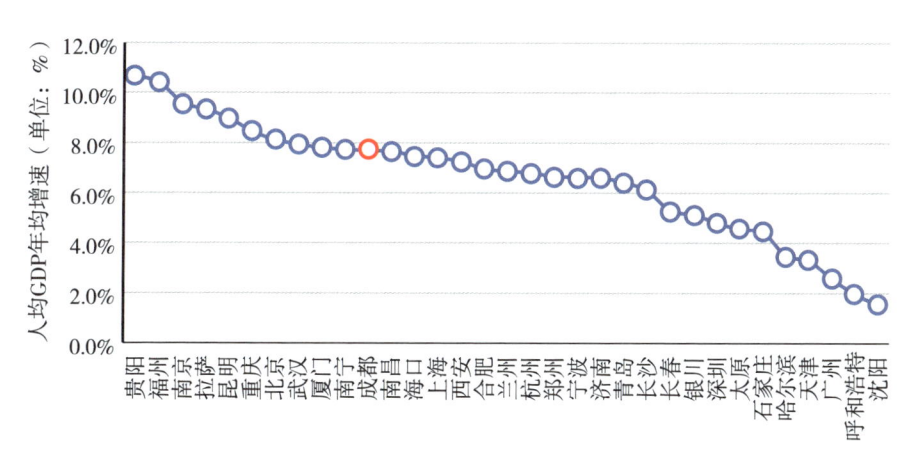

图4-5　2010—2020年各直辖市、省会城市和副省级城市人均GDP年均增速

资料来源：各城市统计公报及七普数据。

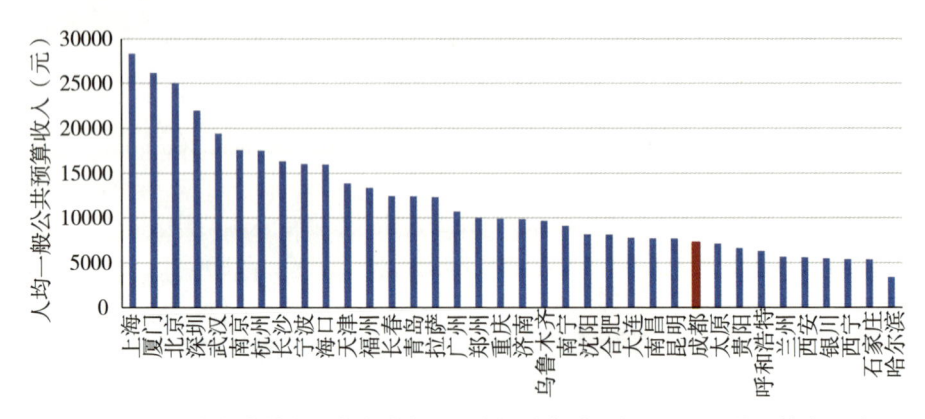

图 4-6　2020 年各直辖市、省会城市和副省级城市财政人均一般公共预算收入对比

资料来源：各城市统计公报及七普数据。

（二）社会发展特征的代表性

从人口城镇化特征来看，四川省城镇化率为 56.7%，在全国省级单元中处于中游水平，同时处于城镇化快速发展的阶段。成都作为四川人口最多的地级市，总人口占全省的 25%，人口集聚程度较高，但在西部省份中处于中游，同样较为具有代表性。（见图 4-7）

图 4-7　全国各省、自治区城镇化率和人口规模首位城镇人口占比

从人口受教育程度来看，成都市与沿海城市相比，人口受教育结构与全国平均水平最为相近。成都市现有每10万人中受教育水平在大学（含大专）及以上的人数低于北京、上海，同时小学文化水平人数约为北上广深的2倍。目前成都正处于人才积累的起步期，本地人才留存率近几年才得到快速提升（2019年76.2%），且与深圳（90.1%）、上海（79.5%）还存在差距；[①] 其次，对外省籍人才的吸引力虽然增长快，外省籍就业大学生占比由2017年的25.8%提升至2019年的35%，[②] 但是与北京（85%）、上海（80%）、深圳（68%）、杭州（60%）、天津（58%）等一线城市和新一线城市相比仍有较大差距。[③] 在提高人口素质方面，成都经验具有较高的示范意义。（见图4-8）

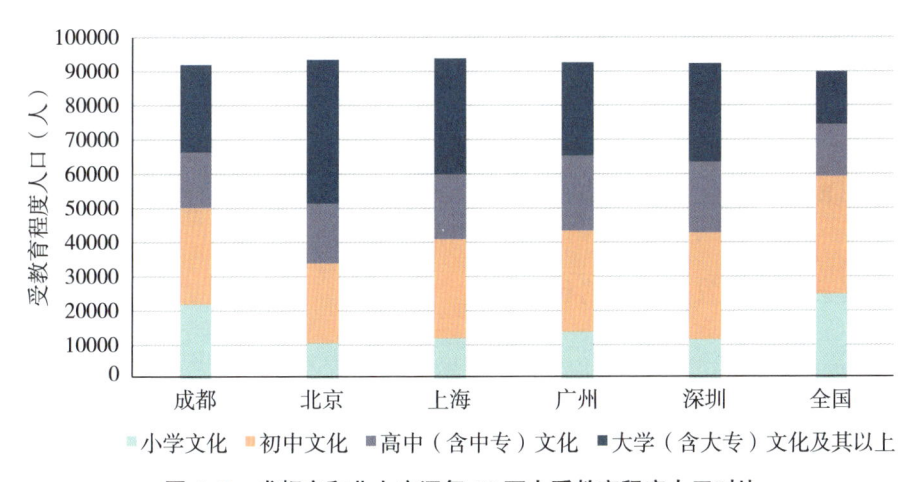

图4-8 成都市和北上广深每10万人受教育程度人口对比

资料来源：各城市统计公报及七普数据。

从年龄结构来看，成都人口年龄结构与全国平均水平相似，0—14岁占13.28%，15—59岁人口占68.74%，60岁及以上人口占17.98%，其中65岁及以上人口占13.62%。在同样2000万人规模的城市中老龄人口和14

[①]《2019年应届生求职趋势报告》，BOSS直聘，2019年9月18日。
[②]《2020中国人才指数发布》，中国经济信息社，2020年10月30日。
[③]《就业蓝皮书：2019年中国本科生就业报告》《就业蓝皮书：2019年中国高职高专生就业报告》，麦可思研究院和社会科学文献出版社共同发布，2019年6月10日。

岁以下人口占比则处于中等水平。在面对人口结构老龄化且老龄人口规模大的态势下，探索全龄友好型城市建设中同样具有代表性。（见图4-9）

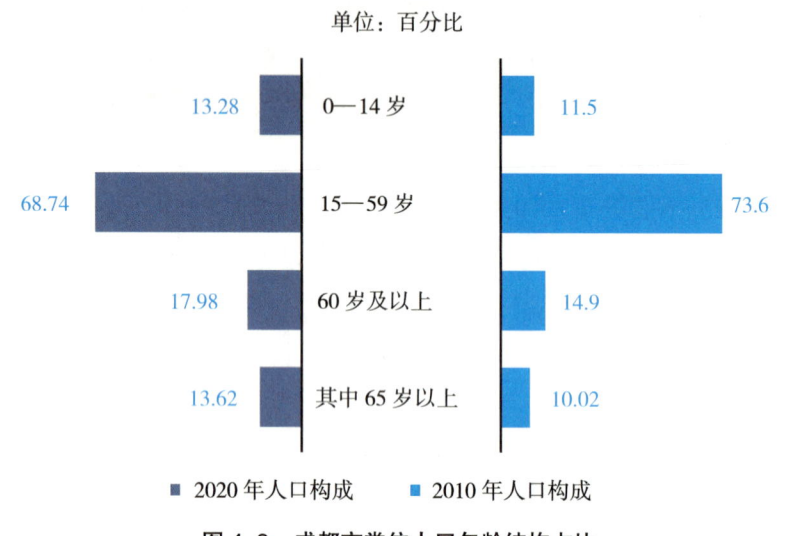

单位：百分比

2020年人口构成	年龄段	2010年人口构成
13.28	0—14岁	11.5
68.74	15—59岁	73.6
17.98	60岁及以上	14.9
13.62	其中65岁以上	10.02

图4-9 成都市常住人口年龄结构占比

资料来源：第七次人口普查数据。

（三）城市发展模式的代表性

成都市的经济和人口仍然处于集聚发展的阶段，因此城市存在空间扩张的需求。从2010年到2020年十年间，成都市常住人口增量达到581.9万人，人口增量仅次于深圳与广州，位居全国第三。人口持续集聚带来城市进一步扩张的需求，但与沿海的先发地区发展较为成熟的城市比较，成都的城市拓展处于国家绿色发展和新型城镇化发展的转型时期，如何找到一条高质量发展道路，在中西部后发城市的发展中具有较为普遍的示范意义。

同时，成都也正在由大规模增量建设向增存并重阶段过渡。在城市快速扩张的同时，老城区由于开发建成年代早，设施品质下降，功能业态逐渐落后，城市更新的需求也日益迫切。城市更新是持续提升城市活力的重要举措，在全国城市由大规模增量建设转为存量提质改造和增量结构调整并重的大背景下,成都经验具有一定的推广价值。

最后,从构建国内国外双循环新发展格局要求出发,成都城市功能仍需要完善。成都提出建设国内大循环的战略腹地和国内国际双循环的门户枢纽目标,城市能级跃升的同时,需要进一步融入全球经济链、产业链,门户功能、枢纽功能需要进一步完善。这是西部开放时代大势下大城市发展的共性需求。

第二节
成都公园城市探索历程

2014年3月,习近平主席在柏林发表重要演讲,指出:"历史是最好的老师,它忠实记录下每一个国家走过的足迹,也给每一个国家未来的发展提供启示。"回顾新中国成立以来成都在中国共产党领导下取得的历史性成就,尤其是成都公园城市建设发展的创新探索与实践历程,总结经验、认识规律,更有利于掌握历史主动、增强历史自觉,助力成都建设践行新发展理念的公园城市示范区。

新中国成立以来,成都市发展战略定位经历了五次调整,1954年第一版总规确立了"精密仪器、机械制造及轻工业"定位,1982年第二版总规确立了"机械、电子、轻工业为主的工业基地"定位,1996年第三版总规确立了"西南地区科技、商贸、金融中心和交通通信枢纽"定位,2011年第四版总规确立了"国家重要高新技术产业基地、商贸物流中心和综合交通枢纽,西部地区重要的中心城市"定位,2017年第五版总规确立了"建设全面体现新发展理念的城市、国家中心城市、美丽宜居公园城市、国际门户枢纽城市、世界文化名城"定位,实现了从区域中心城市到国家中心城市再到世界城市的历史性跨越。

2018年2月,习近平总书记在视察四川天府新区时指出,天府新区是"一带一路"建设和长江经济带发展的重要节点,一定要规划好建设好,特别是要突出公园城市特点,把生态价值考虑进去,努力打造新的增长极,建设内陆开放经济高地。2020年1月,习近平总书记主持召开中央财经委员会第六次会议,对推动成渝地区双城经济圈建设做出重大战略部署,明确要求支持成都建设践行新发展理念的公园城市示范区。从首提"公园城市"理念,到支持成都建设"践行新发展理念的公园城市示范区",记录了成都以公园城市建设为统领,系统破解大城市病,探索全球绿色城镇化发展新模式的创新实践。回顾成都市公园城市建设发展历程,主要可以分为以下四个阶段。

一 建设全面体现新发展理念的国家中心城市阶段(2017年4月—2018年2月)

2017年4月,成都市确立建设全面体现新发展理念的国家中心城市的奋斗目标,着眼锚固成都独特的生态资源禀赋和安逸休闲的城市特质,全面实施"三治一增"(铁腕治霾、科学治堵、重拳治水、全域增绿),规划建设天府绿道、龙泉山城市森林公园等重大生态工程,努力重现"绿满蓉城、花重锦官、水润天府"盛景。这一阶段,成都市全面加强城市人居环境建设,推动生态文明建设创新实践,为公园城市建设奠定了坚实基础和创新基因。

二 公园城市理念提出阶段(2018年2月—2018年7月)

自2018年2月习近平总书记提出公园城市理念之后,成都市联合高等院校、智库机构、专家学者迅速掀起公园城市理论研究热潮,在此基础上,同年7月召开市委全会做出加快建设美丽宜居公园城市的决定,对公园城市的丰富内涵和建设原则、目标、方法进行了详细阐述。明确提出公园城市是指以人民为中心、以生态文明为引领,将公园形态与城市空间有机融合，生产生活生态空间相宜、自然经济社会人文相融的现代化城市，是开辟未来城市发展新境界、全面体现新发展理念的城市发展高级形态和新时代可持续发展城市建设的新模式。

三 公园城市创新实践阶段（2018年7月—2020年1月）

成都市着眼统筹山水林田湖草系统治理，加强对公园城市建设的顶层设计和统筹协调，成立成都市公园城市建设领导小组，组建公园城市建设管理机构——成都市公园城市建设管理局，搭建公园城市理论体系、规划体系、政策体系、评价体系、法规体系等"四梁八柱"。依托龙门山、龙泉山"两山"和岷江、沱江"两水"生态骨架，推动龙泉山东翼加快发展，完善"一山连两翼"空间总体布局，使城市成为"大公园"。系统治理山水林田湖草，提升生态系统质量和稳定性。描绘"绿满蓉城、水润天府"图景，建立万园相连、布局均衡、功能完善、全龄友好的全域公园体系。传承"花重锦官城"意象，提高城市风貌整体性、空间立体性、平面协调性。探索政府主导、企业和社会各界参与、市场化运作、可持续的生态产品价值实现路径，满足人民日益增长的美好生态环境需要，初步形成公园城市建设"成都模式"。

四 公园城市示范引领阶段（2020年1月至今）

2020年1月，习近平总书记在中央财经委员会第六次会议中明确支持成都建设践行新发展理念的公园城市示范区。中共中央、国务院印发的《成渝地区双城经济圈建设规划纲要》提出，成都要以建成践行新发展理念的公园城市示范区为统领。2022年1月28日，国务院正式批复同意成都建设践行新发展理念的公园城市示范区。2022年3月16日，《成都建设践行新发展理念的公园城市示范区总体方案》正式印发，践行新发展理念的公园城市示范区成为党中央、国务院为成都量身定制的战略统领，赋予了成都探索山水人城和谐相融新实践、超大特大城市转型发展新路径的时代使命，明确了打造城市践行绿水青山就是金山银山理念的示范区、城市人民宜居宜业的示范区、城市治理现代化的示范区的战略定位，强调了生态、宜居、宜业、治理四个方面的重点任务要求。

成都建设公园城市，是新发展理念的城市表达和生态文明思想的城市实践，有利于在探索城市与自然和谐共生新实践、城市人民高品质生活新方式、城市经济高质量发展新模式、超大特大城市转型发展新路径等方面，积累有效做法和有益经验，对全国其他城市开展绿色城镇化、公园城市实践具有重要的引领示范作用。

第三节
成都建设公园城市的主要成效

自2018年2月以来，成都全市上下以公园城市建设为统揽和总目标开展实践工作，坚持以人为本基本遵循，贯彻"一尊重五统筹"城市工作总要求，统筹生产、生活、生态三大布局，深入推进理论探索创新、体制机制创新、区域生态保护、生态价值持续转化、城市更新、乡村振兴、公园社区建设等工作，引领城市发展方式、领导工作方式、经济组织方式、市民生活方式和社会治理方式的全方位变革。

一　公园城市"四梁八柱"不断完善

成都市围绕公园城市理论体系、机制体制大力开展创新实践，搭建公园城市理论体系、规划体系、政策体系、评价体系、法规体系等"四梁八柱"。一是深化理论研究。成立公园城市建设发展研究机构，聘请相关领域的院士、知名专家组成顾问委员会，清华大学、北京林业大学、中国城市规划设计研究院等知名高校和科研机构纷纷开展重大课题研究，探索公园城市建设理论体系，开展公园城市内涵、形态、场景营造、生态价值转化等重大课题研究，形成并完善公园城市理论构架。二是构建并完善规划体系和标准体系。印发《成都建设践行新发展理念的公园城市示范区总体方案》，编制《成都市美丽宜居公园城市规划（2018—2035年）》《成都市公园城市绿地系统规划（2020—2035）》《成都建设践行新发展理念的公园城市示范区建设实施规划（2020—2025）》等系列规划，谋划形成了公园城市发展的总体方案、主要任务、重点工程和空间布局，制定《成都市公园城市规划建设导则》《成都市公园城市街道一体化设计导则》《成都市背街小巷环境品质提升导则》等技术规范，系统编制公园城市政策法规、技术导则，初步形成公园城市规划技术标准体系。三是建立公园城市工作推进机制。整合组建市、区两级公园城市行政管理机构，组建成都市公园城市建设管理局，成立市级公园城市建设领导小组，构建完整管理机制体制，印发《成都市美丽宜居公园城市建设条例》，推进天府绿道保护条例立法，加快构建完整目标考核机制、政策法规体系与指标评价体系，保障公园城市建设依法依规、有力有序推进。

二 公园城市优美形态逐步呈现

一是锚定城市永续发展格局。成都坚持以协调发展构筑新空间，以千年立城的静气和定力塑造城市格局，把城市战略功能定位与总体规划布局有机衔接，以连接历史、面向未来的时代担当跳出"两山夹一城"的空间约束，拉开"一心两翼三轴多中心组团式"空间骨架，形成多中心、组团式、网络化功能结构。积极融入成渝地区双城经济圈建设，共筑长江上游生态屏障，协同构建区域生态网络。做优做强中心城区、城市新区、郊区新城，中心城区以推动城市有机更新、产业转型升级、宜居品质提升、治理效能增强为重点，有序疏解非核心功能，加强实现由中心集聚向辐射带动转变，城市新区围绕做优做强创新策源转化、国际门户枢纽、新兴产业集聚等核心功能，协同发展先进制造业和现代服务业，打造高质量发展的动力引擎和新的增长极，郊区新城发挥大城市带动大郊区优势，做优做强生态产品价值实现、促进乡村全面振兴、公园城市乡村表达等核心功能，推动城市空间布局与功能定位高度契合、人口经济与资源禀赋良性适配，促进城市内涵发展、区域差异发展、城乡融合发展。二是厚植生态本底，提升城市功能品质。大力推进自然生态公园、乡村郊野公园、城市公园规划建设，形成全域覆盖、类型多样、布局均衡、功能丰富、业态多元、特色彰显的全域公园体系，优化城市空间布局，交融自然人文历史，构建"园中建城、城中有园、城园相融、人城和谐"的公园城市形态，营造"绿满蓉城、花重锦官、水润天府"的蜀川盛景。实施"五绿润城"城市人居环境提升行动，建设大熊猫国家公园打造生态"绿肺"，推进生态修复、科研保护和文化旅游；建设龙泉山城市森林公园打造城市"绿心"，统筹推进增绿增景、减人减房等重点工作；建设天府绿道体系打造城市"绿脉"，规划建设总长1.69万公里的天府绿道，打造引领未来的城市"绿脉"，截至2021年底，建成各级绿道5327公里、"回家的路"社区绿道2034条，累计增加天府绿道健身新空间200处，累计发布绿道公园精品游览线路50条；规划建设总面积133平方公里的城市环形公园——环城生态公园，打造近悦远来的超级"绿环"，截至2021年底，累计建设一级绿道100公里、绿道体系569公里、特色园10个、林盘45个，完成3万亩高标准农田农业种植，开放园区招商面积27万平方米，引入特色场景200余个；规划建设总面积34平方公里的城市带状公园——锦江公园，打造串联水网街区的精品"绿轴"，深入推进景观提升等"九大行动"和锦江子街巷综合提升，截至2021年底，锦江公园范围已完成绿道景观提升73公里，已实现都江堰至黄龙溪绿道基本贯通，串联沿线23个公园、11条滨水慢行街区，新增滨水开敞空间10万平方米，增设城市家具1200处，锦江公园累计培育首店15家、网红小店60家，"一江锦水、两岸融城"的大美形态加快呈现。

三　创新探索生态价值转化

一是创新生态建设投入产出平衡机制，深入践行"绿水青山就是金山银山"理念，探索构建生态系统价值核算体系，以城市品质价值提升平衡建设投入、以消费场景营造平衡管护费用，创新生态资源市场化运营模式，加快公益性园林转型升级，联合专业机构深化环城生态公园、锦江公园生态价值动态转化对城市功能品质提升的研究。二是创新生态价值转化场景，坚持把公园城市场景作为发展新经济的场景媒介，大力营造彰显城市优势的城市级场景、产业级场景、企业级场景，发布《成都公园城市场景机遇图》，建立面向全球持续发布1000个新场景、1000个新产品的发布机制，发展公园城市场景下的首店经济、夜间经济、周末经济，打造江滩公园、新桥社区、夜游锦江等场景品牌，公园、绿道逐渐成为市民新消费、新体验、新生活的重要载体，绿色生态价值日益彰显。三是创新生态建设投入模式，坚持政府主导、市场主体、商业化逻辑，以设施租赁、联合运营、资源参股等多种方式实施全球招引；截至2020年5月，统筹各类策划研究230项，梳理项目招引机会清单2500余项，天府绿道社会投资占比达70%以上；百个公园示范工程吸引社会资本170亿元，占比56%。四是创新生态产品与服务供给，坚守"绿色生态投资是最优质资产、生态产品供给是最普惠民生"价值导向，依托公园、绿道等高品质公共空间持续举办天府春花节、天府芙蓉花节、园林艺术展会等系列活动、节庆赛事，开展天府绿道文体科普活动，为居民带来优质的生态服务、美好的生活体验，实现绿色福祉全民共享。

四　公园城市幸福指数稳步提升

成都市坚持将"城市的核心是人"作为一切工作的价值取向和逻辑起点，将"城市让生活更美好"作为使命方向，推动城市综合实力争先进位与人民生活品质改进提升相得益彰。一是大力推进"碧水、蓝天、净土"环境综合治理行动。成都市在推进公园城市建设实践中，想人民之所想、急人民之所急，大力推进空气、水、土壤等环境治理工作，深入实施"治霾十条""治水十条""治土十条"，持续开展大气污染防治"650"工程、水污染防治"626"工程、土壤污染防治"620"工程，各项生态环境指标持续向好。二是扩大绿色公共服务供给。加快布局"15—10—5分钟"街区级、社区级、小区级生活服务圈，构建公共服务共建共治共享的生活圈，加快构建"轨道＋公交＋慢行"绿色交通体系，构建"通勤圈""生活圈""商业圈"高度融合的通勤体系，启动建设14个TOD示范项目，通过"回家的路"社区绿道连接生活社区、公交站点、农贸市场、中小学校等设施，广大市民走进绿道、身在公园，畅享绿色生活。三是创新公园社区治理模式。坚持和深化党建引领城乡社区发展治理，率先在全国设立第一个城乡社区治理委员会，把发展与治理统筹起来，创新构建党建引领城乡基层治理的制度体系，建立健全"一核三治、共建共治共享"新型基层治理机制，社区发展治理规划落脚"以人为本"，组建共治委员会，将居民共建共治共享贯穿到社区治理各环节。创新塑造公园社区场景，加速老旧小区、老旧厂区、老旧街区和城中村改造提升。升级社区业态，大力发展社区商业，加快建设邻里中心、生活体验馆等综合服务设施，鼓励发展社区社会企业，营造体验消费、创新创意的公园社区产业场景，打造社区"5分钟步行"公共活动空间，切实改善了居民的生活环境，厚植了公园城市底色。截至2020年5月，成都市共整治提升背街小巷2059条，改造老旧院落600个、棚户区17434户，完成"两拆一增"点位3270个，打造特色精品街区121个、公园小区70个，实现公园形态与社区生活有机融合，基层治理能力和宜居生活品质同步提升。

创新示范篇

第五章

构建公园城市高质量发展新格局

在开启第二个百年奋斗目标新征程的关键节点，习近平总书记亲自谋划、亲自部署、亲自推动成渝地区双城经济圈建设，赋予成都建设践行新发展理念的公园城市示范区的时代使命。四川省委对成都发展历来高度重视、寄予厚望，要求成都坚持以新发展理念为"魂"、以公园城市为"形"，在高质量发展中当好全省主干、走在全国前列。成都市以践行新发展理念的公园城市示范区建设为统领，构建城市高质量发展新格局，一是要突出区域协调发展，落实成渝地区双城经济圈、成都都市圈等区域层面的相关要求；二是要突出绿色生态优先，筑牢公园城市绿色发展生态基底；三是要突出两山价值转化，建设产城景融合发展的产业空间；四是要突出资源本底为基，构建差异化空间发展格局。

第一节

落实国家及区域发展要求

2020年1月，中央第六次财经会议提出，要推动成渝地区双城经济圈建设，在西部形成高质量发展的重要增长极，要求成渝要牢固树立一体化发展理念，做到统一谋划、一体部署、相互协作、共同实施，唱好双城记。这意味着成渝互动、协同一体是成渝发展的关键。同时，成都已进入都市圈发展阶段，成德眉资同城化发展正稳步推进。因此，成都构建公园城市高质量发展格局，要从区域视角进行审视，落实成渝地区双城经济圈、成都都市圈等相关规划要求。

一 落实成渝地区双城经济圈相关规划要求

成渝地区双城经济圈相关规划要求成都要以建成践行新发展理念的公园城市示范区为统领，厚植高品质宜居优势，提升国际竞争力和区域辐射力。规划对成都发展格局提出三方面的要求：一是空间格局方面，要求推动与重庆相向发展，形成"一山连两翼"的城市发展新格局；二是生态保护方面，提出加强西部龙门山和岷沱江的协同保护，筑牢长江上游生态屏障；三是产业格局方面，要求高水平建设天府新区、西部（成都）科学城，并按照产城融合、职住平衡的原则，建设宜居宜业产业园区。（见图5-1）

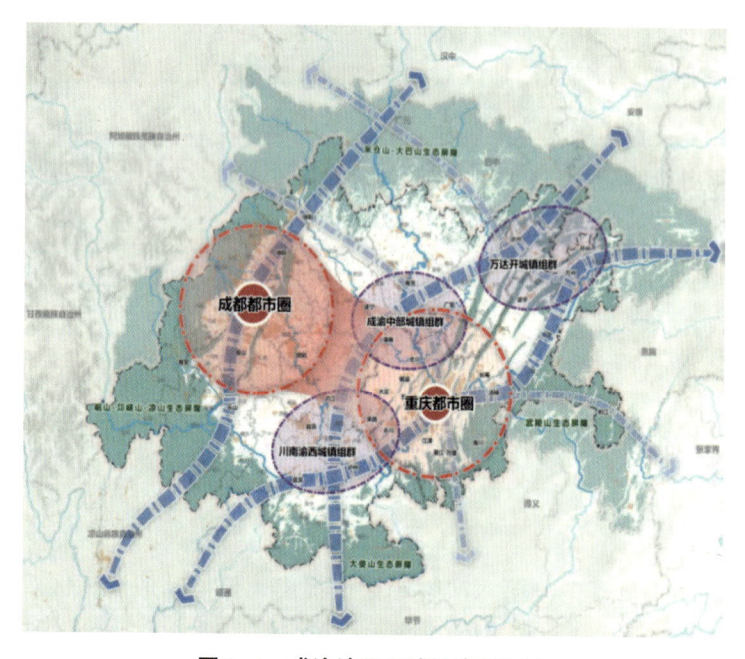

图5-1 成渝地区双城经济圈结构

根据国家战略要求，未来成都一是推进城市向东发展，加快东部新区建设和简州新城、淮州新城、简阳城区培育，构建"一山连两翼"城市发展新格局，推动成渝相向发展，增强成渝互动联系。二是积极融入成渝地区双城经济圈生态网络，共筑长江上游生态屏障，协同构建网络化的区域生态空间格局，重点要聚焦在全国和区域格局中具有重要生态功能的山体水系，积极推进龙门山生态屏障保护，加快建设大熊猫国家公园，协同推进岷沱江流域保护与修复。三是在产业和创新格局中充分发挥成都科学城的辐射引领作用，高水平建设天府新区，推动产业与城镇协调布局，加强产城融合、职住平衡的现代园区建设。

二 落实成德眉资同城化相关规划要求

四川省将加快成德眉资同城化发展作为推动成渝地区双城经济圈建设的"先手棋"。成都都市圈（成德眉资同城化地区）相关规划（见图5-2），对成都发展格局提出三方面要求，一是空间格局方面，依托天府新区、东部新区、成都国际铁路港经济开发区，协同眉山、资阳、德阳，建设成渝、成

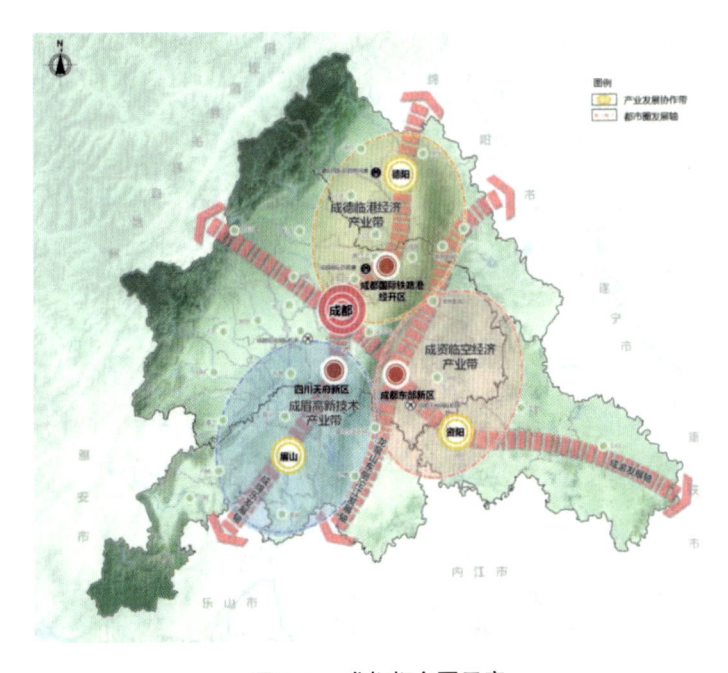

图 5-2 成都都市圈示意

德绵眉乐、沱江三条发展轴；二是生态保护方面，合力打造龙泉山城市绿心、共筑龙门山生态屏障，协同推进岷沱江生态水网建设，共建生态廊道，构筑多层次、网络化区域生态空间格局；三是产业格局方面，与德眉资共同建设"三区三带"高能级产业空间载体，打造成眉高新技术、成资临空经济、成德临港经济协作带。

落实成都都市圈建设公园城市都市圈发展要求，未来成都一是高标准建设天府新区、东部新区，联动德阳铁路港、眉山天府新区协同区、资阳东部新区协同区、资阳临空经济区，推动城市向东发展，在龙泉山以东地区培育凯州新城、淮州新城等新功能节点，共建沱江城镇发展轴，夯实成德眉资同城化发展格局；二是要加强龙门山生态屏障、岷沱江水网保护，将龙泉山建设成为都市圈绿心和成都城市绿心，同时建设成都第二绕城高速生态环和成都经济区环线高速生态环，协同构筑都市圈生态绿网体系，夯实公园城市都市圈生态基底；三是要强化西部（成都）科学城、天府新区、东部新区等高能级产业平台引领作用，做强成眉高新技术、成资临空经济、成德临港经济协作带，建设具有全国影响力的科技创新中心、经济中心，带动都市圈高质量发展。

第二节
筑牢公园城市绿色发展生态基底

作为雪山下的公园城市，成都自然基底优越，山水林田湖资源齐备，在区域生态格局中地位重要，保护责任重大。按照成渝地区双城经济圈和成都都市圈建设要求，成都建设践行新发展理念的公园城市示范区，要坚持把绿色作为公园城市最厚重的底色，进一步筑牢公园城市绿色发展生态基底，保护好绿色画布，构建好绿色筋骨，为公园城市高质量发展提供坚实生态支撑。要强化具有区域生态功能的龙泉山、龙门山两山生态保护，

岷沱江两大水系网治理；要保护好精华灌区等绿色底色；要处理好城市与生态的关系，加强共生共融。（见图 5-3）

图 5-3　成都市全域鸟瞰

一　筑牢山水自然生态本底

强化龙门山生态保护与修复。龙门山生态屏障垂直海拔高差超 5000 米，形成了多元自然地貌，造就了丰富的生物多样性，是成都重要的水源涵养地，也是成渝地区四屏中岷山—邛崃山—凉山屏障的重要组成部分、全国重要的生物栖息地，有大熊猫等国家 I 级保护动物 16 种。作为生物基因库和水源涵养地，未来要减少人工痕迹，实施低干扰修复，保障生态安全，加强生物多样性保护，保护大熊猫、金丝猴等国家重点保护动物的自然栖息地，以生物视角维系自然生境系统，加强生境廊道构建。

建好龙泉山生态绿心。龙泉山生态绿心贯穿德阳、成都、眉山三市，既是成都城市绿心、成都市民休闲度假的重要区域，承担区隔城市组群、推动成都市中心城区与东部新区一山两翼有序发展的重要作用，也是成都都市圈的都市绿心、四川盆地盆中重要的山系生态绿廊、全国候鸟迁徙的重要廊道，有黑鹳等国家 I 级重点保护动珍稀鸟类 6 种。作为兼具生态保育责任的城市绿心，未来要加强生态保育和建设管控，减人减房、增绿增景，提升山地森林生态系统质量，同时加强可进入性，适度植入城市休闲功能，推动生态价值转化，促进农商文旅体融合发展。

强化岷江、沱江水网保护。岷沱江水系作为成都的母亲河，孕育了成都3000年历史文明，保障着成都2000万人口的主要水源地，滋养着成都平原千里沃野，同时是长江上游重要支流，在筑牢长江上游生态屏障中具有重要作用。因此，要处理好城市发展与水的关系，加强河湖水系及周边环境综合整治，优化河湖湿地资源空间布局，完善河湖湿地保护管理体系，确保现状湿地总面积不减少，生态系统质量得到改善。（见图5-4）

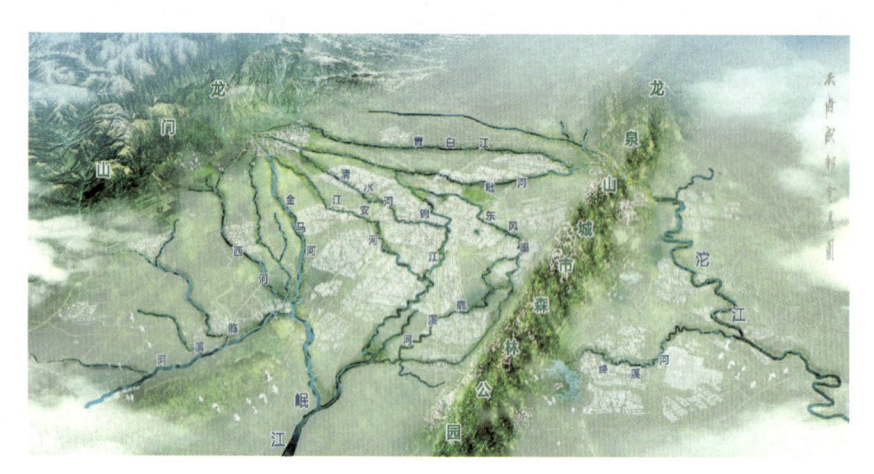

图5-4 成都市山水格局

二 护好灌区田园大地自然底色

成都西侧自古以来都是良田沃野，是成都平原传统精耕细作农耕区。耕地坡度平均10度以下，水田和水浇地占比80%以上，水稻土发育良好，6—9等耕地占比85%，拥有优美的大地景观，同时也是成都市民郊野休闲的好去处。龙泉山西侧平原区上，星罗棋布的林盘映秀于田，全市数万个林盘点状分布。近年来，成都提出精华灌区和农田保护的系列措施。未来，要以全域土地综合整治为抓手，通过"整田、护林、理水、改院"，将高标准农田建设与农业景观再造相结合，推动农业种植景观化、景区化、规模化，建设嵌入田园的城市新形态，重塑川西田园风光。

加强温江—郫都—都江堰片、崇州—大邑片、邛崃—蒲江片、人民渠灌区片等精华灌区保护，严格保护耕地农田，控制城镇、产业扩张以及人口增长等，减少城镇发展对田园的干扰和侵占。加强对灌区良田的保护，一是护好"田"，支持灌区实施高标准农田建设和土地整治，提升耕地地力和土壤肥力；二是控好"城"，要控制土地开发强度，优化城乡空间布局，建设田城相融、生态宜居现代田园城市；三是塑美"景"，按照全域景观化原则，重塑具有成都平原特色的全域大地景观。例如，崇大灌区、邛蒲灌区规模化现代农业生产区"沃野千里"大地景观，都郫温灌区自流灌渠、蜿蜒田埂、浑然天成"小田"大地景观和邛崃市南河西南侧丘陵"条状"茶园、橘园等丘陵缓坡经济作物大地景观。（见图5-5）

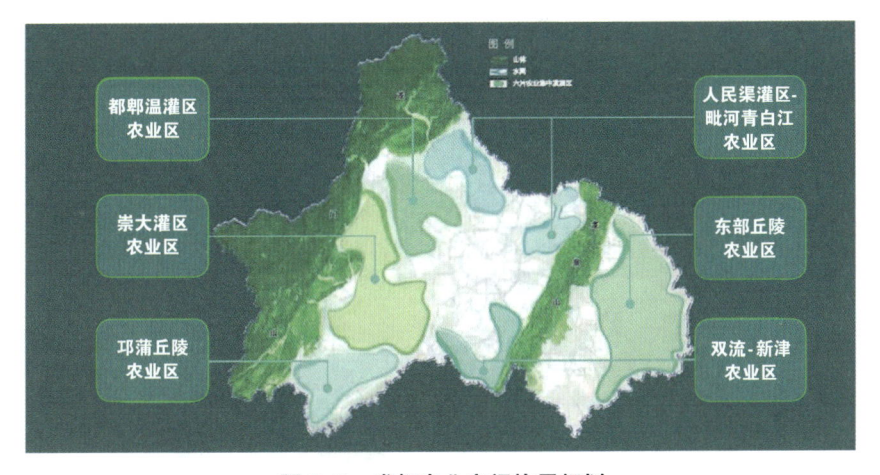

图5-5 成都农业空间格局规划

资料来源：《成都市国土空间总体规划（2020—2035年）（公示稿）》。

三 促进生态与城市共生共融

引大山水入城融合发展。发挥龙门山都市绿肺作用，建设龙门山森林绿道等进山廊道，加强城市与生态空间联系。结合龙门山优越的生态环境与绿色资源，布局绿色产业与生态旅游，建设城市郊野生态休闲公园。龙泉山作为城市绿心，适度植入城市功能，发挥城市生态休闲和对外交流的窗口作用，建设成为城市会客厅、国际旅游目的地。成都依托锦江、沱江等主要水系，沿河建设城市绿道，结合沿江湿地布局公园，打造消费场景，促进滨水空间生态价值转化，形成城水共生的滨江公园带、串联城市的景观主轴、都市文旅休闲带和都市生活带。锦江绿轴整体形成了"一带、一核、十二景区、二十三公园"的总体空间格局，串联起成都市7大城区。

> **案例**
>
> 　　锦江公园涉及的绕城高速内的锦江段，河道共长48公里，涉及郫都区、金牛区、成华区、锦江区、青羊区、武侯区、高新区7个区。锦江公园中的两江环抱区域及望江楼公园段，河道长17.6公里，涉及成华区、金牛区、青羊区、武侯区、锦江区5个区。该区域是锦江公园中代表性最强、关注度最高、资源点最密的区域，是锦江公园的核心区。"一带、一核、十二景区。"（见图5-6）

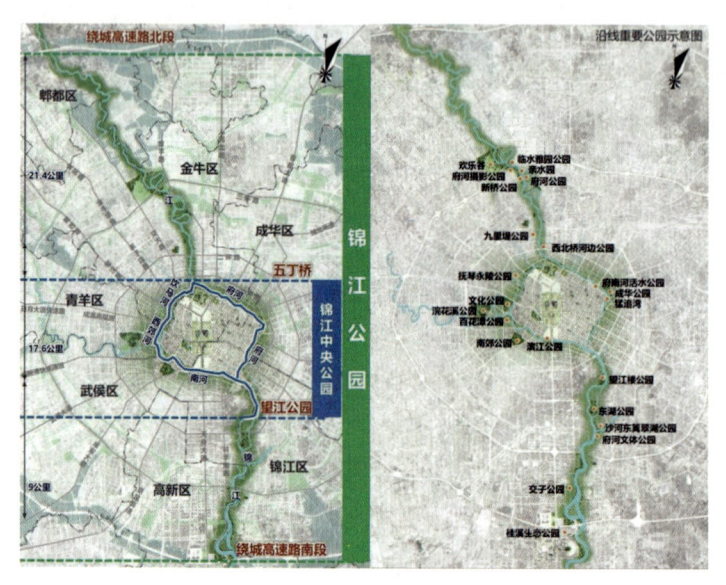

图5-6　锦江公园空间布局规划

"一带"即锦江公园带——贯通南北连接环城生态公园，以锦江为核心构建历史景观带、文旅休闲带、都市生活带。

"一核"即锦江中央公园——主要为两江环抱区域，通过释放开敞空间、缝合城市两岸、集聚公共功能、修复滨水风貌，打造锦江公园的核心展示窗口。以微更新、微改造、生态修复为原则，激发滨水活力，彰显城市魅力。

"十二景区"是由沿线资源集中的景点串联成网的核心景区，具体包括望江景区、少城景区、合江亭景区、九里堤景区、猛追湾景区、安靖景区、寻香道景区、东湖景区、大慈寺景区、交子景区、蜀汉城景区、桂溪景区。

促进城市空间与生态空间融合发展。沿城市高速环线布局生态绿地，建设环城公园体系，将消极的高速通道隔离带变成可进入、可游览的城市生态景观环，有序串联各个城市组团。以精华灌区、城市内部山体、岷沱江支流水系楔入城市组团，划定生长边界，区隔城市组群，防止城镇粘连发展。推动中心城区延续扇叶组团式布局，东部城市新区形成组团布局。楔形生态区域严控城镇建设规模，加强用地、产业、建筑管控，引"风"入城，打通城市通风廊道，优化城市通风环境和热环境。（见图5-7）

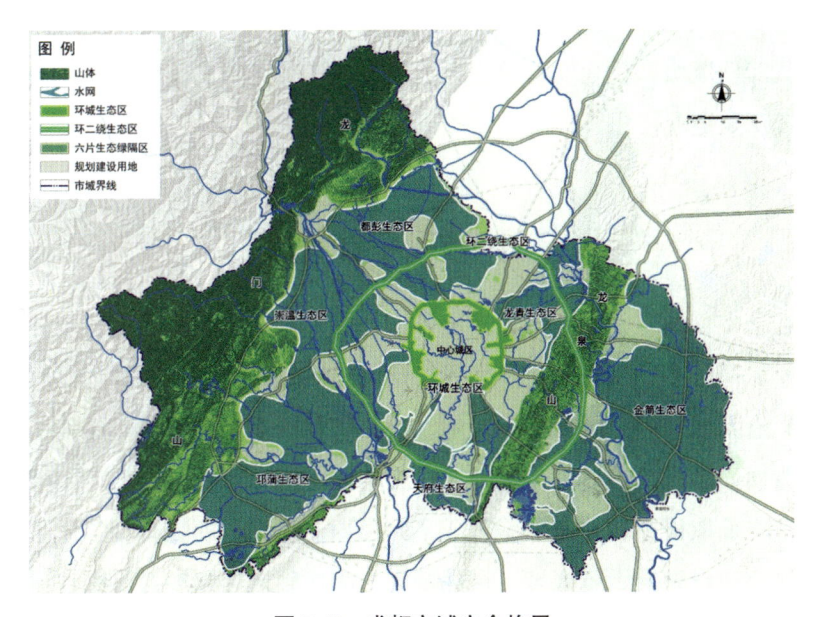

图 5-7　成都市域安全格局

推动新区组团化建设。 天府新区以二绕生态廊道、鹿溪河生态廊道为绿色骨架，形成成都科学城、天府文创城、天府总部商务区、华阳城市综合服务区四个城市组团。各组团围绕河湖、水系进行功能布局。东部新区以沱江、金简生态绿楔为城市骨架，形成空港新城、简州新城双城格局。片区内部利用自然资源禀赋，顺应片区山水基底，围绕三岔湖、龙泉湖、绛溪河等生态绿廊、河湖水系进行城市布局，构建蓝绿交织的山水公园城。

第三节
建设产城景融合发展的产业空间

在筑牢绿色发展生态基底的基础上，要实现绿水青山向金山银山转化，需要促进产城景融合发展，利用生态空间的环境效益，促进有限的建设用地资源价值提升。成都一是在承担城市核心功能的"两区一城"建设中，全面体现公园城市理念；二是深入实施产业建圈强链行动，加快提升现代产业能级，优化完善重点产业链全面推行链长制，推进产业基础高级化和产业链现代化。

一 在两区一城建设中突出公园城市理念

在落实创新引领和高质量发展方面，成都提出以天府新区、东部新区和科学城两区一城引领高质量发展，建设高质量发展动力源和公园城市典范。天府新区作为公园城市首提地，近年来在产业发展、城市建设、生态保护方面发展成果显著，特别是在三生空间融合、产城融合、公园城市建设示范方面取得了较好成效，形成了兴隆湖、麓湖、鹿溪智谷等生态、产业、城镇建设融合示范区域。东部新区作为成渝地区双城经济圈建设机遇下设立的省级新区，布局了奥体公园等重要功能平台，是未来城市建设、公园城市发展的试验区，定位为国家向西向南开放新门户、成渝地区双城经济圈建设新平台、成德眉资同城化新支撑、新经济发展新引擎、彰显公园城市理念新家园。西部（成都）科学城作为西部科学城建设的核心载体之一，创新基础较好，是未来引领区域创新的核心地区，将打造彰显公园城市价值的创新创业生态典范区。

天府新区按照公园城市首提地高标准建设。以建设践行新发展理念的公园城市先行区为统揽，突出产城融合发展模式和公园城市场景营造治理路径，建设生态型、高质量、可持续的公园城市样板。以沈阳路生态绿廊、鹿溪智谷生态绿廊和二绕生态绿廊筑牢生态骨架，将区域生态功能引入城市集中建设区，注重生态空间和建设空间的混合，稳固组团化城市布局模式，防止城市粘连发展。改变传统沿路布局中心的方式，形成"公园＋"空间布局新模式，围绕兴隆湖、麓湖等公园绿地、开敞空间布局城市中心和公共功能，促进城景融合，加强生态价值转化。加强城市绿廊和水系保护利用，以锦江、鹿溪河、东风渠、雁栖河、柴桑河为贯穿城市组团的蓝带，串联生态空间，链接区域内部各功能组团，将大自然引入城市，实现城市与自然和谐共生。

成都东部新区探索未来公园城市建设模式。以人民为中心、以生态文明为引领，积极探索现代城市发展与自然生态保护互促共进的新型城市发展之路，加快塑造美丽宜居城市形态，建设具有天府文化特点、公园城市特质的高品质生活典范区。城市开发秉承山水丘陵特色，依托"一山一江多湖"优质生态本底，推动城市营城模式变革，统筹推进片区综合开发和城市组团发展，突出产城融合，形成多个山水人城和谐相融的城市组团，构建青丘为幕、碧水润城、丘谷成廊、城绿相融的城市形态。突出拥江发展，高标准规划建设沱江发展轴。规划建设大尺度生态廊道，打造全域绿廊体系。结合穿城水系、生态廊道等，构建多条通风廊道。深入推进海绵城市和地下综合管廊建设。

高水平建设西部（成都）科学城。以公园城市理念为统揽，以"公园＋"模式，贯彻"无边界"设计理念，围绕开敞绿地、水系空间布局功能设施，以绿道、街道绿化空间为脉络进行串联，向各地块内部延伸渗透，建设尺度宜人、亲切自然、激发创新的无边界创新园区和科创公园，整体形成"一核四区"空间功能布局，建设"公园城市、科学家园"。一核即成都科学城，围绕兴隆湖生态核心建设，环湖布局高校科研院所、产业创新平台，以水系绿道网络串联居住、商业、公共服务；四区东部新区未来科学城结合绛溪河水系绿廊组织，新经济活力区依托绕城生态绿环和锦江绿道十字轴布局，新一代信息技术创新基地、生命科学创新区，结合生态绿环、锦江布局，创新公园城市价值表达，建设支撑数字共生城市的新型基础设施，提高以生态价值转化为关键的生态碳汇能力，依托科技力量大力实施全域增绿和生态保护修复，打造面向未来的智慧绿色公园城市，推动人城科产融合共生。

二　深入实施产业建圈强链行动

成都市自开展公园城市建设实践以来，城市发展逻辑即从传统的"产城人"转变为"人城产"，园区建设也更加注重产城融合、功能复合。成都全市上下深入实施产业建圈强链行动，链长和牵头部门认真负责，各区（市）县积极作为，链主企业引育初见成效，产业生态构建持续发力。实施招商引智和项目攻坚，产业集聚势能持续增强。优化资源配置和要素供给，产业服务水平不断提高。促进创新突破和发展转型，产业发展质效稳步提升。推动存量利用和增量提质，产业承载空间有效拓展。将产业空间布局与成都青山、绿道、河湖、田园生态本底相融合。龙门山前控地区结合青山、川西田园、林盘等资源布局现代农业、运动康养、文旅休闲产业空间；中部产业空间多沿江两岸分布，推动产城景融合建设；龙泉山两侧及沱江沿线也布局了若干"生产生活生态"相统筹的产业空间，结合河湖、龙泉山分布，为未来公园城市产业空间、产业社区建设提供了良好的生态本底。通过产业空间建设，完善城市空间布局，促进产业空间差异定位、合理布局、协调发展，重塑产业经济地理，形成功能复合、职住平衡、服务完善、宜业宜居的产业空间，实现功能与空间布局适配。

坚持产城融合发展。践行"人城产"发展逻辑，完善居住、医疗、教育、商业等品质服务设施配套，加快推进产业空间生产、生活融合发展，打造集生产空间、商业街区、生活社区和公共服务为一体的产业社区，营造多元体验的生活场景，加快形成产城融合、职住平衡、生态宜居的生活共同体。

坚持城景融合发展。围绕公园、河湖等生态地区布局重要公共功能。系统推进产业功能区建设一批绿廊、绿道、小游园、微绿地等绿化空间，加快推进产业功能区生产、生活、生态空间与消费场景、商业场景有机融合，不断提高生态宜居水平。

建设高品质科创空间。科创空间是产业基础能力和公共服务平台的主要承载区，也是未来产业生态功能和新市民生活空间的集中展示区。成都市重点在中心城区规划建设高品质科创空间，打造结合科创研发人员需求，综合品质居住、优质公共服务、优美自然环境和交往空间在内的功能复合片区。

> **》案例：成都"芯谷"产业功能区内的高品质科创空间**
>
> 成都芯谷，位于成都市西南面，距双流机场5公里，是国家级"芯火"双创基地，主要与中电子、中电科、中物院深度合作，重点发展集成电路和网络信息两大领域。近年来，成都芯谷坚持"人城产"逻辑，依托1.5万亩空港中央公园"井"字绿廊生态本底，精筑城、广聚人，聚焦科创人群需求"强配套"，打造国际科创人才首选地、中国电子信息新一极、成都未来公园城市新典范，营造"身在公园、春暖花开"未来社区新场景。
>
> 一是聚焦美好生活需求，建设时尚品质住宅。针对科创人群高净值、高学历、年轻化等特点，精准匹配多元生活场景。建设人才公寓、高端商住、"归芯谷"租赁型住房，满足高品质居住需求。二是聚焦健康优教需求，配优教育医疗资源。建设中国电子幼儿园、英国威斯敏斯特公学成都学校、芯谷中学等一批优质名校，提供全学段高品质教育；华西空港医院、成都市第七人民医院等三级甲等医院就近提供优质

服务。三是聚焦消费休闲需求，营造都市生活场景。配套全国首家商旅综合体 4A 级景区蛟龙港海滨城、时代奥特莱斯、国际网球赛事中心、体育中心等载体，满足科创人才时尚消费、运动休闲需求。四是聚焦绿色低碳需求，打造美丽宜居公园社区。规划建设 1.5 万亩空港中央公园，规划建设 913 公里天府绿道，满足科创人才绿色低碳生活需求。

第四节

"两山夹一城"到"一山连两翼"

成都西望雪山、中拥平原、东有丘陵，自西向东形成了由壮美山峰、千里沃野、现代城镇、绵延丘陵构成的自然地理格局。作为举世闻名的天府之国，历经 4500 年文明史的洗礼，2300 年建城史的磨砺，城市空间结构几经调整，但城名未改、城址未迁，因天时就地利的营城哲学贯穿始终。随着成都在工业化浪潮中拔节而起，问题困难接踵而至，龙泉山西侧平原地区开发强度超 30%，主城区人口过度集聚，城镇发展和优质耕地保护存在明显冲突，城市西部区域优质耕地受建设用地扩张侵蚀，精华灌区破坏，川西林盘衰落减少，交通拥堵、环境污染等大城市病逐步显现。

面向中部大气环境容量、西部灌区保护等现实困境，成都坚持以协调发展构筑新空间，统筹空间、规模、产业三大结构，引领城市结构与资源禀赋相匹配，城市跨越龙泉山向东发展，高起点规划建设东部新区，以破解成都盆地环境资源约束，塑造公园城市形态，推动城市空间格局从"两山夹一城"到"一山连两翼"的历史巨变。

一是加快建成龙泉山城市森林公园高品质城市绿心。强化区域生态环境合作共建，推进生态环境治理体系和治理能力现代化；以"分区管控、增绿增景、减人减房、筑基提质"为策略，促进生态价值转化，推动龙泉山由生态屏障，提升成为涵盖生态保育、休闲旅游、体育健身、文化展示、高端服务、对外交往六大功能的"世界级品质的城市绿心""国际化的城市会客厅"和"市民游客喜爱的生态乐园"，满足城市居民对自然环境、生态休闲的需求，建设成为彰显城市形象、品质和影响力的城市名片。

二是加强生态空间与建设空间的衔接，促进城市发展格局从消极隔离的"夹"到主动融入的"连"转变。 龙泉山是衔接成都中心城区与东部新区的重要生态桥梁，作为城市生态绿心，是山、城、人互动融合的最佳示范区。以龙泉山为城市绿脊、以城市绿楔为指，推动城市和生态无界生长，指状交融，探索"无界发展"新模式。控制绿楔地区建筑高度和开发强度，引山风入城，形成由山到城的通风廊道。结合区域优势生态、旅游资源，在山地森林体系中植入城市休闲、户外运动等功能，发展山地生态休闲度假产品，创新打造新业态、新模式旅游产品，集中营造"天府慢生活"和"蓉式休闲"氛围，打造成为集"山地运动、山水度假、城市休闲"于一体的城市中央大型生态休闲公园、全景山地休闲旅游目的地。山脚地区结合文化资源、河湖水库建设若干主题特色小镇，形成山地到城市的自然过渡。（见 5-8）

图 5-8 雪山下的公园城市

图片来源：https://new.qq.com/rain/a/20210827a0954c00。

第六章
夯实公园城市人与自然和谐共生本底

第一节
生态保护修复

为构建公园城市保护开发的总体格局，实现"两山、两网、两环"的全域生态格局，针对区域内最重要的生态和自然地理要素，成都以龙门山和龙泉山为核心保护与修复山地及森林生态系统，以岷江和沱江水网为核心保护与修复河流及水体生态系统，持续推进实施"增绿增景""青山映城""天府蓝网"等行动，夯实生态本底，有力地支撑了公园城市高质量发展。

一 以"两山"为核心保护与修复山地及森林生态系统

成都主城区地处四川盆地西部边缘、成都平原内，东西两侧分别为龙泉山和龙门山。龙门山位于成都西部，分隔青藏高原与四川盆地，是成渝地区重要的生态屏障，同时也是长江中上游重要的水源涵养地，区域内以大熊猫为代表的生物多样性丰富，具有重大的生态意义。龙泉山位于成都平原的东部边缘，是岷江与沱江两大水系的分水岭和成都平原与川中丘陵的自然分界线，也是全国四大候鸟迁徙通道之一，生态地位突出。千百年来，两山作为最重要的自然地理要素和生态骨架深刻地影响了成都平原的发展格局，塑造了成都"两山夹一城"的建城格局，使其成为全国唯一能眺望雪山的超大城市。随着成都城市空间格局的变化，龙泉山连接了成都主城区和东部新区，成为城市结构向"一山连两翼"历史性转变的关键，作用更加突出。

两山地区具有极其重要的生态地位，但受自然及人为因素影响，过去数十年中其生态状况出现了一定程度的恶化。由于地处地震断裂带，地质情况复杂，两山地区地质灾害及水土流失频发，威胁生态安全。受人类活动影响，动物栖息地减少，迁徙廊道受阻，珍稀物种保护有待进一步加强；林地呈破碎化趋势，水源涵养能力有待进一步提升。为此，成都以"两山"为核心，在森林生态修复方面进行了大量探索和实践，取得了良好的效果。

未来，成都将持续实施"幸福美好生活十大工程"，推进"青山映城"提升行动：加快构建生物多样性保护网络，持续开展重点区域自然生态保护与修复；推进龙泉山生态提升、龙门山生态修复和大熊猫生态廊道建设。擦亮"雪山下的公园城市"名片，加快实现"青山映城、草长莺飞"。

（一）优先开展地质、水土和土壤综合治理

两山地区均位于地震断裂带上，地质状况复杂，水土流失、山体滑坡等现象较为严重。特别是龙门山地区近年来多次发生高烈度地震，严重破坏了山区生态系统。为此，成都在两山地区优先开展了地质灾害、水土流失和土壤修复综合治理，为生态系统的保护与修复打好基础。在龙门山地区主要针对小水电建设、矿产开发等进行清退，对其引起的潜在地质灾害进行排查修复。其次，针对历次地震引起的山体滑坡等地质灾害和严重水土流失进行了专业化修复。在龙泉山地区则先期启动土壤调查，对不良土壤状况进行摸底，通过以自然修复、治理水土流失、改善种植结构为主、辅以人工维护的方式改良土壤。并对潜在地质灾害区域进行排查，对其进行治理和避让。

（二）稳步实施生态移民，助力两山生态修复

两山地区位置偏远、交通不便。长期以来，脆弱的生态环境、频发的地质灾害严重影响了山区群众的生产生活，制约了脱贫工作的进程；而频繁的人类活动也影响了两山地区的生态环境，造成了恶性循环。借龙泉山城市森林公园建设和大熊猫国家公园体制试点之机，成都在龙泉山地区持续推进了"减人减房"的生态移民项目，在龙门山地区系统性地实施了生态移民工程。对生态核心保护区和其他不适宜居住生活区域内的群众实施整体搬迁和异地重建，不仅有力地推动了生态修复和脱贫致富工作，还腾退出大量生态移民区农林用地指标，为后续的生态类产业的发展提供了广阔空间。

（三）多元并举推进山水林田湖草系统修复

在持续开展地质灾害、水土流失治理、土壤改良以及生态移民工程的基础上，成都实施了增绿增景行动。针对两山地区各自特点，充分发动社会各界力量，实施山水林田湖草综合治理，系统性推进两山地区的生态修复与保护。

一是针对各自特点，实施系统修复。针对龙门山地区特点，成都在增绿增景行动中提出"龙门山植被提升增绿"：强化龙门山大熊猫栖息地原生植被提升，加大龙门山大熊猫栖息地内地震、泥石流等自然灾害区域生态修复和植被恢复力度，推进大熊猫国家公园生态修复区生态治理和植被恢复。首先，加强龙门山地区植被修复，逐步栽种松属、铁杉属以及云杉、冷杉、栎木、桦木等大熊猫栖息地乡土树种，在破碎化的野生动物栖息地间建立生态廊道，增加栖息地连通性和完整性，推动破碎化的野生动物栖息地融合。此外，还针对大熊猫喜食的竹类品种进行了可食竹的保护与恢复。同时注重优化森林结构，推进科学生态抚育，增强森林水源涵养和固碳释氧作用。针对龙泉山地区特点，成都在增绿增景行动中提出"龙泉山植被恢复增绿"。按照"生态绿洲、城市绿肺"的总体定位，加快推进龙

泉山城市森林公园建设。建设天府植物园、森林绿道、康养步道，建成环山旅游公路生态景观带，初步构建森林生态系统、游憩服务系统和基础设施系统。依据生态核心保护区、生态缓冲区、生态游憩区的发展定位，分别制定修复策略，通过集约人工林栽培，现有林改培，中幼林抚育等措施，选取"彩化、香化、美化、绿化"的乡土树种，全面提升森林和景观质量，形成功能完善、生物多样的生态系统。整治现状小型湖泊，结合农业产业布局，规划新增人工湖、堰、塘，整体提升蓄水保水能力。

*二是充分发动力量，推进综合治理。*通过发起"省直机关、高校、企业、金融机构龙泉山城市森林公园'包山头'植树履责"和"认养一棵树，增绿龙泉山"等活动，充分调动社会积极性，鼓励公众和社会力量参与到龙泉山生态修复工程中。经过3年来的不懈努力，龙泉山生态修复取得了突破性进展。截至2020年底，累计实现增绿增景14万亩，常年管护生态公益林22万亩，森林面积达到112.84万亩，森林覆盖率由2016年底的54%提升至2020年的59%，被全国绿化委员会办公室授予城市森林公园首批国家"互联网＋全民义务植树"基地称号。

*三是引入重大项目，带动生态修复。*未来，两山地区将以重大项目带动的形式持续推进生态保护修复工程，助力城市森林公园的建设。2021年6月，四川省重点工程"成都公园城市龙泉山生态保护修复暨国家储备林项目"正式开工，工程总投资达125亿元，总规模达56.6万亩；积极争取总投资33.43亿元的"成都公园城市龙泉山山水林田湖系统治理工程"。按照相关规划，龙泉山城市森林公园全面建成后森林覆盖率将达到70.5%以上。龙门山地区也将以大熊猫国家公园和龙门山生物多样性博览园等项目建设为契机加强生态修复与保护。

（四）建立跨区域协同机制、机构及保障体系

两山地区跨越绵阳、德阳、成都、乐山等多个地级市，在成都境内涉及多个区（市）县，建立跨区域协同治理的机制及相关机构对于生态修复与保护工程的实施至关重要。为此，成都在区域层面上建立跨区域协同机制，在市域层面上成立相关跨区管理机构，同时颁布相关地方法规，协调和保障两山地区的生态修复与保护工程。

一是在区域层面上建立协同机制。成都推进落实四川省制定的《成德眉资同城化生态环境保护规划》和《成德眉资同城化暨成都都市圈生态环保联防联控联治实施方案》，积极参与成德眉资构建生态环境同城化一体化发展新格局，与相邻城市签署《共建龙泉山城市森林公园　打造同城化绿色发展示范区合作方案》和《共建龙泉山城市森林公园　打造秀美宜居的成渝中部绿色发展示范区合作协议》，共建龙泉山城市森林公园，协同修复龙门山生态。

二是在市域层面上建立管理体系。2017年，成都龙泉山城市森林公园管委会挂牌成立，负责统筹和协调龙泉山地区生态系统修复与保护以及龙泉山城市森林公园建设相关工作，并由其牵头制定了《成都龙泉山城市森林公园总体规划（2016—2035）》。2018年，成都制定了《成都市龙泉山城市森林公园保护条例》，提出按总体规划确定的生态核心保护区、生态缓冲区、生态游憩区进行分区管控和分类保护，并明确了具体措施。

（五）推动平原增绿和森林系统提升

除两山地区外，成都在其他地区也积极推进造林增绿和森林系统提升，系统性进行全域生态保护与修复。2018年编制《成都市林地资源保护利用规划》，实施林盘保护、东部森林建设、精华灌区保护等工程，新增造林与已有林地提质并重，推动全域增绿增景。截至2020年底，成都市森林面积已达864.30万亩，林地面积586.86万亩，全市森林覆盖率40.20%。

二　以"两网"为核心保护与修复河流及水体生态系统

成都位于四川盆地西部，降水充沛，水系发达。发源于川西北高原的岷江和沱江自龙门山向东南宣泄而出，经龙泉山分水后滋养成都平原和川中丘陵，成就了天府之国。岷江是长江上游的重要支流，在龙门山经都江堰鱼嘴分水后，进入成都平原，外江干流为金马河，内江干流为江安河。岷江水系是成都平原最重要的水系，历史上岷江流域以都江堰为代表的灌溉工程对成都平原农业发展起到了关键作用。流域内府河、南河（锦江）、沙河等多条支流穿城而过。岷江流域与成都的城市用水和农业灌溉关系极其紧密，生态重要性不言而喻。沱江是长江上游的重要支流，在成都境内自西向东跨越龙泉山进入川中丘陵地区，涉及11个区（市）县。随着成都城市空间格局的变化，沱江成为成都市域城镇空间结构中"三轴"之一的龙泉山东侧沱江发展轴，其水系的综合治理、水生态的保护与修复具有重大意义，对于淮州新城、东部新区等区域的发展起到了重要的支撑作用。（见图6-1）

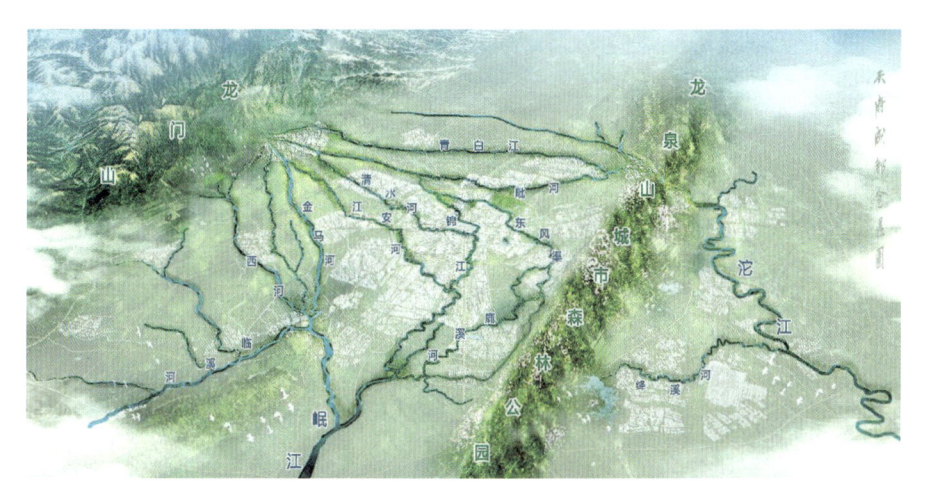

图6-1 成都市主要水系空间布局

岷江和沱江水网沿途人口稠密，工农业发达，污染极其严重：水质达标率较低，多处存在黑臭水体，水环境较差；水土流失、河岸渠化等现象较为严重，水生态遭到破坏；水生物栖息地受到较大影响。为此，成都以"两网"为核心，在水体生态修复方面进行了大量探索和实践，取得了良好的效果。2020年，岷江流域国控断面首次实现全面达标，沱江流域宏缘等 4 个国省考核断面水质全部达标，湿地及动物栖息地得到恢复，水生态环境极大改善。

未来，成都将持续实施"幸福美好生活十大工程"，推进"天府蓝网"建设行动。坚持"三水统筹"，实施"六水攻坚"，统筹推进水资源、水环境、水生态治理，系统实施水净化、水安全、水文化攻坚，打造 1000 公里"天府蓝网"，重点湖泊水质优良率达到 100%，城镇集中式饮用水水源地水质达标率达到 98%，地表水优良水体比例达到 93%，消除黑臭水体，锦江流域水质稳定在优良（Ⅲ类）水质以上，打造幸福河湖典型案例。

（一）狠抓源头防控，大力加强水环境治理

河流及水体生态修复首要进行水环境治理。对排入水体的点源和面源污染进行综合整治，从源头减少污染排放。同时对已污染河道展开治理，改善水环境。

一是对点状污染源展开治理。加快污水处理厂和再生水厂的建设，提升城乡污水处理能力和中水回用率；加大力度进行污水管网的铺设和维修，对直排污水进行截流；加强对重点工业污染企业的整治，从源头减少污染排放。

二是对面状污染源展开治理。采用下凹绿地透水铺装、截流沟和雨水调蓄沉淀池等措施分别对降水污染的源头、过程和末端过程进行治理；采用人工湿地、生物滤池和生态沟渠、地表径流集蓄池等措施对河道两岸 500 米范围内的村庄和农田污水进行治理。

三是对已污染河道展开治理。综合运用截污纳管、岸坡生态化改造、河底清淤、原位修复等工程技术手段，对环境问题突出的毗河、西江河、索溪河、绛溪河等沱江流域支流，以及府河、江安河、杨柳河、新津南河、鹿溪河等沱江流域支流实施黑臭水体等综合治理，通过采取工程措施和非工程措施，确保其水环境得到明显改善。（见表 6-1）

表 6-1 成都市域内岷江和沱江河网重点河道污染治理

所属流域	所属支流域	具体河道
沱江流域	毗河流域	青白江、长流河、秀川河、墓水河等
	西江河流域	西江河干流、洛带溪、洪河溪、十凌河等
	索溪河流域	索溪河干流、清水河等
	绛溪河流域	绛溪河及其他河道
岷江流域	府河流域	沙河、陡沟河、洗瓦堰、秀水河等
	江安河流域	—
	杨柳河流域	杨柳河、白河
	新津南河流域	—
	鹿溪河流域	—

至2020年底，岷江流域水质得到明显改善，岷江流域国控断面首次实现全面达标。至2021年中期，沱江流域成都段水质得到明显改善，总体水质由中度污染改善为优，水质达标率从2016年的52%提升到92.3%，沱江流域宏缘等4个国省考核断面水质全部达标。

（二）精准分区施策，着力开展水生态修复

综合考虑了沱江上下游、干支流的生态特点和功能，从上下游自然地理条件、水系特征、社会经济发展需求出发，分上游山区溪流区、中游平原水网区、下游丘陵水系区，分区施策开展生态修复。其中，上游山区溪流区以保护河道自然生态为主，以减少人为干扰，维持良好的生态现状；中游平原水网区以生态河道修复、生态湿地建设为主，提高水体自净能力、改善生物栖息地、提升水景观；下游丘陵水系区重点建设生态湿地，恢复水生生物及完整食物链网络。（见表6-2）

表 6-2 成都市域内沱江流域治理水生态修复措施

分区	河流水系	修复目标任务	修复措施
上游山区溪流区	湔江关口以上，白鹿河、白水河等	维持自然河道	保证生态流量、保护河道天然形态

续表

分区	河流水系	修复目标任务	修复措施
中游平原水网区	青白江、毗河、西江河、石板河等水系城镇段	发挥河道滨水生态功能，改善水质，提升水景观	建设生态河道、湿地，沿岸优美水景观建设
	农村人口稀少自然段	维持自然河道，改善水环境	污水截流净化，提升水质
	末级支流、平原河渠水网河段	增强毛细河道生态循环，提升水质	河道综合治理，截流净化
下游丘陵水系区	清溪河、绛溪河、黄水河、阳化河等生态受损段	加强生态修复，改善水环境	河道综合治理，湿地净化，水生生物恢复
	农村人口稀少自然段	维持自然河道，改善水环境	恢复水生生物及食物链

同时还开展河道生态补水工程，以解决水流量不足污染严重的问题。通过实施筑坝成堰、扩河成湖、河湖连通和新建水库、湖泊等蓄水等，利用污水处理厂尾水、都江堰灌区余水和其他水系调水，对沱江的重要支流毗河干流和西江河干流进行生态补水。利用成都中心城区污水处理厂44%的污水，经处理后直接用于市区锦江沿线河段和湖泊的生态补水。

（三）建立协调机制，积极探索区域协同共治

岷江和沱江水网跨越多个地级市，在成都境内涉及多个区（市）县，成都在四川省政府统筹下建立跨区域协同治理机制，并在市域层面上成立相关跨区（市）县协同机制，有力地保障了水体生态修复与保护。

一是在区域层面建立协同治理和生态补偿机制。在四川省政府的统筹下，成都于2018年起与周边城市合力加强岷江、沱江流域水体联防联控和水环境综合治理，探索常态化跨区域市场化生态补偿机制，建立了岷江和沱江流域横向生态保护补偿资金制度。

二是在市域建立跨区（市）县河流治理机制。通过建立重点流域联席会议制度，成都在全市范围内全面实行河长制管理工作，建立工作进展月报制、联席会议制、约谈制、责任追究制等制度，有效地推进水生态治理

与修复工作，杜绝反弹现象。

（四）分级分类实施，综合修复河湖湿地

成都湿地资源丰富、类型多样。据全国第二次湿地资源调查统计，成都市湿地总面积为28716.32公顷（约43万亩，不含水稻田），约占全市国土面积的2%。湿地作为成都生态本底的重要部分，在公园城市建设中发挥着重要作用。为加强河湖湿地生态保护与修复，成都市进行了一系列实践与探索。

一是建立湿地分级管理保护体系，对湿地实施分级和分区管理。2018年，成都印发了《成都市湿地保护修复制度实施方案》，提出对全市范围内的湿地进行评估，根据生态区位、生态系统功能和生物多样性，将全市湿地划分为国家（含国际重要湿地）、省级、市级重要湿地和一般湿地，列入不同级别湿地名录，定期更新，为建立健全湿地保护管理体制机制打下了坚实基础。2020年，成都出台《成都市重要湿地认定办法》，认定了首批4个市级重要湿地，并建成国家、省级湿地公园和国家城市湿地公园各1处。同时成立湿地保护中心，对湿地保护进行统筹。此外，还陆续颁布了《成都市兴隆湖区域生态保护条例》《四川新津白鹤滩国家湿地公园管理办法》《成都市三岔湖水环境保护条例》等，覆盖全市所有重要湿地资源，建立了湿地的分级分区保护管理体系。

二是加强湿地的修复与保护。运用生态工程技术手段加强湿地保护修复，提升湿地生态功能；规划建设环城生态区、天府绿道、龙泉山城市森林公园、兴隆湖、鹿溪河生态区、天府公园等项目增加湿地总量；同时颁布了《成都市湿地修复与生物多样性保育技术导则（试行）》《成都市人工湿地植物应用导则》等文件，开展了《基于美丽宜居公园城市的成都市湿地空间布局优化研究项目》等基础理论研究，初步形成湿地保护修复科技支撑体系。成都已实现43万亩湿地面积总量管控，保质保量地完成了《成都市湿地保护修复制度实施方案》中制定的湿地保育目标。

三 持续推动全域增绿增景

近年来，成都市委一市政府高度重视国土绿化建设与增绿增景，以巩固夯实绿色生态本底、优化绿地系统、提升城乡生态安全、塑造生态园林特色为目的，"十二五"时期，先后启动环城生态区、龙泉山植被恢复等区域生态建设，持续推进天然林资源保护、退耕还林、野生动（植）物保护、湿地保护等重点林业生态工程建设，初步构建"两山两网两环六片"的国土生态安全格局。

党的十八大将生态文明建设列入"五位一体"发展战略，党的十九大将"绿水青山就是金山银山"绿色发展理念写入大会报告，生态文明建设成为关系中华民族永续发展的根本大计、国家战略。作为"一带一路"建设和长江经济带发展的重要节点城市，成都市立足"天府之国"良好生态本底，切实践行生态文明思想与绿色发展理念，着力解决生态环境建设滞后于城市发展、生态环境恶化、中心城区绿量不足、绿地分布不均等问题，于2017年启动全域增绿实施大规模绿化全川成都行动，持续推进重大生态工程建设，努力重现"绿满蓉城、花重锦官、水润天府"的盛景，加快建设"碧水蓝天、森林环绕、绿树成荫"的美丽宜居公园城市。2017年6月，市公园城市局（原市林业园林局）牵头制定《实施"成都增绿十条"推进全域增绿工作方案》，由市委办公厅、市政府办公厅印发，规划通过公园增绿、滨水增绿、城市道路增绿、小区绿化与立体绿化增绿、增花添彩、天府绿道增绿、生态廊道增绿、龙泉山植被恢复增绿、龙门山植被提升增绿、生态管护与修复增绿十条增绿措施，整体提升全域成都国土绿化水平。计划到2022年，全市森林覆盖率将达到41%，建成区绿地率达到40%，绿化覆盖率达到45%，人均公园绿地面积达到15平方米，初步呈现"绿满蓉城、花重锦官、水润天府"盛景。

根据成都市公园城市建设管理局所提供数据统计，截至2020年底，自实施增绿十条以来，成都市全域启动增绿项目8263个，完成营造林

95.41 万亩，完成行道树增量提质 1015 条，完成增花添彩重点项目 430 余个，新增绿地面积 13792.73 万平方米，新增立体绿化面积 93.24 万平方米，全市森林覆盖率达到 40.2%，建成区绿化覆盖率达到 43.9%，建成区绿地率达 37.68%，新增绿色开敞空间 800 万平方米，植入书店、花店、商店、咖啡馆（茶馆）"三店一馆"基本设施 3000 余处。实施"老公园、新活力"提升行动计划，大力推进"百个公园"示范工程，开展老公园拆围、透绿、增花、添彩、筑景开放式改造，推动公园与城市空间无界融合。全域增绿增景取得阶段性成果，"绿满蓉城、花重锦官、水润天府"盛景初步呈现。

为落实国家 2030 年前实现碳达峰、2060 年前实现碳中和的重大战略部署，落实成都市积极应对气候变化、推进绿色低碳发展系列决策，在既有全域增绿增景工作基础上，成都市公园城市建设管理局持续推进高质量增绿增景提升生态碳汇能力，通过实施两山片区增汇、公园绿道增汇、河湖湿地增汇、城区补绿增汇、社区绿化增汇、生态保护固汇、灾害防空固汇、绿色生活普汇、绿色产业创汇、示范项目创汇十大重点任务，实现森林湿地生态系统服务功能显著提高、公园绿地体系更加完善、固碳增汇能力显著提升、低碳生活方式深入人心、碳汇经济惠及人人，力争 2025 年成都市实现碳达峰。

第二节

生物多样性保护

成都拥有罕见的大海拔落差自然环境，雪山、平原、丘陵和城市等各类型要素齐备，造就了以大熊猫为首的丰富的生物资源。根据 2020 年度的生物多样性监测报告，成都市现记录的高等植物有 4459 种，陆生野生脊椎动物 700 种，水生鱼类 129 种。据此，成都开展了独具特色的生物多样性保护工作：充分发挥大熊猫伞护种和旗舰种作用，以其为核心构建生物多样性保护体系和自然保护地体系，加快大熊猫国家公园体制的试点和建设，同时深耕自然教育及大熊猫品牌文化，推动相关场景建设，为保护生态本底做出突出贡献，有力地支撑了公园城市绿色发展。

一　优化构建自然保护地体系

充分发挥大熊猫作为伞护种和旗舰种的作用，以其为核心开展生物多样性保护及自然保护地体系建设是成都的必然选择。据此，成都构建了以大熊猫国家公园为主体的自然保护地体系，推进区域内自然保护地优化整合，构建具有成都特点的自然保护地体系，建立健康稳定的自然生态系统，促进山区特色自然资源保护与旅游休闲服务融合发展，为美丽宜居公园城市奠定生态根基。

二　加快建设大熊猫国家公园

为推动生物多样性保护体系构建及生态廊道构建，成都以大熊猫及其栖息地保护为核心，进行了大量的探索与实践，加快了大熊猫国家公园建设，加强生物多样性保护与监测、大熊猫国家公园入口及境内社区的治理与建设。

（一）加快大熊猫国家公园建设

一是建立大熊猫国家公园管理体系。根据国家林草局和四川省的统一部署，建立大熊猫国家公园成都片区三级管理机构体系。成都于2018年成立大熊猫国家公园管理局成都分局，并于2020年底前相继挂牌4个管护总站（都江堰、彭州、崇州、大邑），内设28个管护站。

二是建立成都大熊猫种群保护体系。成都以大熊猫国家公园成都片区为依托，设立2个基地，即成都大熊猫繁育研究基地和都江堰大熊猫繁育野放研究中心（都江堰"熊猫谷"），并规划在大邑设立新的大熊猫野外驯化基地，专注于大熊猫种群的人工繁育和野外放生。

三是进行大熊猫国家公园法律制度创新。成都于2020年在崇州市设立了大熊猫国家公园成都片区法庭，对崇州、都江堰、彭州、大邑等市县境内涉及生态环境和资源保护类案件进行集中管辖，充分体现了对以大熊猫国家公园为核心的龙门山生态系统整体性问题的考虑，彰显了生态保护的多元共治理念。（见图6-2）

图6-2 大熊猫国家公园成都片区法庭揭牌仪式（图片来源：潇湘晨报）

（二）加强生物多样性保护与监测

一是持续推进大熊猫种群繁衍与保护。成都以大熊猫国家公园、大熊猫繁育研究基地和都江堰大熊猫繁育野放研究中心为依托，已持续多年开展大熊猫种群的人工繁育与野放工作，取得了突出成果。据调查，成都市大熊猫野生种群数量在2018年底已突破70只，人工圈养繁育的大熊猫数量由1994年的18只增加到2021年的206只。

二是开展其他珍稀濒危动植物保护。由于大熊猫的伞护种和旗舰种作用，极小种群和珍稀濒危物种保护工作也取得了较大进展，小熊猫、雪豹、金丝猴和红豆杉、水青树、圆叶玉兰、光叶蕨等珍稀濒危动植物野外种群数量都得到了一定恢复。

三是推动建立野外监测体系。成都建立野生动物救助体系和生物多样性监测体系，对全市范围内的野生动植物进行监测，完成并发布了《成都生物多样性监测报告》《成都市生物多样性调查与评估》等一系列监测报告。

（三）大熊猫国家公园入口及境内社区的治理与建设

成都大熊猫国家公园入口及境内仍然居住有部分居民，对社区的生产生活进行正确引导，也是生物多样性保护的关键。为此，成都首先在大熊猫国家公园内社区成立保护小区，组建群众参加的资源保护、社会综合治理巡护队，完善了保护小区各项制度及大熊猫栖息地保护联动机制；同时，还鼓励原住居民大力发展竹子、中药材等特色生态产业和林下经济，支持大熊猫国家公园周边社区适度开展农家休闲、住宿、餐饮等产业。其次，成都还推动在大熊猫国家公园入口建立融合熊猫保育、科普教育、文化展示、后勤保障、熊猫特色旅游等功能的入口社区，如大邑县西岭镇、彭州市湔江河谷等。

三　深耕大熊猫品牌文化及场景建设

成都在生态保护与修复、生物多样性保护体系构建的基础上，深挖和推广大熊猫品牌文化，打造以大熊猫国家公园为核心的自然教育体系，促进公众形成珍爱自然、保护大熊猫等珍稀濒危动植物的意识与行为，推动公民生态道德建设。

（一）深挖和推广大熊猫品牌文化

大熊猫是成都最知名的世界级 IP，对其进行深挖和推广对于成都城市形象的提升、转化产业价值、生态保护和生物多样性保护的宣传具有重大意义。成都充分挖掘与推广大熊猫品牌，将其植入城市公园、天府绿道、滨水公园等空间，营造休闲旅游场景，形成多维度、多层次的泛旅游产业格局。2019年成都启动了包含三大片区的"熊猫之都"建设：以大熊猫繁育研究基地为依托，打造以艺术、演绎、文创、研学功能为主的"熊猫星球"；以都江堰大熊猫繁育野放研究中心为依托，打造以美食、旅游、度假功能为主的"熊猫家园"；以龙泉山为核心，打造以展示、科普和竹产业功能为主的"熊猫之窗"。并规划熊猫文化主题旅游线路，挖掘熊猫元素、转换熊猫价值、衍生熊猫产业、放大熊猫效应。

（二）推动自然教育和展示体系建设

结合以大熊猫国家公园为主体的自然保护地，成都着手建立自然教育和展示体系，在龙溪—虹口国家级自然保护区设立了15个科普基地、9条体验线路、20门主题课程，开展以大熊猫为特色的自然教育森林研学活动。2020年7月，大熊猫国家公园龙溪—虹口生态体验小区正式入选大熊猫国家公园管理局首批生态体验小区名单（大熊猫国家公园生态体验小区是指大熊猫国家公园一般控制区范围内，通过规划科学、合理的生态体验路线，串联现有各生态体验节点、服务功能单元，具有明确管理机构，配套有开展生态体验的设施及人员，且能够提供多种形式生态体验的特定区域）；2021年6月入选四川省首批国家青少年自然教育绿色营地试点名单。此外，2020年底龙门山生物多样性博览园项目也启动了前期规划。

第三节
构建全域公园体系

针对成都市现状公园绿地空间分布不尽均衡，全域性和系统性考虑不足，城园界面缺乏渗透与联系，场景业态较为单一，公园管理体制机制不够完善等问题，对应城乡居民的生活、游憩需求，立足市域的生态条件、资源禀赋、功能特色、现状实际和规划可行性，按照公园城市建设要求，创新构建全域覆盖、类型多样、布局均衡、功能丰富、业态多元、特色彰显的全域公园体系。

一 突破城乡和行业领域界限，构建3类公园构成的市域公园体系

突破城乡和行业领域界限，融合跨行业的自然保护地体系、农业产业类公园体系、城市绿地分类体系，打造自然生态公园、乡村郊野公园、城市公园三类公园，优化公园布局，促进公园增量提质，形成布局均衡、级配合理、功能完善、特色鲜明的市域公园体系。

二 强调功能复合与业态融合，构建6类场景支撑的全域公园城市场景体系

成都公园城市建设的重要策略是将公园形态特征与城市各类功能空间有机融合，即通过"公园+"，实现"城绿渗透、城园融合"，将公园的多样形态、自然特征和游憩功能融合到各类城市功能空间中，把公园体系作为发展新经济、培育新消费、植入新服务的场景媒介，有机植入生活服务、商业增值、社会养成、景色观赏、全龄友好等复合功能，推动生态场景与消费场景、人文场景、生活场景渗透叠加，着力营建具有成都特色的山水生态、天府绿道、乡村郊野、城市街区、天府人文和产业社区公园城市场景，形成6类场景支撑的公园城市场景体系。

第七章

培育公园城市幸福公共生活网络

2019年11月，习近平总书记在上海考察时指出，"人民城市人民建，人民城市为人民。在城市建设中，一定要贯彻以人民为中心的发展思想，合理安排生产、生活、生态空间，努力扩大公共空间，让老百姓有休闲、健身、娱乐的地方，让城市成为老百姓宜业宜居的乐园"。成都聚焦"人民城市"的幸福样本打造，以建设公园城市作为满足人民美好生活需要的重要路径，以打造公共生活网络作为构建城市宜居宜业的重要基础，将公共服务、公共设施、公共慢行网络等嵌入公园城市网络体系的方方面面，将城市高质量发展成果具化为高品质生活体验，全面彰显"城市让生活更美好"的初心使命。一是营造公园社区，形成共建共享新型社区发展共同体；二是嵌入公共服务设施，提供便捷优质的公共服务；三是衔接公共慢行交通，打通城市"毛细血管"；四是容纳公共活动空间，承载市民休闲活动。多策并举，打造尺度宜人、全龄友好的生活环境，提供均衡普惠、便捷可及的高品质公共服务，营造安全优先、便捷舒适的慢行环境，形成开敞通透、活力多元的公共空间。截至2021年，成都已连续12年蝉联"中国最具幸福感城市"榜首。

第一节

营造公园社区

成都市坚持以公园城市理念指导城市社区建设，从内涵、类型、建设等方面构建公园社区体系。通过打造尺度宜人、全龄友好的生活环境，形成开敞通透、开放共享的公共空间，创造优质均衡的公共服务，渗透绿色简约的城市之美，呈现亲切自然可感可及的城市活态，形成共建共享新型社区发展共同体。近年来，成都市在历史街区、现代新城和未来新区全面营造公园社区，已分别启动天府锦城、新桥社区、交子公园、鹿溪智谷、兴隆湖社区等公园社区建设。

一 解读公园社区内涵

公园社区是对公园城市理论与实践的深化。为探索基本空间单元的营建模式，筑牢未来城市形态底部支撑，成都市将公园城市特质细化到社区尺度，以社区发展治理作为城市转型发展跃升的着力点，率先出台《成都市公园社区规划导则》引领公园社区建设。公园社区的核心内容是"以人为本"综合服务功能的提升，强调生态环境、公共空间、居民家庭、城市建筑、历史文化、社会服务、经济发展等要素的有机融合，具有社区形式开放宜人、空间环境优美舒适、社区文化特色鲜明、建设方式、低碳永续、交通系统绿色人性、功能产业多元混合、公服设施便民共享等特征，是公园城市生态价值、美学价值、人文价值、经济价值、生活价值等的最直接的体现。公园社区实现了"公园"与"社区"的无界融合，具有"五大愿景"，一是促进人居、休闲、文化生活场景与生态场景融合叠加，建设生态宜居的生活社区；二是搭建社区创新创业平台，营造社区生产场景、机会场景、商业场景，建设场景驱动的活力社区；三是推动天府文化在城乡社区创造性转化、创新性发展，建设崇善尚美的人文社区；四是健全党组织领导的"一核三治、共建共治共享"基层治理体系，建设多元协同的共享社区；五是推进前沿技术嵌入基层治理的各领域、各环节，建设智能高效的智慧社区。

二　划分公园社区类型

公园社区是城乡空间和城乡治理的基本单元。公园社区由若干公园社区单元构成，每个单元范围与15分钟公服圈范围一致，包括城镇社区、产业社区和乡村社区三类。其中，城镇社区位于城镇开发边界内，以居住功能为主，兼顾布局商业商务、创新研发功能，服务人群包括儿童、中青年以及老年人群，体现全龄化特征，邻里关系以"地缘"为主；产业社区位于城镇开发边界内的产业功能区，以生产制造、创新研发、商业商务功能为主，兼顾布局居住功能，服务人群主要以中青年为主，满足产业社区生产需求，邻里关系为"业缘"＋"地缘"；乡村社区位于城镇开发边界外，融合农业生产与农村生活，服务人群包括儿童、中青年以及老年人群，邻里关系为"血缘"＋"地缘"。

三　明确公园社区建设要点

成都市从人的多层次、多样化需求出发，深入践行"绿水青山就是金山银山"理念，依托公园、绿道等绿色资源和开敞空间，重点从开放活力、景观绿化、设施配套、治理水平等方面综合提升公园社区环境品质，在社区营造过程中积极推动生态价值的创造性转化。

一是促进公园社区开放活力。坚持用美学观点审视社区建设营造，强化社区风貌管控，塑造具有独特美学价值的社区新意象。利用公园绿地等公共空间，植入传统与现代文化交融的社区品牌，彰显社区文化特色，强化社区辨识度。充分挖掘契合社区的历史文化主题，如工业、摄影、传统音乐等，打造特色文化消费街区，提高社区人群归属感。推动社区空间共享，鼓励底层架空，打造多类型、多层次、人性化的公共空间，构建创意交流空间氛围和休闲娱乐的公共空间，激发人的创造力与场所活力，营造多元特色、活力共享的空间场景。在不影响交通通行需求的前提下，鼓励沿街首层设置商业、文化等设施，形成相对连续的积极界面。

二是美化公园社区景观环境。以社区绿化景观为基础，利用连续的绿化空间以及景观道路沿线绿轴，强化社区生态绿地的联系与渗透，打破社区僵硬的功能分割，构建"绿廊渗透、单元布局"的公园本底。结合社区人群结构特征，兼顾社区内不同人群的需求，打造类型丰富、层级完善的公园体系，以"见缝插绿"的形式增设小游园、微绿地，按需增设专类公园，实现"300米见绿、500米见园"要求。实施道路增绿、立体绿化、拆围透绿等，全面提升市民对绿化的感知度，创造高品质的社区环境。全面实施社区增花添彩绿化提升行动，丰富社区视觉层次和景观色彩，推动社区绿化向多彩化、艺术化、精细化发展，积极营造"繁花满枝似古蜀、花香四溢沁人心"的景观意境。利用嵌入式绿色空间，植入活力广场、休闲设施等，串联社区公园及带状绿地等，实现社区绿化与城市景观融为一体。

三是完善公园社区设施配套。按照"统一标准、统一风格、统一标志、统一功能"原则，精准化配置基本生活服务配套。根据社区人群的生活习惯和消费偏好，精准配置多类型的居住服务、多形式的商业服务、多层次的生活配套服务。积极推动社区服务功能与绿色空间高度耦合，在公园＋布局的基础上，形成集中式为主、分散式为辅的公服设施布局模式，满足社区人群日常生活所需及特色需求的公服设施。结合公共开敞空间和边角余料空间，建设适宜多种人群的活动场地，如利用社区公园广场、社区商业广场、街角空间、高架桥下空间、建筑屋顶等开敞空间植入的儿童运动设施、青少年运动场地、中老年人健步场地和健身广场。

四是提升公园社区治理水平。以党建为核心引领社区发展，优化社区管理范围与管理职责，完善社区居民自治制度、完善扶持社会组织发展制度以及加强社会企业培育制度，建立多元参与、权责明晰的社区共治机制。推动物业服务管理与城乡社区发展治理有机融合，加快建设社区环境和物业管理委员会，引育一批专业化物业管理第三方机构，建设全国领先的物业服务管理体系，提高城乡物业服务管理覆盖面，制定物业行业信用信息管理办法，推动物业服务质量和居民满意度持续提升。

第七章
培育公园城市幸福公共生活网络

>> **案例：新桥社区**

新桥社区位于成都市金牛区沙河源街道南部，府河穿流而过，生态本底良好，辖区面积1.04平方公里，常住人口2.2万余人，党员247人，下设8个党支部（见图7-1、图7-2、图7-3、图7-4）。重点打造社区文明实践基地，整合成都当代影像馆、萨尔加多全球艺术中心、PARK艺术交流中心、熊猫驿站等阵地，打造"一圈、一园、一街、一馆、一社"的新时代文明实践综合服务平台，融思想引领、道德传承、邻里文化，集理论宣讲、教育培训、文化卫生、科技科普、健身体育、社区发展治理功能于一体，创新实践"社区＋产业＋生态＋商旅"模式，打造开放型国际范公园社区的"新桥"样板。

一是构建"一圈"多元生活场景，做优品质社区"形态"。提升公园社区品质，借力"增花添彩"、街区美化等项目，精准实施社区"微更新"、环境"微提升"和特色彩绘行动，整治完成"两拆一增"点位7处，增加城市开敞空间2000余平方米，完成道路黑化12公里。优化生活服务配套，精准布局中加国际幼儿园、社区青年篮球场等基础配套和熊猫驿站，分散布局6个社区超市、8家医疗机构、3个绿地广场，基本建成老中青幼全覆盖的社区服务体系。营造类海外生活场景。依托售楼部和周边建筑，运用"成都黄"创新构造地中海风貌大街，植入酒吧、餐吧等国际化元素和时尚化消费业态，开设"国际居民服务台"，退出双语网络服务终端，设置双语导示牌。

二是营造"一园"游憩休闲场景，做活美丽社区"生态"。坚持将公园形态与城市空间有机融合，在锦江绿道三环路内的门户起点投资4000余万元打造占地117亩、内含绿道1.5公里的府河摄影公园，与锦江绿道、熊猫绿道等串联成网，与欢乐谷、沙河源公园等七大公园相映成片，重构片区生态本底。坚持将传承摄影文化与回应群众美好追求有机结合，以"摄影""花卉"为主题打造童梦花园、风情花园等5个园中园，建成景观彩虹桥，形成"四季有景、生态摄影"的绿色休闲空间。坚持将人文场景与生态场景、消费场景、生活场景渗透叠加，有机植入相机造型、场景板式、社区老照片100余张、老物件13件，形成成都摄影历史记忆打卡点，构建"城园相融"的和谐景观。

三是提升"一街"全新消费场景，做强活力社区"业态"。招大引强做足国际范儿，引进全国影印龙头"特想集团"西南区总部、世界署名摄影大师萨尔加多艺术中心、超级摄影画廊PARK艺术交流中心、国家非遗"临窑·雅烧"等国际顶级摄影文创项目，做长做强摄影培训、影印、展览、交易等全产业链。鼓励周边金韵、华美达等星级酒店打造摄影主题酒店，引导街区餐饮、幼儿园等植入摄影元素，积极引进摄影文创机构、艺术家工作室以及文创共享空间，形成摄影文创产业高地。借力特想集团等企业机构丰富的全球资源开展外事活动，提升区域知名度、美誉度，助推社区精准招商，2019年已举办文化教育协会儿童插画展等10场公益活动，计划每年举办至少25场公益活动和5场国际性活动。

四是打造"一馆"文化体验场景，做精人文社区"文态"。搭建世界顶级艺术家展示舞台，依托原中加水岸售楼部打造总面积7500平方米的成都当代影像馆，合理布局7个专业展厅、学术报告厅、图书馆和多个公共教育空间，吸引了布列松、弗孔等世界名人名作竞相参展，预计年观展客流5万人次。构建优秀摄影爱好者交流擂台，依托成都市"熊猫"文化创新设立"金熊猫摄影艺术奖"，成功举办首届颁奖仪式，打造具有全国影响力的摄影作品收藏、交流、研究、展览中心，有效提升社区摄影文化的思想性、艺术性和艺术性。创建社区居民家门口学习平台，坚持文艺为人民服务，打造藏书近2万册的中外摄影图书专题图书馆，勇担公众审美教育社会责任，先后开展旺久多吉专题讲座《用摄影解读西藏，以镜头记录时代》艺术交流、专题讲座等活动20余场。

五是创新"一社"综合服务场景，做亮和谐社区"活态"。以场馆更新回应群众品质需求，按照"易进入、可参与、能共享"理念，运用国际化公园社区美学设计理念打造影像艺术馆、生命教育馆等"七馆一站一场"，集成展览、阅读、健身等8大功能，不断优化对辖区居民、外籍人士、企事业单位的生活服务。以服务革新回应群众体验需求，整合党建、政务、便民等功能，大力推行"一站式"服务和"最多跑一次"改革，将服务窗口下移到社区，为居民企业提供优质、高效、便捷的政务服务。以机制创新回应群众享受需求，实施"党建引领多元参与"行动，依托奥维斯、心连心等8家社会组织，开展"金石一家亲·扶贫摄影展"等活动。挖掘书画、手工等31名社区达人，举行象棋交流、国学诵读、舞蹈培训等活动，与市文联、书画协会等合作开展"文化进社区"等主题活动20余场，不断提升群众幸福感、获得感。

图 7-1　新桥社区实景 1

图片来源：成都市金牛区公园城市主管部门。

图 7-2　新桥社区实景 2

图片来源：成都市金牛区公园城市主管部门。

图 7-3　新桥社区实景 3

图片来源：成都市金牛区公园城市主管部门。

图 7-4　新桥社区实景 4

图片来源：成都市金牛区公园城市主管部门。

▷▷ 案例：麓湖社区

麓湖社区位于四川天府新区，距成都老城区约 13 公里，是采用国际先进的 PUD（计划单元综合开发）模式开发的高端生活住宅区，占地 4300 余亩。麓湖社区以"麓湖公园城"为总体定位，以"公园城市价值表达典范"为总体目标，聚焦区域未来人群需求，围绕公园城市价值，精准营造麓湖公园社区场景，即依托丰富的蓝绿网络，打造高品质公园湖系，构建水环丘绕的生态场景；植入高活力文化体育设施，构建时尚多元消费场景；打造高质量商业商务，构建新经济的应用场景；高标准建设国际化公共配套设施，构建类海外的生活场景；形成高引领的社区治理，构建活泼有序的社会场景。（见图7-5、图7-6、图7-7、图7-8、图7-9）

图 7-5 麓湖社区实景鸟瞰

图片来源：四川天府新区公园城市主管部门。

图 7-6 麓湖社区实景

图片来源：四川天府新区公园城市主管部门。

图 7-7　麓湖社区渔获节

图片来源：四川天府新区公园城市主管部门。

图 7-8　麓湖社区龙舟节

图片来源：四川天府新区公园城市主管部门。

图 7-9　麓湖社区花岛节

图片来源：四川天府新区公园城市主管部门。

第二节
提升公共服务供给

便捷优质的公共服务是城市宜居宜业的重要条件。成都市在建设公园城市过程中践行"人民城市人民建、人民城市为人民"的重要理念，着力提供普惠优质的公共服务。在具体实施中，将公共服务设施网络嵌入公园网络体系，通过增加高品质公共服务设施供给、建设城乡社区生活圈、营建全龄友好城市等措施，增强公园城市幸福美好生活的感知度和体验度。

一 实现高品质公共服务倍增

"高品质公共服务倍增工程"是成都市"幸福美好十大工程"的内容之一，重点关注教育设施、医疗设施、文化设施和体育设施的提升建设，通过建立清单管理和动态调整制度，实现基本公共服务供给与高品质生活需求相互促进、联动提升，努力实现高品质公共服务均衡普惠、便捷可及。在公园城市建设背景下，公共服务设施布局与公园网络体系有机结合，公园体系使得公共服务设施环境更加优质，公共服务设施的布局也使得公园城市场景具有更多的活力与价值。

教育设施建设方面，成都市提出"建设更多家门口的好学校"。"十三五"时期，成都市通过鼓励"龙头"学校带动片区教育优质发展，已经建成了一大批在老百姓家门口的好学校。在此基础上，成都市进一步提出了到2025年新建和改扩建一批优质学校，高品质幼儿园数量在2020年基础上翻番，义务教育、普通高中优质学校覆盖率提升到70%，建设高水平职业学校等具体目标。具体建设中，将教育设施作为产业功能区的重要配套，形成公园、家园、校园、产业园同构的融合发展样态。

> **案例：高新区公园小学**

成都高新区公园小学位于大源中央公园南侧，占地面积23亩，建筑面积22584平方米（见图7-10），2021年8月建成招生。除紧邻公园外，公园小学以"小学校·大公园"为办学理念，用开放前瞻的教育理念打破教育边界，培养每一个儿童的好奇心、想象力和创造力，让教育与世界接轨，致力于将公园城市的生态、美学、人文、经济、生活、社会等多种价值，以教育的方式彰显出来。

图 7-10 高新区公园小学

医疗设施建设方面，成都市提出"提供更加优良的健康服务"。市级层面，在生态景观资源最优的三岔湖畔，谋划建设未来医学城，创建国家中医医学中心和区域中医医疗中心。医疗设施布局层面，推动优质医疗资源扩容的同时，在医疗布局中体现人文关怀，统筹医疗、养老等服务设施，充分利用景观资源与公园网络体系，打造绿色宜居、宜养、宜医的医养结合新模式。

> **案例：东安湖体育公园**

东安湖体育公园位于龙泉驿区东安湖片区（见图7-11）。依托东安湖自然景观资源，园内布局了为2021年世界大学生夏季运动会新建

· 116 ·

设的体育场馆，包括一座可容纳 4 万人的综合运动场，和多功能体育馆、游泳跳水馆、综合小球馆三座体育馆。东安湖体育公园兼顾赛时要求和赛后利用，充分发挥场馆长期社会效益，让全体市民共享大运成果。其中，大运会期间将承担开、闭幕式以及体操、游泳比赛，赛后将打造为国际一流体育文化综合体，除承办国际国内大型体育赛事外，还可满足大型演艺、综合展会、群众健身、体育培训、旅游观光等多种功能要求。

图 7-11　东安湖体育公园

图片来源：https://www.sohu.com/a/541999845_115239。

二　打造城乡社区生活圈和社区服务综合体

打造城乡社区生活圈是全面增强生活成本竞争力的重要手段。成都市以社区服务综合体为重点，构建 15 分钟公服圈。社区综合体的设置让居民在一栋楼里，就能享受"从柴米油盐酱醋茶到衣食住行闲"的各种社区公共服务。根据《成都社区综合体建设技术导则》，在社区综合体的空间布局上，应"结合绿地广场、综合运动场等开敞空间，形成吸引人流集聚，有活力、易识别的社区活动中心场所，提高居住环境品质、塑造社区文化、增强社区归属感，提高城市形象和活力，推动社区发展治理转型升级"。截至 2020 年底，成都社区综合体已开工 261 个，建成 134 个。

> **案例：喜乐荟公园社区服务综合体**

喜乐荟公园社区综合体位于成都锦江区三圣街道喜树路社区，以满足辖区居民群众15分钟内多元生活服务需求为目标，提供各项公共生活服务，并有针对性地研究制定了社区综合体的业态功能设置细则。打通全龄医疗服务的最后一公里，社区引进了优质医疗团队，并链接华西附二院、成都中医药大学、温州医科大学高端技术管理团队等资源，提供各类优质的医疗服务。为满足周边上班年轻人、独居老年人等群体的用餐需求，社区与餐饮企业正在搭建社区食堂。社区食堂设立了养老服务金卡消费点，为老年群体提供低价公益餐。针对居民教育，社区引入了优质教培机构，提供0—3岁婴幼儿托育、6—18岁青少年文化课、艺术培训等，进一步解决辖区双职工家庭"430"托管的难题，每年将会向居民免费提供幼儿早教、亲子特色课、成都名校解读、高考志愿填报等社区公益课程，服务于不同学习各阶段的学生们。在居民关注的体育健康需求方面，社区则通过引进专业体育机构，开展各项体育活动，定期举办专业和业余体育赛事，打造社区级品牌健身场馆。（见图7-12、图7-13、图7-14、图7-15）

图7-12 喜乐荟公园社区综合体实景1

图片来源：成都市锦江区公园城市主管部门。

图 7-13　喜乐荟公园社区综合体实景 2

图片来源：成都市锦江区公园城市主管部门。

图 7-14　喜乐荟公园社区综合体实景图 3

图片来源：成都市锦江区公园城市主管部门。

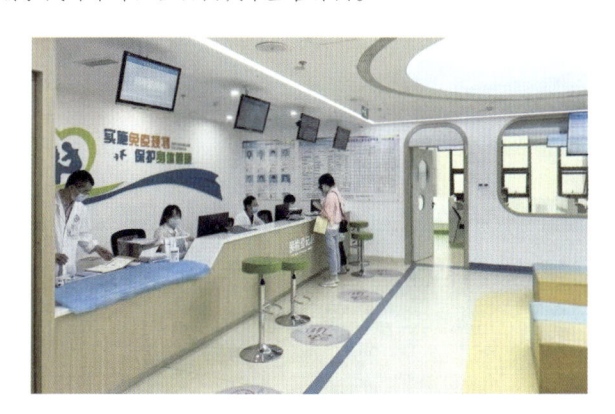

图 7-15　喜乐荟公园社区综合体实景 4

图片来源：成都市锦江区公园城市主管部门。

三　营建全龄友好社会

以人为本的公园城市公共服务体系建设以普惠性为要求，以全龄阶段居民的多层次需求为导向。成都市幸福美好生活十大工程中，全龄友好包容社会营建工程聚焦"一老一小"和特殊群体。在公园城市理念统筹下，无障碍场景的营建融入到公园体系布局与建设各方面中。

针对儿童群体的公共服务需求，成都市提出"让孩子们开心成长"的目标，通过推动公园网络体系与一体化托幼设施结合建设，构建儿童友好的城市环境。具体建设中，依托教育、医养类社区综合体，集中配套社区托育园所、社区儿童中心、家庭聚会中心、儿童运动场及家庭农场等设施，提供更多鼓励、吸引儿童参与社区活动的机会。依托城市社区公园打造儿童"15分钟公共空间体验网络"，依托城市郊野公园打造儿童"半小时自然体验圈"，为儿童提供回归自然、释放天性的公共空间。

> **» 案例：锦城湖公园蒙彼利埃幼儿园**
>
> 蒙彼利埃幼儿园为"三年攻坚、五年建设"公共服务设施项目群中的一员，位于高新区盛兴街186号，是"一带一路"背景下中法文化合作交流的产物（见图7-16）。项目规模为15班幼儿园，建筑面积8400平方米，用地毗邻蒙彼利埃小学与中学，北侧为锦城湖公园。幼
>
> 图7-16　蒙彼利埃幼儿园
>
> 图片来源：https://www.thepaper.cn/newsDetail_forward_7648779。

儿园建设充分利用北侧湖边公园，将绿色进一步延伸进园区中，使幼儿能在自然渗透的环境中探索学习。

针对老年群体的公共服务需求，成都市提出"让老年人舒心长寿"的目标，发展普惠优质养老机构，提升医养结合服务能力。重点优化"一院一中心多站点"居家社区养老服务体系，鼓励与公园体系布局融合的社会养老结构设施，并在公园体系中推动公共设施适老化改造。

>> **案例：金牛区养老服务综合体**

金牛区养老服务综合体是成都市首个开展运营的社区养老服务综合体，位于成都市金牛区川建南一路的沙河源街道友联社区，建成并运营于2021年3月，投资240余万元，含"居家养老独立服务区、养老便民服务区、智慧健康示范区"3个区域，集成了社区养老院、日间照料中心、老年助餐点、老年顾问点、老年活动中心等养老服务设施，联动多个养老服务站点，能够发挥中心调度资源的作用，同时具有社区照护、医养结合、生活服务、养老便民、对下指导5大功能，提供日托、全托、助餐、助医和养老福利政策咨询等服务（见图7-17、图7-18）。该综合体利用国有闲置资产建设，机构运营成本低，相比单纯

图7-17　金牛区养老服务综合体实景1

图片来源：https://www.thepaper.cn/newsDetail_forward_12276675。

的养老机构公益性更强，在此运营的企业要承担免费开展专家讲座、文体活动、精神慰藉等免费服务，还会开展公益性家庭照护者、养老顾问、长期护理人员等培训活动，为辖区内微型养老机构、日间照料中心提供专业技术支持，有效整合辖区内养老服务资源，如低偿为困难老年人开展居家上门服务、以低于市场价的30%为老年人提供托养服务等。

图 7-18　金牛区养老服务综合体实景 2

图片来源：https://www.thepaper.cn/newsDetail_forward_12276675。

第三节

优化公共慢行交通

　　打通城市"毛细血管"，提升慢行网络品质，是成都增强市民归属感和幸福感的重要举措。围绕市民多元生活的最后一公里，为满足市民丰富的休闲生活，引导人们绿色出行，成都市以车退人进、慢行优先等方式，规划建设"回家的路"社区绿道，打造绿色健康的慢行街道，铺就高品质生活的幸福底色，营造安全优先、便捷舒适的慢行环境，使其成为未来城市美好生活的体验空间。

第七章
培育公园城市幸福公共生活网络

一 完善高品质慢行网络

安全优先"上学的路"。 以满足学生上下学和家长接送出行需求为核心目的，选取成都市中心城区小学周边邻近道路作为通学优先道，总计规划 1411 公里。通学优先道主要有三方面的建设重点，一是小学出入口相邻道路整体步行空间 3—5 米为宜，不应小于 3 米，从路权保障慢行空间安全；二是在学校周边路段设置学校标志、减速标志，提升学校周边道路的慢行安全性；三是设置中央隔离护栏、过街天桥、网状禁停区等措施，避免行人随意横穿马路、车辆随意掉头等不安全事故发生。

> **案例：霍森斯小学**
>
> 成都市与丹麦霍森斯市合作共建的成都霍森斯小学，是成都第二所国际公立学校，被誉为"成都最美小学"，紧邻锦城湖公园，周边 500 米范围内道路均规划为通学优先道，人行道宽度均在 3 米以上，通过设置隔离护栏、施划标识标线等措施，使周边交通安全环境明显改善，能够有效保障学生和接送家长安全上学、平安回家。（见图 7-19）
>
> 图 7-19 成都霍森斯小学周边通学优先道

安全便捷"回家的路"。"回家的路"与城市通勤效率密切相关，切实影响着市民的"心情指数"，也是衡量城市宜居指数的重要标尺。为保障上班回家道路的高效畅通，成都市结合大流量的自行车通行需求，依托快速路、主干路及次干路规划自行车主要通道，作为上班、回家骑行的重要道路（见图7-20）。自行车主通道非机动车道宽度不小于2.5米，严格实行机非物理隔离，保障骑行安全便捷，并按照"分散式、小规模"原则，针对城市景观节点、交通集散地等重点片区划定共享单车停放区域，有序规范停放，减小无序停放对交通运行和城市形象产生的负面影响。

图7-20 成都武侯区玉林东路"回家的路"社区绿道

图片来源：https://www.sohu.com/a/543758977_121123779。

活力共享"休闲健身的路"。为满足市民不断增长的休闲、游憩、跑步、骑行需求，成都市在滨河绿地、干道两侧绿带、环城生态区绿地、社区公园等区域，打造环境优美，活力共享的休闲、健身的路，与城市道路分离独立，宽度不小于3米，沿线与生态景观紧密融合，在起点、中途、终点等地为锻炼者设立"健身驿站"，营造优美、舒适的慢行环境。

> **案例：锦城湖公园绿道**

　　锦城湖公园绿道是天府绿道"一轴、二山、三环、七带"的重要组成部分，分布于成都绕城高速南北两侧，公园有4个湖区，占地2400亩，其中水面1000亩，绿地和园区建筑1400亩，设置了休息廊、观赏亭、亲水广场、健身步道等。绿道建设以来，一直紧扣"景区化、景观化、可进入、可参与"的总体要求，深入挖掘"生态价值"内涵，全力构建多功能叠加的高品质生活场景和新经济消费场景，这里是成都跑团公认的"夜跑胜地"，是市区面积最大的公园之一，是市民休闲游憩、健身锻炼的理想去处。（见图7-21）

图7-21　锦城湖公园绿道

二　打造绿色健康的慢行街道

　　成都从街道人群活动及需求出发，以人为本，对街道进行了"人性化、个性化、绿色化"的改造。通过将公园体系与街道景观进行一体化打造，

优选本地树种等措施，丰富绿色街道空间形态，美化街道景观，促进慢行街道与公园体系相融合。（见图7-22）

将社区公园、小游园、微绿地等与街道景观一体化打造。 街道绿化结合路侧公园绿地统筹设计，一体化打造，营造绿色健康的街道场景；利用地块周边的绿地空间，增加小游园微绿地，有条件时整合绿地空间，形成开放共享的社区公园。

优先选用本土树种，打造开敞疏朗的街道形态。 丰富植物形态，形成高低有别、错落有致的绿化层次；综合考虑空间特点和空间感受，营造丰富多样的植物空间；推荐选用本土树种，兼顾植物多样性及季相搭配，弘扬成都本土植物文化；根据街道情况选择行道树、道路绿带的种植方式。

图7-22 高新区交子金融大街

第四节
塑造公共活动空间

公共活动空间是市民日常休闲活动的载体,也是大型社会活动事件的发生器和城市形象的重要展示窗口。公园城市示范区背景下,成都市整合自然资源、城市景观、市民文化,积极探索公共活动空间对满足人民幸福生活需求、促进公共交往活力、提升城市吸引力的有效途径。特色实践中,通过贯通共享滨水空间、赋能升级绿色空间、绿色生活化利用小微尺度空间等多元措施,逐步打造体系完善、形式丰富、符合新时代人民需求的公共活动空间,形成市民可感可及的美好体验。

一 贯通共享滨水空间

滨水空间是城市公共活动空间的重要组成部分,作为城市与水环境关系最为密切的区域,不仅是城市特色和活力的展示窗口,更是满足市民亲水需求、营造幸福宜居生活的重要载体。成都因水而起、因水而荣,千百年来居民的生产、生活、娱乐紧密围绕河流展开。"公园城市"理念下,成都积极探索还江于民、将河流融于城市生活的途径。以城市更新有效拓展滨水活动空间面积,以林荫道、特色街道、绿道等有机串联周边街区,形成连续贯通、开放共享、类型丰富的高品质城市滨水公共活动空间网络,让市民有水亲、有景看、有园游,清澈河湖和优美的岸线举步可就。

大型滨水空间贯通公共活动空间网络,串联城市幸福生活。锦江是岷江流经成都市区的主要河流,被称为成都的"母亲河"。随着城市化进程的加快,锦江河岸硬化严重,沿线公共空间严重缺失。2018年以来,成都

牢记习近平总书记嘱托，按照"一年治污、两年筑景、三年成势"总体要求，全力推进锦江流域水生态治理，开启锦江公园建设，拓展提升开放共享的滨水公共活动空间。《锦江公园总体规划》以"提水质、增空间、强慢行、优业态、塑形态、治社区"[①]为策略，多措并施增加近20%的滨水公共空间，包括打破滨水区域和街区间的空间分隔，结合老城区的非核心功能疏解挖掘潜在空间资源，结合滨水车行道慢行化改造释放滨水慢行空间等。在此基础上，规划充分结合沿江各类资源，形成7大主题特色段、21个功能分区和17个特色文商街区，塑造公园城市理念下"水景再现""水脉再续""水岸再兴"的活力滨水区，满足市民亲子休闲、养生康健、文化体验、娱乐购物等幸福生活需求。截至2021年底，锦江完成景观提升73公里，串联沿线23个公园、11条滨水慢行街区，新增滨水开放空间10万平方米，建成江滩公园、武侯区锦江公园音乐广场、东门码头夜游锦江等广受市民喜爱的公共活动空间，"高颜值""幸福味""宜居感"的市民体验愈发浓厚。

*小型滨水地块承载历史文化和休闲生活，柔化城市界面。*以沙河源公园为例，公园位于府河、沙河环抱形成的河心岛内，曾是成都历史上最大的木材集散地和木材加工基地，滨水空间的改造将建材城转变为绿色开放的城市休闲公园（见图7-23）。公园设计结合历史文化和自然生态，以木材文化为主题，将社区文化活动、场地印记艺术、生态健康教育、宜居水岸生活多角度融合，创建充满活力、功能多元、尊重生态、保护文化的综合性公园系统。园内临河垂钓、散步消食、摆龙门阵的市民络绎不绝，儿童嬉笑不断，水运木材的记忆之地被赋予了城市公共活动空间的新功能，文化记忆在物质和场所精神上得到了延续，滨水空间焕发新生。

---

① 《成都锦江公园总体规划（征求意见稿）》，2019年8月5日，成都市规划设计研究院（http://www.cdipd.org.cn/index.php?m=content&c=index&a=show&catid=85&id=99）。

图 7-23　沙河源公园

图片来源：谷德设计网，https://www.gooood.cn/shaheyuan-park-china-by-aecom-aobo.htm。

二　赋能升级绿色空间

绿色空间是城市公共活动空间的核心主体部分，既包括城市公园，又包括具有休闲服务属性的城区各类绿地及绿化要素，是"最公平的公共产品和最普惠的民生福祉"，为市民亲近自然、休闲娱乐、提升幸福感提供永续承载。"公园城市"建设将城市绿色空间提到了城乡发展建设的基础性、前置性配置要素地位。[①] 成都结合"全民健身"和"三城三都"建设，积极探索城市绿色空间赋能升级新模式，以绿色空间为主体统筹生态、功能、景观、活动组织等多维要素，容纳如体育健身、音乐休闲、创意体验等符合时代需求的新型公共服务，形成风景更优美、活动更多元、业态更丰富的公共活动空间，满足新时代全龄市民多元化、差异化幸福生活需求。

绿色空间内容纳城市大事件，打造新型城市绿色会客厅。以桂溪生态公园为例，2020年10月，桂溪生态公园东园大草坪上举行成都公园城市

---

① 吴岩、王忠杰、束晨阳等：《"公园城市"的理念内涵和实践路径研究》，《中国园林》2018年第34卷第10期。

国际花园季暨第三届北林国际花园建造节，来自 21 所高校的 25 个竹构花园作品落地生根（见图 7-24）。开放参观后，桂溪公园成为了刷爆成都市民的朋友圈，平均每天 6000 余人相约参观打卡，60 万名市民线上 call，[①]营造出公园城市活力满满的新风景线。与花园季同步进行的公园城市 2020 时尚生活展、"书香成都悦读世界"、i 尚集市等，吸引了大量市民开展户外阅读、文创产品选购、咖啡品鉴欣赏等主题活动，将富有体验感、趣味性、时尚性的新型艺术、文化项目带到市民身边。

图 7-24　2020 年成都公园城市国际花园季搭建现场

绿色空间内承办大型体育赛事，满足全民健身新需求。 东安湖体育公园是第 31 届世界大学生夏季运动会比赛主场馆所在地，园内"一场三馆"承接了 2021 年全国体操锦标赛暨东京奥运会选拔赛、第 31 届世界大运会等大型体育赛事。在满足体育赛事需求的基础上，东安湖体育公园也是自

---

① 《明年再相约！2020 年成都公园城市国际花园节精彩落幕！》，《中国时报》，2020 年 11 月 26 日，http://cn.chinadaily.com.cn/a/202011/26/WS5fbf1ad3a3101e7ce9731c40.html。

第七章 培育公园城市幸福公共生活网络

然生态的景观式体育公园，公园内硬、软景比例达4∶6，[1] 提供远观龙泉山和瞭望东安湖的景观体验。大运会结束后，园内大型体育赛事体育设施将持续利用、运营，持续举办演艺活动、IP赛事、小型会展、商务活动等，同时布有智能化的运动加油站以及篮球、羽毛球等全民健身运动场地，满足全民健身需求。

<u>绿色空间内容纳音乐活动，顺应市民生活新风尚</u>。凤凰山露天音乐公园是西部地区乃至全国范围顶级的露天音乐演艺场地和城市音乐主题公园，全景声半露天半室内双面剧场朝向室内能容纳5000人观演，朝向室外则能容纳4万人观演，满足多种演出形式的需求（见图7-25）。[2] 公园计划每年举办多场万人以上的大中型音乐节、演唱会等商业演出，如草莓、迷笛音乐节等，打造浓厚的音乐和艺术氛围，丰富市民文化生活。除了举办露天音乐节，公园里还包含了汽车营地、帐篷酒店、创意集市、亲子乐园、极限运动场等特色活动区，广受音乐爱好者、建筑摄影爱好者、极限运动爱好者喜欢，是青春、激情、动感的城市公共活动空间文化新地标。

图7-25 凤凰山露天音乐公园

[1]《设计师眼中的东安湖》，2021年4月13日，http://www.longquanyi.gov.cn/lqyqzfmhwz_gb/c123113/2021-04/13/content_e5db9cb44e9c453babd7abb90b8eb1c2.shtml。
[2]《成都凤凰山露天音乐公园：美好生活 凤凰展翅》，2019年6月18日，https://www.163.com/dy/article/EHUUCD0I0514FD4Q.html。

三 绿色生活化利用小微尺度空间

小微尺度空间如街巷、屋顶、院落、屋顶等是城市最基本的公共产品，也是城市居民关系最为密切的公共活动空间。公园城市建设背景下，结合中心城区城市更新，成都市秉承"一切有空间的地方皆能停留，一切能停留的地方皆能交往，一切有交往的地方皆有效益"[①]的理念，积极探索立足市民生活需求的生活化小微公共活动空间打造，力求城市公共空间系统能够沿着街道社区得到最大程度的延伸和彻底的渗透。[②] 拆除围墙、开放庭院、增加立体绿化、公共建筑灰色空间的绿色生活化改造、街区建筑首层功能复合利用等系列举措，在有限城市空间中拓展更为多样灵活的公共活动空间形式和功能，形成与市民需求的多样性、城市生活的丰富性、社会文化的多元性紧密衔接的公共活动空间，重构市井烟火气。

商业空间绿色生活化建设，商业活动空间与市民生活空间紧密贴合。 成都UPARK公园+综合体植根于社区，倡导"城市生活新公园"愿景，是新型商业空间的绿色生活化建设的典例。园内商业空间与公共绿化空间无缝衔接，商业建筑呈独栋院落布局，建筑周边环绕600米环形跑道，并布有足球场、健身区、宠物区、网红泡泡树等时尚项目，将商业空间与社区无缝衔接。UPARK公园+综合体完全开放共享，完美结合商业建筑与公园绿化、健康运动与潮流购物、美食饮食与趣味生活，真正活跃于居民生活中，呈现宜居、亲和、包容的生活化商业公共活动空间面貌。

公共建筑屋顶空间共建共享，提供市民健身休闲新去处。 成都天府"智慧之环"是四川天府新区的科技展馆和接待中心，建筑屋顶覆盖连绵起伏的流线型红色塑胶跑道，形成室内室外、屋顶园内立体化协同共享的

[①] 《成都市"中优"区域城市剩余空间更新规划设计导则》，2021年1月。
[②] 刘宛：《精微公共空间与活力城市生活——关于老城区精治的思考》，《北京规划建设》2019年第52期。

公共活动空间（见图7-26）。"智慧之环"建筑外形兼具艺术性和生活性，环形屋顶、生态绿地、科技展馆融为一体，屋顶连续环状体步道总长698米，通过两个出入口从地面一路漫步至建筑顶端，散步、奔跑、眺望远山；室内展示与接待空间共5000平方米，中央庭院景观约1.8万平方米，[①]提供展览、游憩、休闲等公共活动体验。"智慧之环"建筑屋顶空间的共建共享，将室内展览流线、室外观景流线、屋顶运动休闲流线完美交织，形成既有科技先锋艺术感、又贴近市民日常运动生活的热门打卡地。

图7-26　成都天府"智慧之环"

图片来源：http://www.landscape.cn/architecture/11407.html。

街坊庭院公共化改造，容纳多彩街头公共生活。邛崃段公馆是封闭式历史文化保护建筑改造开放后，提供优质片区公共生活服务、容纳多彩市民活动的典例（见图7-27）。段公馆改造前建筑年久失修、破败不堪，隐匿于闹市不为当地居民所知。依托邛崃文脉坊片区城市更新，段公馆留存原有的建筑形式，完善四合院布局，置入满足现代使用的功能需求，古宅焕发新生，变身为兼具文化展览、咖啡体验、社区活动举办的城市公共活动空间，为片区居民提供优质的公共服务。段公馆外街头公共生活丰富多彩，社区小型集市上儿童、社会公益组织售卖各色手工艺品和文创产品，

[①]《无限成都》，2020年7月14日，https://www.cditv.cn/show-1171-1467885-1.html。

临邛戏台上川剧变脸、街头艺人才艺秀、乐队演奏目不暇接。"一个院子，让一座古城被看见"①，以段公馆为例的庭院内外公共化打造，让成都的老旧街坊成为片区城市综合服务客厅，为邛崃市民及游客提供沉浸式、全时段、全龄段的文化娱乐活动。

图 7-27　邛崃段公馆

图片来源：https://www.sohu.com/a/430675643_99997284。

---

① 《天府文化》，2020 年 11 月 9 日，https://www.sohu.com/a/430675643_99997284。

第八章

推进公园城市活力有机更新

2020年10月，党的十九届五中全会通过了《中共中央关于制定国民经济和社会发展第十四个五年规划和二〇三五年远景目标的建议》，明确提出实施城市更新行动。2020年12月，住房城乡建设部党组书记、部长王蒙徽指出，实施城市更新行动是以习近平同志为核心的党中央站在全面建设社会主义现代化国家、实现中华民族伟大复兴中国梦的战略高度，对进一步提升城市发展质量做出的重大决策部署。2021年8月，《住房和城乡建设部关于在实施城市更新行动中防止大拆大建问题的通知》要求，实施城市更新行动要顺应城市发展规律，尊重人民群众意愿，以内涵集约、绿色低碳发展为路径，转变城市开发建设方式，坚持"留改拆"并举、以保留利用提升为主，加强修缮改造，补齐城市短板，注重提升功能，增强城市活力。

为贯彻落实党中央精神，围绕建设国家中心城市、践行新发展理念的公园城市示范区、高品质生活宜居地和世界文化名城的城市目标，落实"幸福美好生活十大工程"和老旧小区改造提升工程的总体要求，成都市对标先进、开展实践、探索路径、推进建设，逐步走出一条融合公园城市建设与城市有机更新的创新道路，围绕"系统推动有机更新、全面改造老旧小区、保护和传承历史文化、打造'金角银边'"四项重点工作，延续千年城市烟火记忆与生活活力，同步增强城市公共服务水平、城市治理水平和产业竞争力，推动城市高质量发展，书写中国城市更新的成都表达。

第一节

系统推动有机更新

在经历了 1992 年府南河综合整治、2001 年东郊工业结构调整工程、2002 年二环路内危旧房屋改造工程、2012 年北城改造工程、2017 年"中优"工程后，成都已进入"片区推进"与"点状探索"相结合的系统化城市有机更新阶段。为加快美丽宜居公园城市建设步伐，创新城市发展模式，增强城市永续发展动力，紧紧围绕国家中心城市、美丽宜居公园城市、国际门户枢纽城市和世界文化名城的战略定位和新时代"三步走"战略目标，结合公园城市相关规划和导则，成都市将公园城市建设与城市有机更新有机融合，通过对城市建成区功能形态的分类整治、改善和优化，积极探索有机更新路径，实现城市安全韧性、功能优化、品质提升，满足市民对美好生活的需求和向往。目前，成都市已开展锦江公园、一环路市井生活圈、枣子巷特色街区、猛追湾市民休闲区、八里庄工业遗址、玉林社区微更新等有机更新项目。

一　公园城市引领的有机更新体系

在政策方面，成都市已搭建起"1＋N"的政策体系框架，即以《成都市城市有机更新实施办法》为核心，以《成都市城市有机更新资金管理办法》《关于进一步优化建设用地开发建设强度管理　促进城市有机更新的实施意见》《成都市中心城区城市有机更新保留建筑不动产登记实施意见》《关于开展"社区微更新"专项行动的通知》等文件为支撑，明确了实施内容、工作机制、资金保障等重要内容，为有机更新工作开展提供了有利的政策支持。

在规划方面，成都市已形成三级更新规划体系与更新要素指引，即"有机更新总体规划—区（市）县更新专项规划及行动计划—更新单元实施规划"，如《成都市区（市）县城市更新专项规划及行动计划》《城市更新单元实施规划》等，并通过《成都市公园城市有机更新导则》进行总体引导，明确总体目标导向、主要路径方法、实施建设方式、基本机制保障，结合《成都城市有机更新建设指引》《成都市城市既有建筑风貌提升导则》等提出分项指引，从微观层面提出具体要素的更新规划与建设指引。

在实施方面，遵循"保护优先、产业优先、生态优先；少拆多改、注重传承；政府引导、属地管理、市场运作；尊重公众意愿，推进城市持续更新"的更新原则，成都市采用了"片区系统化推进＋点状项目探索"相结合的方式，即在老城通过重点片区和核心项目带动，系统化推进片区整体更新；在各区（市）县结合地方条件和项目实践，探索多元有机更新模式。

在机制方面，成都市健全更新工作机制，将原市棚户区改造工作领导小组更名为市城市有机更新工作领导小组，负责统筹协调重大问题；各区政府作为辖区城市有机更新工作责任主体，依据工作职责组织实施城市有机更新，在最核心的五城区专设公园城市建设和城市更新局，整合区房产管理局的危旧房和棚户区改造征收等职责、区建设和交通局的城市综合配置建设规划职责、区城市管理局的林业和园林管理职责以及区统一建设办公室的旧城改造职责等，负责组织编制全区公园城市建设和城市更新规划、专项计划，制订城市更新年度实施计划，牵头协调城市更新规划与城市总体规划、国土空间规划的衔接平衡；市级相关主管部门依法按职责分工推动城市有机更新工作。同步完善联合审议机制、公众参与机制与监督考核机制，将坚持"留改拆"并举、深化城市有机更新相关工作列入区政府责任管理和政绩考核范围。

二 分类推进有机更新实施

更新公共空间，回归人本。主要针对老旧公园、广场、城市剩余空间等待更新的公共空间。以全域生态资源为底，打造"蜀风雅韵、大气秀丽、国际时尚"的城市形象，描绘"绿满蓉城、花重锦官、水润天府"的城市景观，彰显老城特色与魅力。推进老城"两拆一增"，即拆除违建、围墙，增加公共开敞空间，鼓励垂直绿化，提高公园绿地覆盖率与均衡度。修复岸线形态、河床断面和综合水质，推进河道综合整治和一体化设计，打造亲水、安全、丰富的宜居水岸。改造街道空间，建设安全、美丽、活力、绿色、共享的公园城市街道场景。充分利用剩余空间，提供休闲交往空间，增加绿化景观，缝合城市功能，提升区域活力。

更新老旧居住区，提升人居环境品质。主要针对具有一定建成年限，建筑结构老化且质量较差，公共设施亟须完善、环境品质亟待提升的居住区，主要包括老旧传统住区、单位机关大院、厂区大院、商品房、棚户区及城中村等。以居民意愿为基础，以楼栋为基本更新单位，以结合地块产权划分责任主体开展建筑风貌更新工作，如加装电梯、出入口无障碍设施、对讲系统、外墙装饰、建筑节能改造等。以街道为责任主体，完善配套设施，针对公共环境及社区公共空间提升环境品质，如公共活动空间、社区绿道、景观小品、公共晾晒设施、停车设施、信息宣传栏、快递设施等。

更新低效产业区，营造多元消费场景。主要针对城市总体规划确定不再作为工业用地的区域；空置废弃、布局散乱的工业仓储用地；产业政策规定的禁止类、淘汰类或不符合安全和环保要求的工业仓储用地；利用强度、投入产出水平明显低于有关标准的工业仓储用地；按规划需调迁的商品市场、空置率高的商务办公楼、经营状况不佳的零售商业区。通过摸清现状功能和用地情况，腾退低端业态，优化用地类型，植入新兴业态，强化功能混合，集约产业空间布局，促进产业转型与能级提升，激发产业活力。以经营管理单位划分责任主体完成建筑改造、优化建筑设备、完善建筑设施等,以街道为责任主体优化公共设施、道路设施和市政设施,结合街道一体化设计,提升公共环境,包括升级城市家具、优化景观设施、打造空间场景等。

> **案例:八里庄工业遗址**
>
> 八里庄工业遗址位于成华区中环路二仙桥西路南北两侧,总面积约1368亩,属成都市66个产业功能区之一的成都东郊记忆艺术区核心,见证了20世纪六七十年代东郊老工业区的辉煌历史,承载着老成都人的无限记忆,其中的八里庄火车站于2015年关闭,传统仓储企业、机车车辆厂、中铁二局101仓库等纷纷外迁,八里庄逐渐成为城市中心地带的一处闲置产业园区。更新前,现状主要为八里庄火车站、货运仓库、铁路干线等物流货运业态,建筑功能为工业仓储,建筑立面老化,开敞空间地面老旧,无照明、环卫等设施,周边无景观设计;更新后,原有工业物流企业全部腾退,由艺术、文创等新兴业态取代,建筑立面、结构、功能和风貌得到优化,新增地面铺装、照明环卫设施、景观小品及外摆空间,空间吸引力及活力得到提升。(见图8-1、图8-2、图8-3、图8-4、图8-5)
>
> 图8-1 八里庄工业遗址更新前

图 8-2　八里庄工业遗址更新后

图 8-3　录音室实景 1　　　图 8-4　录音室实景 2

图 8-5　八里庄内头部 MCN 企业办公室

三 创新探索"EPC＋O"有机更新模式

"EPC＋O"为 Engineer、Procure、Construct、Operation 的英文首字母拼合，即"工程总承包＋运营模式"。成都市率先采用"EPC＋O"有机更新模式，政府负责支撑规划落地、建设工程保障和载体空间腾退，企业通过公开招投标的方式全权承包有机更新项目的策划、规划、设计、建设、施工、运营等一体化过程，保障"文态、业态、形态"三态融合，实现政府投资与市场化、专业化运营的有机结合，强化"市区联动、政企联手"的高效协作。

在筹备阶段，政府通过沟通动员、功能置换等多样方式推进整体收储，基于对企业的市场灵敏度和专业性的充分尊重，收储资产将全权交由企业实施统一招商运营，涉及资产管理、项目招引、业态管控、运营管理等工作。在设计规划阶段，坚持以人为本，充分考虑在地居民诉求，梳理现状城市老旧问题，识别片区本底自然资源和文化特质，统筹规划老旧小区、公共空间、街区业态、景观风貌等有机更新重点内容，积极探索公共空间与配套设施、消费场景等联合营造的可能性方案。在运营阶段，政府同步建立考核机制，从招租运维、片区提升、居民满意度等方面对运营效果进行综合考核，以考核结果为依据对企业进行不同程度的补贴。与此同时，政府与企业联合成立街区党委，分析片区治理格局，共同研究街区共建共治新机制，推动街区形成联盟运营共识，以市民休闲为聚合点，共同推进党建引领下的特色街区建设和运营，完善管理服务，加强物业统筹管理，做到行政退后，服务向前，并加强对未收储商家的立面形象、整体品质等把控，保障片区的一体化提升。

> **案例：猛追湾市民休闲区**
>
> 猛追湾地处成华区，毗邻锦江，从20世纪60年代"三线建设"开始，逐渐成为成都工业聚集发展区，兴建了各大国有企业的厂房和宿舍，曾经热闹非凡，但随着21世纪的城市产业结构调整，传统工业逐

步外迁，猛追湾片区锦江沿岸1.68平方公里成为成都市首个EPC＋O模式下的城市更新项目（见图8-6、图8-7）。2017年9月，成都市成华区人民政府和成华区猛追湾街道办事处主导发布方案征集，万科成都成为猛追湾"策划规划、设计建造、招商运营"的一体化打造承包企业。随后，猛追湾的下湾区被确定为更新启动区，包括"一街"（滨河商业街）、"一坊"（望平坊）、"三巷"（香香一巷、二巷、三巷），共计收储运营面积3.4万平方米，于2018年12月更新动工，2019年9月30日整体开业，初步实现生态价值向经济、文化、美学、生活、社会等方面价值的转化，成为成都公园城市新地标。

图8-6 猛追湾更新前

图8-7 猛追湾更新后

一是坚持传承历史文脉，以超级 IP 思路打造成都城市地标。 通过滨水休闲带串联聚集成都339、天府金融博物馆等特色文旅地标，推动地域人文记忆融入片区生态空间；通过打造滨河商业街、香香巷等特色街巷，嵌入式建设主题博物馆、传统戏剧场、经典老茶馆、当代艺术馆等文化载体，推动现代商业消费融入生态文化休闲体验；通过成立万科江畔文化运营平台，围绕"展、演、会"三大主题以及江畔市集、国际青年社区两大 IP，先后引入抖音、成都偷心、蓉城之秋等城市文化运营品牌资源，举办多档城市级活动，如元宵节 339 电子烟花秀、"聚声行动"、"livelife"音乐展演、抖音"时髦展柜学院"、成都天府文创大市集、"小街巷、大艺术"首届街巷艺术节等活动。

二是坚持一体化场景营造，植入新经济实现城市活化。 万科独创三位一体复合场景营造模式，实现消费场景、办公场景、居住场景三景融合，为片区注入全天候全周期的活力人群。项目落地万科自营联合办公品牌—星商汇，打造文创企业创新创业场景，孵化企业 58 家，包括中国十大动漫企业之一功夫动漫、哈啰出行、鸿星尔克等。同时落地万科·泊寓，打造国际青年社区新型文化体验消费"样板区"。

三是坚持有机更新改造，呈现城市风貌之美。 重点通过城市更新微改造为主的手法对本片区进行优化，充分挖掘"滨水黄金地带"文化旅游、生态休闲、商业消费等资源价值，以"旧瓶装新酒"的方式，让传统老街长出新场景，进一步呈现新城市风貌。例如长约 1000 米的滨河商业街，记录了 1953 年至 1998 年成华区工业发展史 10 个"第一"，通过光影和互动装置呈现时间印记；望平坊以原区建筑为基地，融合工业与现代，引进文化体验品牌，植入文创新零售、非遗传承等多元业态，构造起集文、旅、商、产、居于一体的符合文化综合体；香香巷、香香二巷、香香三巷，巷内植入川剧、皮影等蜀地元素，放大成都市井生活和舌尖上的酸甜苦辣，打造为成都最有影响力的市井烟火体验地。

四是坚持商业逻辑运营，推动营运创新提效。 率先采用"EPC +

O"模式，公开招标引进万科公司作为运维主体，按照"设计、施工、运营"全链条商业化逻辑，由万科公司会同成华区大力实施优质资源"收、租、引"，目前已完成收储临街店铺、重要节点建筑约2.4万平方米，签约引进文化体验、网红餐饮等新业态项目30余个，加快打造"工业文明与现代时尚交相辉映、美食文化与文创产业共生共融"的示范街区。遵循市场化逻辑，街区交由万科物业按照景区化模式专业管理，政府发动街区企业提供各类场地资源，经统一改造后为市民游客提供更优质的体验，通过柔性管理的方式获得更多商户的理解与支持，引导商铺和居民主动参与街区管理。亚朵酒店、笨茶、颜家菜等企业积极响应政府号召，自主改造、提升业态，形成良好的街区共治共赢局面。（见图8-8、图8-9）

五是坚持立体化治理，打造共创共治新社区。通过发挥社区党委、万客集团猛追湾项目党支部、街区商家联盟党支部等党组织叠加作用，按精准施策，为万汇空间中小企业、居民、游客、商户、企业员工等不同群体提供服务，不断扩大联合党委品牌影响力，引导吸引更多优秀资源加入，共同参与辖区发展与治理。

图8-8 猛追湾望平坊更新前

图 8-9　猛追湾望平坊更新后

第二节
全面改造老旧小区

　　老旧院落改造是事关千家万户的民生工程、民心工程、幸福工程。成都市贯彻落实党中央、国务院关于加快推进城镇老旧小区改造的总体部署，坚持以人民为中心的发展思想和共建、共享、共治理念，以解决群众"急难愁盼"为出发点和落脚点，将老旧院落改造作为落实"三个做优做强"和"四大结构"调整的重要抓手，加力加劲推进老旧院落改造和城市有机更新，持续增强城市功能品质，提升市民群众获得感、幸福感、安全感。在党的十九届五中全会之后，为进一步实施城市更新行动，更好满足市民对幸福美好生活的新向往，持续创造高品质生活宜居地优势，把践行新发展理念的公园城市示范区建设发展成果转化为人人可感可及、普遍受益的社会认同，成都市委、市政府决定在"十四五"时期实施幸福美好生活十大工程之"城市更新和老旧小区改造提升工程"。2021年，成都市已全面启动313个老旧小区改造，分布在全市各区（市）县，涉及基本类老旧小区改造项目237个、完善类和提升类老旧小区改造项目76个，共惠及居民35175户，计划增设电梯800台。

一 明确改造对象

成都市老旧小区改造项目将全市"2004年12月31日前建成的，未由具备物管资质的企业实施专业化物业管理，未按照《成都市城市住房专项维修资金管理暂行办法》规定足额缴存房屋专项维修资金"的老旧小区纳入政策覆盖范畴，按照"因地制宜、一院一策"工作原则，对老旧小区实施硬件设施改造和长效机制建设，力促将成都市老旧小区打造成"环境优美、配套完善、管理有序、留住乡愁"的新型小区。

二 确定三类改造内容

基础类改造内容为满足居民安全需要和基本生活需求。基于群众意愿、应改尽改，包括小区内建筑物公共部位维修、小区及与小区联系的供水、排水、供电、弱电、道路、供气、供热、消防、安防、生活垃圾分类、移动通信等基础设施，以及光纤入户、架空线规整（入地）等。

完善类改造内容为满足居民生活便利需要和改善型生活需求。尊重群众意愿、能改则改，包括拆除违法建设、整治小区及周边绿化、照明等环境，改造或建设小区及周边的无障碍、适老、停车泊位及停车库（场）、电动自行车及汽车充电设施、智能快件箱、智能信箱包、文化休闲、体育健身、物业用房等配套设施及结合停车库（场）配套建设防空地下室，以及建筑节能改造、老旧电梯改造、有条件的加装电梯等建筑功能提升。

提升类改造内容为丰富社区服务供给、提升居民生活品质。立足小区及周边实际积极推进，包括改造或建设小区及周边的社区综合服务设施、卫生服务站等公共卫生设施、幼儿园等教育设施、周界防护等智能感知设施，以及养老、托幼、助餐、家政保洁、便民菜市、便利店、邮政快递末端综合服务站等社区专项服务设施。

三　建立健全组织实施机制

建立统筹协调机制，明确有关部门、单位和街道（镇）、社区的职责分工、工作规则、责任清单和议事规程，制定改造工作流程，统筹推进改造工作。健全基层治理机制，以党建为引领，搭建沟通议事平台，形成居民积极参与、专业工作团队协作、企事业单位配合的协同改造模式。创新项目生成机制，鼓励规划设计师、工程师进社区，按照"一区一策"原则，与小区居民共拟改造内容，在保持目标总量不大幅变动的前提下，对项目进行动态调整。落实项目推进机制，依法明确改造项目的实施主体，严格落实施工安全和工程质量责任，组织做好工程验收移交，同步开展绿色建筑、绿色社区创建。完善长效管理机制。依托小区自治联席会议机制，引导小区引入物业服务管理或自治管理，巩固维护改造成果；协商确定小区管理规约及居民议事规则，健全小区管理制度；建立群防群治、联防联治的小区应急管理体系，提升应急防控和治安防范能力。

四　促进改造资金合理共担

合理落实居民出资责任，按照谁受益、谁出资原则，引导居民以出资、使用（补建、续筹）住宅专项维修资金。加大政府支持力度，将城镇老旧小区改造纳入保障性安居工程。鼓励单位出资改造，原产权单位对已移交地方的原职工住宅小区改造给予资金等支持。提升金融服务力度，支持城镇老旧小区改造规模化实施运营主体采取市场化方式，运用公司信用类债券、项目收益票据等进行债券融资。推动社会力量参与，积极推广政府和社会资本合作（PPP）模式，带动社会资本参与改造。落实税费减免政策，对旧住宅区整治一律免收城市基础设施配套费等各种行政事业性收费和政府性基金。

> **案例：蓓蕾东巷 1、2 号院**
>
> 　　蓓蕾东巷 1、2 号院属于高新区芳草街街道蓓蕾社区，1 号院院落占地面积约 1900 平方米，共有 2 栋 6 个单元 72 户；2 号院院落占地面积 900 平方米，共 1 栋 2 个单元 18 户，均为 20 世纪 90 年代初建成的院落。在改造之前，两个院落因两个院落之间的两面围墙形成一个小巷，也成为两个院落人员、车辆进出的公共通道，围墙的存在导致两个院内空间较为狭窄，车辆进出拥挤、停放困难，绿化带设置不合理更是导致院落秩序混乱，停车需求和绿化环境需求之间的矛盾也越来越突出，机动车、非机动车随处乱停乱放问题比比皆是，管理难度大，院内脏乱差的问题长期存在。
>
> 　　2018 年，芳草街街道投入约 700 万元对辖区神仙园、蓓蕾东巷 1 号院、蓓蕾东巷 2 号院，共 3 个老旧院落实施改造（见图 8-10、图 8-11、图 8-12、图 8-13）。为彻底改善院落环境，在院落改造需求征集过程中，充分发挥街办、社区以及院委会的力量，由蓓蕾社区主导，
>
> 图 8-10　蓓蕾东巷 1、2 号院大门改造前后对比
>
> 2 个院落的院委会共同努力，通过召开坝坝会、入户宣传、组建微信群

等形式，广泛征求院落居民意见，对不同意合并院落的居民逐户做通工作，通过近5个月的努力，让2个院落的大部分居民对"拆墙并院"有了新的认识，逐步形成统一意见，并积极参与和配合到院落改造中来。最后，通过拆墙并院，从地面到立面对院落进行了全面改造，重新合理调整绿化带，增设机动车停车位，利用原两院落中间巷道空间设置非机动车停车棚。

在硬件改造方面，蓓蕾东巷1、2号院院落自治组织在2017年积极向街道提出改造申请，经街道相关科室的严格审核及街道财政安排，将该院落纳入了街道2018年老旧院落改造点位。由社区组织，办事处相关科室、院落居民、设计公司参加，就改造项目及改造方案召开多次听证会，经与院落居民反复商议确定了改造内容及设计方案，并在院内进行公示。该院落改造内容有：外立面贴砖、安装雨棚、防护栏更换、楼道粉刷、绿化带改造、非机动车棚改造、门卫室改造、大门改造、铺设沥青路面、新建垃圾池、增设大门门禁系统、安装物防设施、自来水户表改造、天然气排危改造等，共投入资金约300万元。工程于2018年5月进场施工，2018年8月底完工。

在软件改造方面，改造后环境品质明显提升，秩序明显改善。两个院落改造后连成一个整体，院落空间变得宽敞明亮，绿化景观亮丽，既满足小区居民对绿化景观的需求，也规范了机动车、非机动车停放。

图8-11 蓓蕾东巷1、2号院墙面改造前后对比

两个院落院委会等自治组织也进行了整合，分工明确、通力协作，制定了居民公约，院落明显区域设置了院落公开栏，定期对院务进行公开，管理也更加规范有序，促进院落自治管理长效机制建设。居民满意度得到大幅提升，很多将房屋出租的业主也搬回了院落居住。

图 8-12　增设垃圾投放处

图 8-13　改造后的水电气表设施

案例：金牛区抚琴街道西南街社区老旧小区

抚琴街道西南街社区属于金牛区2020年老旧小区改造计划，涉及改造区域共14个院落，包括6条区间道路、4个游园改造、2个社区公共配套中心。改造总投资3728万元，以政府出资为主、辖区企业和居民自筹为辅。抚琴西南街践行公园城市理念，打破老旧院落"就院改院"的固有思维定势，按照"整体谋划、片区实施、因地制宜、创新管理"工作思路，引入成都文旅集团进行专业打造和运营，连片推动院内院外老旧城区改造，陆续打造了乒乓园、杏园、邻里会客厅等多个社区活动空间，集文化、娱乐、健身、休闲等多个功能为一体，居民活动空间得到极大的扩展。结合消费新场景的植入，居民的获得感、幸福感和认同感也随之增强。（见图8-14、图8-15、图8-16、图8-17、图8-18、图8-19、图8-20、图8-21、图8-22、图8-23、图8-24）

图8-14 抚琴西南街社区休闲生活地图

图 8-15　抚琴西南街社区商业街

图 8-16　抚琴西南街社区街巷小景 1

图 8-17　抚琴西南街社区街巷小景 2

图 8-18　抚琴西南街社区老旧小区院落改造实景

图 8-19　抚琴西南街社区杏园 1

图 8-20　抚琴西南街社区杏园 2

图 8-21　抚琴西南街社区抚琴生机实景 1

图 8-22　抚琴西南街社区抚琴生机实景 2

图 8-23　抚琴西南街社区邻里会客厅

图 8-24　抚琴西南街社区幸福生活馆

第三节
公园城市历史文化保护与传承

　　成都是长江上游的文明起源地，素有"天府之国"之美称，凝聚了田园农耕、兴文重教、商贸往来、开拓创新等文化特征，一直处于西南地区的政治经济文化中心地位，是中国城址未变、城名未改、延续至今的最古老城市之一，于 1982 年被国务院公布为首批历史文化名城。"十三五"时期，成都市将历史文化保护传承与公园城市建设有机融合，充分挖掘自然和历史文化资源，加强历史建筑、工业遗产等整体保护与活化利用，在宏观层面加强对天府锦城文化体系的保护与展示，通过推进住房城乡建设部和四川省住建厅省级历史建筑保护利用试点工作，认定公布 18 批 314 处历史建筑，积极推进修缮利用，完成 28 个修缮项目，推出 31 余处活化利用项目。全市历史文化资源得到有效保护，全部纳入历史文化保护"一张图"管理，中心城区划定历史文化保护线面积共 10.01 平方公里，紫线管控范围由中心城区、城市地区拓展到全域城乡，管控力度增强。新增 1 个中国历史文化名镇、5 个市级历史文化名村、71 个传统村落，古镇古村落保护格局初步形成。实施天府锦城"八街九坊十景"项目，高标准打造"一环路市井生活圈"，与天府锦城、锦江公园融合联动，整体营造可进入、可体验、可消费的市井生活场景。在微观层面结合历史城区更新增设小微绿地，以促进自然环境与城市布局的充分交融，绘就锦绣天府新画卷，为成都市建设世界文化名城奠定坚实基础。

一　构建天府锦城保护与展示体系

为塑造"公园城市"历史城区建设篇章，建设"三城三都"，打造高品质生活场景和旅游消费场景，成都市依托深厚文化本底，结合成都历史文化资源分布现状并考虑规划管理便捷与高效，依据资源空间特性和文化价值重要程度，构建分层次＋分等级＋分类别的保护体系。依据文化资源空间分布特征划定市域、中心城区和历史三个保护层次，明确空间层次保护重点。考虑资源文化价值重要程度、规划管理高效等因素，划定法定保护、登录保护与规划控制三大管控层级。分类别保护是指依据资源空间特性与文化特征划分为历史文化街区、地下文物埋藏区、文物保护单位、历史建筑、世界遗产和预备名单、不可移动文物、非物质文化遗产、古树名木、大遗址、历史文化风貌片区、传统村落、特色风貌街道、工业遗产、历史地名、历史名人、自然山水格局、格局与肌理、川西林盘、城市传统中轴线、历史文化廊道、历史水系、空间尺度、特色风貌片区等要素。通过不同类型资源的分析研究，更专业、更科学、更针对性地保护历史文化遗存。

天府锦城是成都历史城区所在，历史内涵丰富，时间跨度悠久，历经两千多年的空间格局演变，成为当代成都文化资源最密集、景点最精华、生活最原真的区域。为系统梳理天府锦城的文化脉络与资源特色，凸显"三城相重"历史格局，强化老城街巷、道路格局和历史文脉保护，以新的展

第八章
推进公园城市活力有机更新

示体系整合分散的资源，支撑"三城三都"建设，成都市重点推进天府锦城"八街九坊十景"的保护与展示体系构建，按照街、坊、景分类分级推进天府锦城的历史保护、功能业态植入、景观提升、交通改造等工作。一是识别和保护明清一代保存尚好的街巷空间，将现状资源富集、文化内涵丰富、空间尺度宜人的若干条街道组合形成的街区（巷区）进行重点打造与展示，进一步强化其特色与活力，传承成都城市文化。二是针对天府锦城内资源富集且展示价值较高的里、坊、坝区域，梳理历史格局、恢复其历史名称，形成差异发展、产业高端的特色片区。三是结合公园城市建设更新街和坊，强化历史上的名胜景点，凸显天府文化特色。四是以锦江绿道为骨架，结合轨道交通站点，由慢行系统向内部渗透，形成串联"八街九坊十景"的慢行体系。

"八街九坊十景"具体区域包括寻香道街区、宽窄巷街区、枣子巷街区、祠堂街区、春熙路街区、华兴街区、四圣祠街区、耿家巷街区、水井坊、文殊坊、大慈坊、望江坊、青羊宫、杜甫草堂、皇城遗址、武侯祠等地。（见图 8-25）

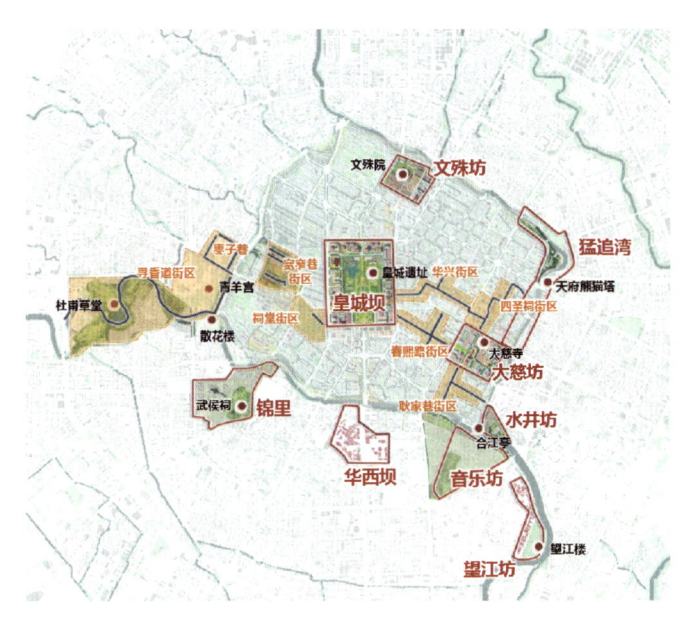

图 8-25 成都市天府锦城"八街九坊十巷"的保护与展示体系

》案例：寻香道

寻香道是天府锦城"八街九坊十景"的规划项目之一，起于蜀都大道十二桥，止于二环路清水河大桥，串联了青羊宫、杜甫草堂、散花楼、锦江公园等重要城市景观节点，是青羊区市井生活圈的重要体现（见图8-26、图8-27、图8-28）。该区域曾经一度存在较为严重的环境问题，包括滨河道路连接中断、绿化连接中断、开敞空间缺乏、沿岸景观风貌杂乱、河道不贯通、水面被遮盖、局部断流等问题。基于2017年西郊河综合改造，在公园城市的引领下，启动寻香道有机更新，以游线串联聚合碎片化节点，整体与枣子巷、宽窄巷子、皇城坝形成了体验民俗、道家、诗歌等多元文化的少城寻香游线体系。重点从提升景观环境与产业功能两方面着手，一是沿原锦江绿道采用以点带面的微更新方式，推进了景观提升、公服设施配套、智慧城市和夜景照明提升工程，塑造天府文化核心发源地并产业植入，实现"二十里香不断"和城市文化名片的塑造；二是围绕"香文化"产

图8-26 青羊区寻香道沿河景观

业业态，依托十数文化历史主题，构建"一道五香十八景"新场域，弘扬天府文化，构建天府新文博产业生态链，将文化公园、百花潭公园、青羊宫等景点打开，整体打造，实现不同文化消费、休闲旅游场景的融合。

图 8-27　青羊区寻香道文化微景观"江雪舟"实景

图 8-28　青羊区寻香道芳邻路更新前后对比

二　增加历史城区小游园微绿地

成都市历史城区北至饮马河、府河，南至一环路、科华街，西至二环路，东至锦江，即在唐罗城至清大城"两江抱城"区域基础上，将青羊宫、杜甫草堂、武侯祠、华西坝、望江等历史文化风貌片区及周边区域纳入，形成"两江环抱，三城相重，两轴一心，多苑环抱"格局，总面积24.66平方公里。

在公园城市建设背景下，为提升整体生活品质，成都市鼓励在历史城区内有条件区域，加快绿道建设，增加小游园微绿地，增强整体格局感知。降低两江两侧历史文化街区、历史文化风貌片区与环城滨河绿地之间区域的建筑密度，凸显历史城区格局疏朗有致、透风见绿的整体形态。结合城市有机更新，同步完善历史城区内居民生活配套设施，在有条件的区域增加生活服务配套，尽可能提升生活品质，满足历史城区内居民对美好生活的向往。如在少城历史文化街区内，以宽窄巷子为核心，保持街区内常住人口规模，根据居民需求和历史资源现状情况，结合公园城市有机更新导则、历史文化名城保护规划、控制性详细规划等指引，优化公共服务设施布局，新增居民健身设施、机动车地下停车场（库）和公园绿地。

> **案例：水井坊历史文化街区小游园**
>
> 水井坊是中国现存最古老的酿酒作坊，承载中华传统酒文化的精髓，是成都水文化重要节点，也是交子文化的发源地。该历史文化街区以水井坊博物馆为核心，保存了川西民居特色的百年古街道，具有较高的史学、文化、艺术价值。成都市通过对街区格局、高度、风貌的整体保护和管控，结合公园城市更新设计指引，以水井坊博物馆为核心，在周边重要街道和节点设置临街小型花园绿地、标志灯、酒幌子、栅栏等设施，采用体现酒文化和水码头文化的街道家具及环境设施，促进片区文态、业态、形态相互融合。（见图8-29、图8-30）

图 8-29　水井坊博物馆

图 8-30　由露天停车场更新而成的水井坊小游园

第四节
转化"剩余空间"为"金角银边"

成都市将"从'剩余空间'到'金角银边'"作为体现精致营城、创造城市精细的重要载体，以适应特大城市内涵式发展的时代要求，充分挖掘城市空间价值，探索更加精细的空间治理方式，支撑公园城市示范区建设，贯彻人性尺度的设计理念，实现生活空间的连续美好体验，营造更加优质的城市环境。

一　重识"剩余空间"

成都市将位于城市建成区中，容易被忽视、未被充分利用、缺乏合理规划设计引导的空间界定为"剩余空间"，旨在通过一系列更新设计引导剩余空间的激活与利用，推动多部门形成良好组织工作模式，提出政策保障与激励措施，促进社会公众广泛参与，提升人民幸福感与获得感。基于空间类型划分的学术研究和实践对象的梳理归纳，成都市将"剩余空间"细分为7大类（桥下空间、街旁空间、地下空间、基础设施周边空间、屋顶空间、滨河空间、低效用地）和18小类。（见表8-1）

表8-1　成都市"剩余空间"的分类和定义

大类	小类	定义
桥下空间	高架桥下空间	在高架桥、跨线桥下未被充分利用的空间
	立交桥下空间	立交匝道之间未被充分利用的空间
	路基隧洞	贯穿高速路路基、空间品质较低的隧洞
街旁空间	街角地块	由于用地不规整等原因产生的、位于街道两侧的未充分利用地块
	建筑退距空间	未被充分利用的建筑退距空间
	道路交叉口	道路切角过大，可以进一步挖潜利用的道路交叉口

续表

大类	小类	定义
地下空间	地下过街通道	空间品质不高的地下过街通道
	单建式人防工程	功能复合利用潜力较大、现状利用状况不佳的单建式人防工程
基础设施周边空间	铁路两侧空间	位于路堤式铁路两侧，景观、功能与周边环境缺乏融合的空间
	邻避设施周边空间	由于垃圾转运站、变电站、污水处理厂等设施的邻避效应而未被充分利用的空间
	人行天桥空间	位于重点区域但景观形象效果不好的人行天桥空间
屋顶空间	公共建筑屋顶空间	具备挖潜利用条件但未被充分利用的文体类、商业商务类公共建筑的屋顶空间
	车辆段上盖空间	现状已建成但未进行上盖一体化综合开发的车辆段的上盖空间
滨河空间	主要河道两岸空间	位于城市主要河道两侧，未被合理利用设计的滨河带状公共绿地、点状广场空间
	一般河渠两岸空间	位于城市一般河渠两侧，未被合理利用设计的滨河带状公共绿地、点状广场空间
低效用地	短期暂不开发土地	景观品质较差、维护状态较差的短期暂不开发土地
	低效工业仓储	与规划不符，或产业门类低端，或产出效率不高的工业与仓储物流用地
	低效商业	城市中需调迁的商品市场、空置率高的商务办公楼、经营不佳的零售商业用地

二 打造"金角银边"

按照"主体功能优先、强调公共属性、轻量更新设计、激活空间价值、协调渐进推动"5大更新原则，成都市强调"金角银边"与城市景观体系、功能体系、价值体系的相互融合，突出"左右协同＋社会联动"的共同营造与"更新指引＋新建指引"的共同发力。通过精细化、高质量的景观设计，鼓励艺术介入，建设明亮、多彩、积极、宜人的"金角银边"，创造丰富的口袋公园、体育运动设施、文化活动场地、点式生活服务设施等交往空间，打造持续自发更新的"种子空间""文化磁极""人气磁极"。对于部分具有一定商业潜力的"金角银边"，鼓励挖掘商业价值，打造创意性、特色化、品牌化的消费场景，促进可持续运维。

> **案例：从"灰色高架桥"到"绿色运动场"**
>
> 　　成华区府青运动空间位于二环路刃具立交至青龙场立交高架桥下，全长约1000米，平均宽度约18米、总面积约1.8万平方米。更新前，高架多年横置道路中央，桥下空间是一片灰色水泥地，车辆乱停乱放、交通混乱、杂物乱堆、卫生死角等问题突出。区城市更新局、府青路街道在充分听取周边市民意见，组织专业团队多次实地勘察分析桥下空间现状后，因地制宜设计制定了高架桥下成华府青运动空间打造计划。更新后，1公里的桥下空间变为"游乐场"，打造了15处运动休闲场所，包括篮球场、足球场、滑板区、极限自行车滑板区、街舞轮滑区、乒乓球场、羽毛球场和儿童游乐区，运动空间外侧增设安全栏杆、标志标牌，两侧道路新增红绿灯、限行标志，充分保障片区交通安全，满足各年龄段人群运动休闲需要。下一步，该场所将植入主题光影秀、智能互动设施等，增强场地的地域性、标示性和智慧性。（见图8-31、图8-32）
>
> 图8-31　成华区府青运动空间实景1

图 8-32　成华区府青运动空间实景 2

》案例：从垃圾堆放点到温暖"会客厅"

高新区垃圾堆放点位于蓓蕾社区白云街 43 号，面积 27 平方米，周边配有 60 平方米的小广场。更新前，该点位曾是环卫工人用于存放工具及临时堆放垃圾的边角地，周边清洁车辆也停放于此，受垃圾异味影响，周边一楼居民曾被迫封闭临街窗台，每年投诉不断。更新后，前垃圾堆放点变为"咖啡馆+啤酒馆"，是一座采用川西民居屋顶的粉蓝相间玻璃小屋，与老成都片区融为一体。按照政府主导、市场主体、商业化逻辑，芳草街街道办事处引进社会企业参与街区营造，将该公共资源经专业评估后，租赁给成都本土精酿啤酒生产商"牛啤堂"，由企业独自出资改造为商业节点，降低了政府投入，有效改善街区空间，增加街区绿化。近期，牛啤堂会客厅外的小广场已组织开展多次社区宠物集市活动，搭建宠物主人与专业饲养员的互动交流平台，已有 20 余人参与其中，未来将继续筹办类似活动，以培养友好邻里氛围、丰富市民生活，打造优雅时尚的消费新场景。（见图 8-33、图 8-34）

图 8-33　蓓蕾社区垃圾堆放点改造后实景 1

图 8-34　蓓蕾社区垃圾堆放点改造后实景 2

第九章

创新公园城市场景营造新模式

党的十九大报告指出："中国特色社会主义进入新时代，经济由高速增长阶段转向高质量发展阶段。"立足新发展阶段，包括成都在内的中国诸多大城市进入以后工业社会为主要特征的城镇化下半场，知识经济、消费经济逐步超越生产经济。创造高品质生活、吸引创新人群聚集、促进新旧动能转换既是顺应城市发展规律的主要挑战，又是在新一轮城市竞争中赢得优势的重要抓手。

但是，先前工业生产导向的城市建设模式与高品质生活存在结构性矛盾，工业文明时代城市发展带来的"大城市病"制约着对人民美好生活需要和消费体验的满足。成都市在公园城市建设实践过程中，面临"生产生活生态融合不够，人口结构优化进程缓慢"的现实挑战，主动推进后工业转型背景下的营城范式创新探索，将公园城市理念与场景理论相结合，开展了以全域公园化为主要措施，以生态、形态、仪态、业态和活态"五态协同"为基本方法的公园城市场景营造机制探索。在"公园＋"和"＋公园"两类典型模式的基础上，充分结合当地代表性资源，进一步细化为山水生态、天府绿道、乡村郊野、城市街区、人文成都、产业社区六类公园城市场景营造特色模式，并开展相关规划建设实践。对后工业转型目标下的城市高质量可持续发展具有一定的示范意义。

第一节

基于场景理论的公园城市建设模式创新

一 场景理论的产生：支撑后工业社会城市转型发展

社会发展经典理论认为，土地、劳动力和资金等生产要素是工业社会背景下城市发展和经济增长的主要驱动力，即"城市作为增长机器"的发展模式。随着欧美发达国家各大城市面临经济社会后工业转型，由生产要素主导驱动的城市逐步显现出传统发展动力衰退、新旧动能接续转换不畅等问题。

后工业社会是由知识经济主导的发展阶段，生产从劳动密集型向知识密集型升级，但更重要的是，高品质生活和消费经济也对城市发展产生深远影响，形成了"城市作为娱乐机器"新模式。也就是说，除了创新化的生产之外，与创新人群相适应的品质化消费也成为城市发展和经济增长的新动能，消费和生产共同驱动后工业社会城市发展。因此，吸引创新人群聚集并满足其新经济、新消费的生产生活需求，进而使其作为城市发展创新的主要驱动力，是后工业社会营城范式创新的核心目标。

针对后工业社会城市发展动力机制问题，芝加哥学派开展了长达30余年的研究。从1982年的"财政紧缩与城市更新项目"开始，芝加哥学派先后对多个城市展开调查研究，并于2010年后提出场景理论，将后工业社会以消费为基础的城市转型发展新动力现象整合为场景概念。场景理论不仅认识到消费成为超越生产的城市发展动能，还明确提出场景是物质空间环境承载的高品质消费生活体验与文化艺术活动集合。特定物质空间环境所蕴含的文化价值，有利于促进相契合的创新人群价值观的表达与实现，因此丰富多元的场景可以聚集不同的创新人群。

因此，在经典的生产理论基础上，场景理论诠释了消费引导创新人群聚集进而驱动后工业社会城市转型发展的动力机制，兼顾驱动城市发展的物质要素和非物质要素，是一种将消费活动现象、物质空间载体和创新人群价值观有机组合的方法。

二 场景营造的内涵：场景作为城市转型发展新动能

场景理论的主要内容是倡导供给多元舒适设施组合而成的系统，形成吸引不同创新人群、承载多元消费的混合体。舒适设施系统既包括山水林田湖草等自然风景类设施，也包括文化、体育、娱乐等城乡建设类设施。

具有一定文化象征舒适设施系统，吸引相关价值取向的创新人群，承载相关精神内涵的消费活动的发生，并为参与其中的消费人群带来愉悦体验。场景是市民生产生活情景和各类城市事件发生的整体，所以舒适设施在场景中也并非孤立，而是呈现系统组合的物质形态，不同设施形成整体的消费体验、产生联动的价值实现，进而驱动城市发展。

场景营造即将场景作为驱动城市转型发展的新的内生动力，强调以舒适设施系统营建为抓手，吸引创新人群及相关要素聚集，激发创新活力、拉动消费增长，促进后工业社会背景下城市发展的新旧动能转换。20世纪90年代以来，欧美国家诸多重工业城市通过消费、科技创新和文化创意导向公共政策的实施，营建自然风景与城乡建设兼具的舒适设施系统，实现了创新人群聚集和较高经济增长。因此，场景营造是对全世界诸多城市后工业转型发展的模式与路径总结。

三 场景营造的意义：响应新时代发展导向的新范式

党的十九大报告指出："我国社会主要矛盾已经转化为人民日益增长的美好生活需要和不平衡不充分的发展之间的矛盾。"联合国"人居三"大会也提出"所有人的城市""开发以人为本的城市和乡村"等发展思想，强调更注重人的感受和需求,"人民对美好生活的向往"已经成为新时代城市发展建设的目标。后工业转型背景下城镇化战略方向是以人为核心的城镇化。

场景营造新模式创新践行了以人民为中心的发展逻辑,响应了从"产、城、人"向"人、城、产"的城镇化模式转变,顺应了从"工业逻辑"到"人本逻辑"、从"生产导向"到"生活导向"的城市转型发展规律,通过塑造后工业社会背景下消费导向的"时间、空间、人物、事件"组合,促进生活、生态和生产等多重价值实现。在生活方面,场景营造着眼于供给超越单一产品或服务的个性化、高品质消费体验活动,满足人的情感和精神需求。在生态方面,场景营造着眼于将人与自然要素集成为"人与自然和谐共生"的生态产品,探索"生态产业化"和"产业生态化"的绿色发展路径;在生产方面,场景营造着眼于激发创新思维、带动消费活力,从而促进产业链向两端延伸,开创双循环发展新格局。

场景营造新模式创新响应了"三新一高"总体要求,践行了公园城市理念、顺应了城镇化下半场和后工业转型一般规律,体现了高质量发展、高品质生活、高效能治理的导向,提供了制定公共政策的新思路、新启示。

第二节
公园城市场景营造新模式的机制探索

一 公园城市场景:公园城市特色营城抓手

由成都市委、市政府统筹,成都市多部门持续组织推进消费场景、社区场景、新经济场景、生活场景等多元体系的公园城市场景营造探索,以城市品质提升满足人民美好生活需要。其中,消费场景直接回应了"培育新消费"的目标。2020年，成都发布地标商圈潮购、特色街区雅集、熊猫野趣度假、公园生态游憩、体育健康脉动、文艺风尚品鉴、社区邻里生活和未来时光沉浸八大消费场景。2021年，成都发布包括"八大示范性消费场景"与"十大特色消费新场景"的"城市消费场景地图"，进一步优化消费生活体验。成都还将场景营造应用于社区发展治理领域，针对城镇、产业和乡村三类社区的发展治理提出服务、文化、生态、空间、产业、共治、智慧"七大社区场景"，提升就学、养老、社区交往、休闲娱乐等多方面生活服务水平。

场景营造作为成都公园城市建设发展的特色抓手，充分结合六类具有典型性、代表性、普遍性的空间和资源，开展山水生态、天府绿道、乡村郊野、城市街区、人文成都、产业社区六类公园城市场景营造实践探索。围绕人的需求，从"空间建造"转变为"场景营建"，嵌入舒适设施系统，融入丰富多元的消费功能与活动。

作为公园城市理念指导下成都创新营城范式的特色路径，公园城市场景营造，强调公园等园林绿化和生态要素作为舒适设施系统的重要组成部分，及其承载消费经济和创新经济的重要作用，通过全域公园化的主要措施，落实从"城市中建公园"转变为"公园中建城市"的营城理念，积极践行习近平总书记提出的"一个城市的预期就是整个城市就是一个大公园，老百姓走出来就像在自己家里的花园一样"的公园城市相关要求。

二 "五态协同"：公园城市场景营造的基本方法

成都公园城市场景营造新模式，统筹考虑了城镇化下半场高质量发展导向的城市空间组织、后工业社会背景下绿色发展导向的新动能和人本发展导向的新消费，体现了生态、形态、仪态、业态和活态"五态协同"的公园城市场景营造的基本方法。（见图9-1）

生态是公园城市场景营造的优势，强调提高生态效益，包括生态系统保护、生态景观保护等要点。形态是基础，强调优化空间格局，包括城绿融合布局、城绿界面渗透等要点。仪态是品质，强调特色风貌营造、人居环境提升等要点。业态是关键，强调新兴业态培育、业态匹配逻辑等要点。活态是根本，强调消费体验引导、休闲活动组织等要点。"五态协同"的公园城市场景营造基本方法，既着眼于生态、形态和仪态等公园城市场景营造在城乡与生态建设方面的时空环境基础，又着眼于业态和活态等功能与活动引导方面的人物关系和事件现象。"五态协同"的基本方法，体现了后工业转型背景下舒适设施系统承载高品质生活和消费体验，场景作为城市发展新动能的实现机制。

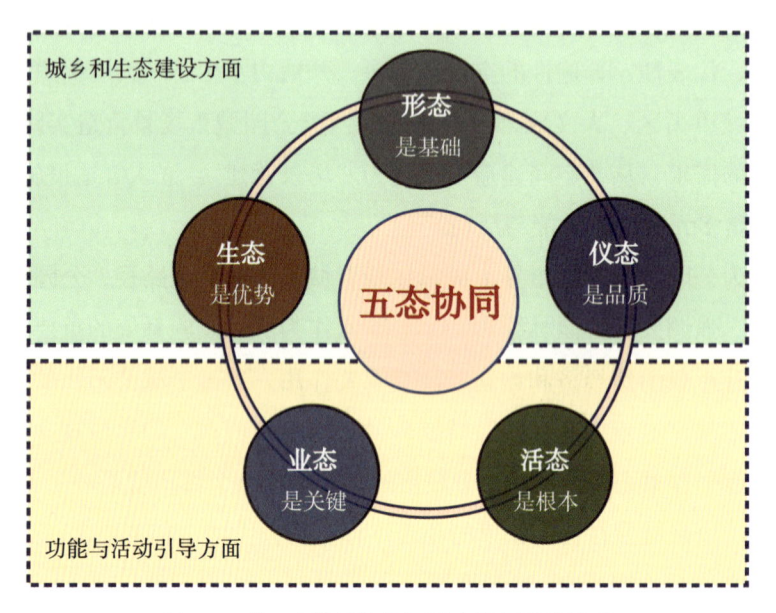

图 9-1 "五态协同"公园城市场景营造模式

三 "公园＋"和"＋公园"：公园城市场景营造的两大典型模式

成都将公园城市理念与场景理论相结合，提出了"公园＋"和"＋公园"两大典型模式，通过"五态协同"基本方法，实施全域公园化的公园城市场景营造措施。在"公园＋"和"＋公园"两大典型模式中，绿色生态空间和城市建设空间互为本底和植入设施。将生态产品与城市服务视为互相补益的舒适设施系统，体现了"城绿融合"的理念，避免了"城绿割裂""城绿矛盾"等传统城乡建设模式的弊端，体现了《成都市美丽宜居公园城市规划（2018—2035年）》提出的"公园形态与城市空间有机融合，生产生活生态空间相宜、自然经济社会人文相融"的公园城市内涵特征。

（一）"公园＋"的典型营造模式

"公园＋"即"公园或绿色生态空间本底＋城乡建设类舒适设施及其承载的相关业态功能和消费活动"，是山水生态、天府绿道、乡村郊野三类以绿色生态空间为本底的公园城市场景营造典型模式（见图9-2）。《成都市美丽宜居公园城市规划（2018—2035年）》提出，按照"可进入、可参与、景区化、景观化"的公园化要求，打造山水生态公园场景、天府绿道公园场景、乡村郊野公园场景。

传统的城乡公园和绿色生态空间强调生态保护和景观建设，但服务设施与功能单一的问题较为突出，生态经济发展、文化活动组织相对不足。因此，实现"公园＋"典型营造模式的"五态协同"，应致力于在各类公园和绿色生态空间融入文化、体育、旅游等丰富多元的城乡建设类舒适设施系统，在协调保护与发展关系的基础上，适度开展公共活动，培育新业态新消费，提高公园和绿色生态空间休闲游憩和消费体验的丰富度。

在生态与仪态方面，通过生态系统保护修复、大规模国土绿化、复垦复绿，充分发挥绿色生态空间在生态效益方面的优势，体现生态景观风貌特色与品质。

在形态方面，应科学规划布局绿环绿廊绿楔绿道，绿色生态空间内的服务设施建设应与点状供地、美丽乡村建设、土地综合整治等实施机制相结合，在低效建设用地腾退的基础上，盘活闲置资产，充分结合既有村镇，精细化供给新增建设用地，形成体系化的舒适设施系统。

在业态与活态方面，应致力于生态产业化的绿色发展路径探索，依托自然风景发展生态友好、绿色低碳的业态功能。

因此,"公园+"的场景营造典型模式突破了传统的城乡公园和绿色生态空间建设方式,践行了中央城市工作会议关于"城市工作要把创造优良人居环境作为中心目标,努力把城市建设成为人与人、人与自然和谐共处的美丽家园"的要求。

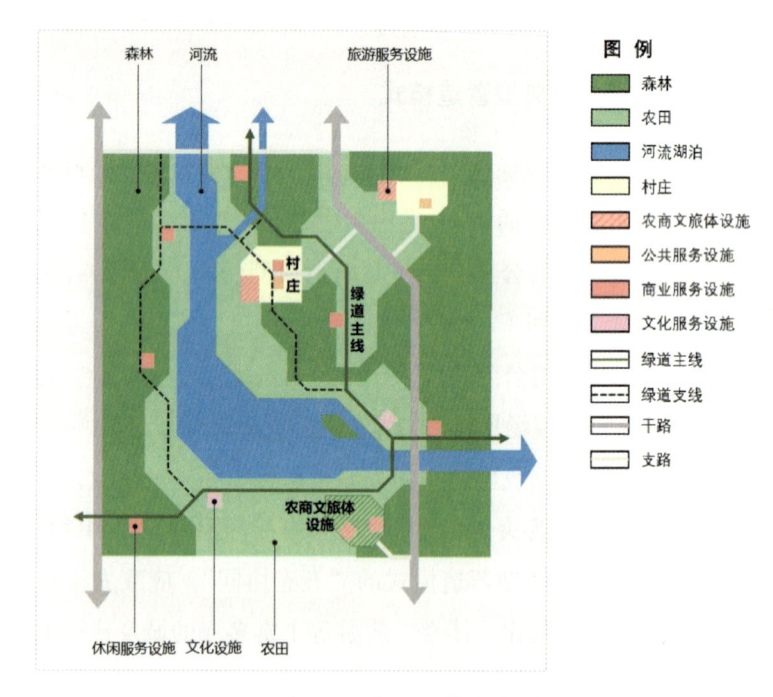

图 9-2 "公园+"场景营造典型模式

(二)"+公园"的典型营造模式

"+公园"即"各类城市功能区+自然风景类舒适设施及其承载的相关业态功能和消费活动",是城市街区、人文成都、产业社区三类以城市建设空间为本底的场景营造典型模式(见图 9-3)。《成都市美丽宜居公园城市规划(2018—2035年)》提出,将公园建设融入社区和产业功能区建设,打造城市街区公园场景、人文成都公园场景、产业社区公园场景。

传统的城市功能区强调建筑及其承载的产业和功能,但对于开放空间、绿色开敞空间系统化建设相对不足，反而在一定程度上限制了主导产业和主要功能的发展。因此，实现"＋公园"典型营造模式的"五态协同"，应致力于在居住、文化、产业等各类城市功能区融入园林绿化和生态要素，加强城市生态保护修复，优化生产生活功能布局，承载公共生活与休闲活动，促进创新经济、消费经济高质量发展。

在生态、形态与仪态方面，按照生态引领发展的模式、绿色基础设施的理念构建网络化的绿色生态空间，优化城市空间格局，提升生态系统服务功能，加强生态产品和绿色服务供给。

在业态与活态方面，应致力于产业生态化的绿色发展路径探索，依托绿色空间和开放空间体系，培育新消费新业态。

因此，"＋公园"的场景营造典型模式突破了传统的城市生产和生活功能区的建设与绿化方式，践行了中央城市工作会议关于"城市建设要以自然为美，把好山好水好风光融入城市""要大力开展生态修复，让城市再现绿水青山"等相关要求。

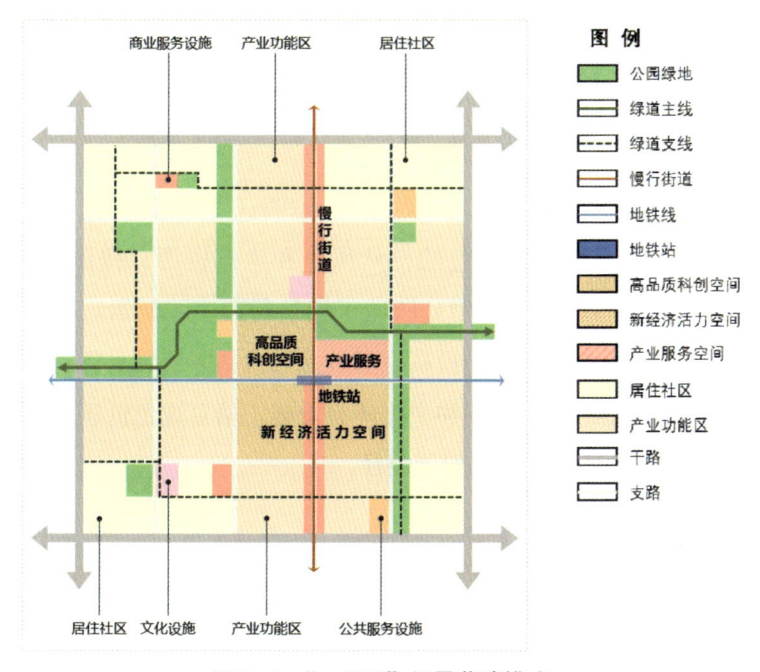

图 9-3 "＋公园"场景营造模式

第三节
公园城市场景营造的实践探索

成都充分结合在当地广泛分布并充分体现地域特色的空间与资源，通过全域公园化的主要措施，开展山水生态、天府绿道、乡村郊野、城市街区、人文成都、产业社区六类公园场景营造实践探索。山水生态、天府绿道、乡村郊野三类主要位于环城生态区、生态绿隔区、龙泉山和龙门山等以绿色生态空间为本底的地区，主要采用"公园＋"的典型模式。城市街区、人文成都、产业社区等三类涵盖了更新和新建的以城市建设空间为本底的各类功能区，主要采用"＋公园"的典型模式。

一 山水生态型公园城市场景营造特色模式

（一）内涵特质

重点依托"两山"（龙门山、龙泉山）"两江"（岷江和沱江水系）的雪山、森林、河流等地域特色的自然风景和生态资源，按照"公园＋"的典型模式，开展山水生态型公园城市场景营造实践探索。以生态屏障和生态本底保护修复为基础，提高生态效益和生物多样性，优化生态产品供给，适度植入点状休闲服务和文化体验设施，培育绿色低碳的生态型产业，探索生态价值转化的绿色发展路径。

（二）营造要点

在生态和仪态方面，山水生态型公园城市场景强调筑牢生态空间本底、提高生态系统质量，充分发挥生态效益优势、优化生态景观风貌。着力推进山水林田湖草系统保护修复，提高生物多样性。在龙门山地区，构建以大熊猫国家公园为主体的自然保护地体系，筑牢生态安全屏障。在龙泉山地区，加强以生态保护为导向的土地综合整治，恢复生态景观风貌。

例如，位于龙门山脉的彭州湔江河谷是大熊猫国家公园的重要组成部分和成都西部重要的休闲旅游区，超过4000米的海拔跨度形成了阶梯过渡地带典型的高山自然风景，还拥有丹霞地貌、古冰川遗迹等独特地质景观。彭州湔江河谷大力推进河流水环境治理，保护修复湿地、温泉、瀑布等特色水系资源；通过森林抚育建设，加强泥石流等地质灾害的生态治理；进而提高阶梯过渡地带的高山河谷生态系统质量和稳定性，强化"立体山水"生态景观风貌，形成以河谷为轴线的发展格局。（见图9-4）

图9-4 彭州湔江河谷鱼凫湿地

图片来源：https://aerial.scol.com.cn/tp/202007/57853348.html。

在空间布局形态方面，依托优质特色的风景资源，结合村镇更新改造和绿道、自然公园修复建设，集约高效点状建设服务设施系统。湔江河谷还推进大熊猫国家公园入口社区建设，并充分利用闲置集体土地和房屋建设主题博物馆、精品民宿等服务设施（见图9-5），塑造特色突出、协同互补的功能体系和休闲体验。

图 9-5　彭州湔江河谷民宿

图片来源：https://www.163.com/dy/article/G8S4JTDO05509Y9P.html。

在业态和活态方面，发展以生态旅游、文化旅游为特色的休闲体验，功能与活动引导应准确落实保护与利用的差异化导向。以生态保护为导向的区域顺应了成都正在兴起的生态旅游趋势。例如，邛崃天台山因其独特的台地地貌、生态环境和气候条件，成为亚洲最大的生态萤火虫观赏地、全球八大萤火虫观赏地之一。目前已发现20余种萤火虫，从山脚到山顶

图 9-6　邛崃天台山萤火虫生态旅游体验

图片来源：https://photo.weibo.com/1293551420/wbphotos/large/mid/4634108153825057/pid/4d1a073cly1gq9h2pzf6vj21910u0tii。

· 178 ·

各个品种的萤火虫在不同海拔区域交替出现，一年中的5个观赏高峰期从4月底一直持续到12月初。2021年五一假期，天台山迎来了当年第一波萤火虫观赏季，低海拔的肖家湾如期呈现萤火虫漫天飞舞的风景。同时，也着力营建萤火虫研究院、萤火虫保护繁育中心、萤火虫研学基地等，打造天台山萤火虫生态旅游的特色品牌。（见图9-6）

每年春秋两季，猛禽在季节性迁徙过程中都会在龙泉山过境栖息，是观赏猛禽的绝佳地点。随着龙泉山城市森林公园的生态修复，截至2021年5月23日，成都观鸟会联合成都乡野走廊共监测到12159只猛禽。龙泉山生态观鸟已成为热门的家庭亲子与摄影活动。

以保护利用为导向的山水生态型公园城市场景营造实践应侧重于满足多元消费需求，围绕特定人群，适度发展个性化体验内容，培育博览交流、特色民宿、森林康养、人文体验等新业态新消费。例如，彭州湔江河谷推出共享菜地、共享厨房等体验服务，满足城市居民对农村生活的向往；建设川剧文博中心、钻石音乐厅等文化设施，满足艺术研讨和学术交流需求；引入精品民宿、名家讲座、文化演艺、国际赛事等业态，为高端客群、专业人士提供深度度假体验；打造四季景观、滨水露营、亲子体验、高山徒步、极限运动等定制化体验服务。湔江河谷还围绕民宿、音乐、戏剧文博、牡丹文化等主导业态积极开展特色体验活动，结合民宿核心区域"柒村"开展的"龙门山·柒村"乡村文创生活节再现了宋代窑炉工劳动盛况，通过组织现场品瓷、瓷器收藏等现场活动，传播传统陶瓷文化，助推民宿业、陶瓷业的行业交流与发展。

（三）示范意义

山水风景资源富集的地区，往往伴随着生态环境保护和经济社会绿色发展转型的双重压力。成都山水生态型公园城市场景营造实践，进行了生态系统保护方式、生态保护利用关系协调、旅游服务设施建设模式、面向城市的生态型休闲业态和消费活动培育等发展建设探索，具有一定示范推广意义。

二 乡村郊野型公园城市场景营造特色模式

（一）内涵特质

重点依托城市绿化隔离地区、都江堰灌区、东部丘陵地区的村镇林盘、水湿林田自然资源和农业产业资源，按照"公园+"的典型模式，开展乡村郊野公园场景营造实践探索。以平原灌区等郊野农林地区的森林生态建设、水系湿地生态修复为基础，改造提升特色镇和美丽乡村，践行农商文旅体融合发展模式，培育现代化、生态型、城市型田园经济，促进乡村振兴和国家城乡融合发展试验区建设。

（二）营造要点

在生态修复建设、布局形态优化和景观风貌提升方面，通过林盘、田园和郊野公园生态修复，提高乡村郊野地区的生态韧性；推进特色镇、美丽乡村建设改造，集约有序布局组团化、小型化休闲服务设施；保护地域乡土风景资源，强化林田交织的郊野风貌特色。郫都区青杠树村位于成都西北二绕以内的近郊区、六大生态绿隔区之一的都彭生态区内，是都江柏条河之间，利用三面环水的自然地貌优势，整合村域范围内的森林、农堰精华灌区内的典型川西林盘，被评选为2015年"全国十大最美乡村"、2019年度四川省实施乡村振兴战略工作示范村。青杠树村位于徐堰河与田、河流和湿地等自然生态要素，整体打造香草湖湿地公园。民宅建筑按川西民居风格协调一致，并组织了游客中心、码头、百货商店、农耕文化博览、农事体验等丰富完善的旅游服务设施，错落有致地掩映在林田中。总体形成茂林修竹、稻田葱郁、河渠纵横、湖光潋滟、鸥鹭翔集的乡村郊野风貌。（见图9-7）

图 9-7 青杠树村乡村民居

图片来源：http://www.chengdu.gov.cn/chengdu/home/2018-06/24/content_5c38dae752a941fe8f3787b38233599d.shtml。

在业态和活态等方面，围绕乡村振兴、城乡互动融合、要素双向对流的发展导向，面向城市居民休闲消费体验需求，以"农商文旅体"融合为主要模式，积极发展农事体验、农业博览、科技农业、户外运动、文化创意、健康养生等丰富多元、三产融合的田园经济。

锦江区三圣花乡是闻名全国的"五朵金花"，是著名的统筹城乡示范项目、全国社会主义新农村建设典范和首批全国农业旅游示范点（见图9-8）。面对功能传统单一、消费水平偏低等限制持续发展的突出问题，三圣花乡深入推进转型升级，将传统农家乐等低端休闲餐饮升级为高端商贸、

图 9-8 三圣花乡精品民宿

图片来源：https://www.zhihu.com/question/65360144/answer/232316115。

总部办公、精品民宿、文化创意等高能级业态和复合型功能的都市农业综合体。充分利用原有产业基础，打造美食文化产业创新区、新兴研学产业发展区、花卉文创产业融合区，并大力培育文创跨境电商、艺术时尚等特色新业态，形成了以新媒体、休闲体育、文化创意、科技体验、高端餐饮、精品民宿为主导，传统产业融合创新元素的各类新业态。

在活动体验方面，三圣花乡将传统的花市升级为沉浸式生活美学消费体验中心。打造花卉产业村落，借势新建花卉市场，引入花卉衍生产业、百花体验工坊、艺术花卉加工等功能。以茶道、香道、花道为主要内容，邀请对生活美学有深度研究的人士进行现场讲学、现场演示、现场互动，传播生活美学知识，传递生活美学理念，开展民艺复兴活动，营造集鉴赏、品鉴、体验、观摩于一体的沉浸式生活美学消费。三圣花乡还开展节会活动、艺术巡展等，打造一年四季、永不落幕的花乡节庆活动，组织舞狮、十二伎乐、杂技、川剧、变脸、国潮蜀韵汉服秀等表演，充分体现了天府文化特色和国际消费中心城市时尚，体现了"雅俗共赏、近悦远来、老少皆宜"的特点，兼顾了全龄、全季、全时段，兼顾了近郊游、自驾游、全家游，兼顾了传统文化底蕴和现代时尚品位。（见图9-9）

图9-9 三圣花乡生活美学空间

图片来源：https://www.163.com/dy/article/G8S4JTDO05509Y9P.html。

（三）示范意义

乡村郊野地区通常面临控制城市建设蔓延、城乡社会治理、林地和耕地保护、生态保护修复、乡村振兴和城乡统筹发展等多元问题。成都乡村郊野型公园城市场景营造实践，进行了生态系统保护修复、环境治理和土地综合整治、产业转型升级、乡村体验消费等发展建设探索，具有一定示范推广意义。

三 天府绿道型公园城市场景营造特色模式

（一）内涵特质

重点依托天府绿道系统及其沿线充分带动的公园绿地、林盘聚落等资源，按照"公园＋"的典型模式，开展天府绿道型公园城市场景营造实践探索。整合城乡绿色生态空间，提升生态韧性。高品质推进沿线公园绿地和公共空间建设，串联整合自然和文化资源要素。合理配置服务设施，引导沿线要素流动和节点聚集发展。提升公共生态产品供给水平，发挥生态休闲、文化消费、慢行交通、雨洪管理、户外运动、都市农业等多元功能。

（二）营造要点

在生态建设方面，依托城镇绿色开放空间、林盘聚落、河流湿地、郊野公园建设绿道公园网络，形成集中建设区之间结构性绿色空间，提高作为绿色基础设施的通风廊道、削峰防洪、扩大生境、固碳释氧等生态系统服务功能。

桂溪生态公园是绕城高速南侧500米宽环城生态区的一部分，也是锦城绿道串联的重要绿道公园之一，面积约1平方公里，紧邻成都市政府、交子金融中心和新国际会展中心，也被称为"成都版的纽约中央公园"。通过推进大尺度绿化，提升防尘治霾、通风降温和固碳释氧能力，降低周围城市建设片区的热岛效应。践行海绵城市的理念，采用透水铺装，设置渗透井、渗水边沟等调蓄设施，提升雨洪调蓄和水资源利用等综合生态效益。（见图9-10）

中和湿地公园即锦城绿道中和湿地段绕城高速外侧的绿色生态空间，位于紧邻桂溪生态公园的府河东岸。公园内水域阡陌纵横、河湖串联，通过组织湖泊、河渠、湿地、森林等生态景观要素，承担泄洪和流域治理的重要功能。（见图9-11）

图9-10 桂溪生态公园

图片来源：https://www.sohu.com/a/399983931_116237。

图9-11 中和湿地公园

图片来源：https://m.sohu.com/a/328583645_120237。

第九章
创新公园城市场景营造新模式

服务设施的空间布局保障了绿道公园场景中新消费新业态的发展。在绿道沿线植入多元消费体验设施，发展文博展演、文创体育、都市农业、户外运动等多元休闲服务功能，带动城市更新、促进新城新区高端创新要素聚集发展。

江滩公园是锦江沿线的以时尚运动为主题的绿道公园之一，按照"公园+"的模式，建设了四川最大的室外沙滩排球场、凡·高《星空》主题的热带风情无边界戏水池、专业滑板和自行车碗池运动场、皮划艇等特色户外休闲运动设施以及竞速单车、电竞足球等智慧体育设施，备受年轻体育爱好者欢迎。

锦城绿道同样在沿线均衡布局了绿道驿站及丰富多元的公共服务和特色服务设施。在桂溪生态公园内，植入篮球、足球、垒球、网球等62处体育运动设施和创意餐厅、家居体验等多元服务设施。2021年5月20日，桂溪生态公园婚姻登记处正式运行，将提供婚姻登记、颁证服务、婚姻家庭辅导服务、特色婚俗文化展示、小型集体婚礼庆典等服务。（见图9-12）

图9-12 桂溪生态公园婚姻登记处

图片来源：http://scnews.newssc.org/system/20210520/001176118.html。

2020年10月，成都天府绿道杯王者荣耀公园城市赛总决赛在桂溪生态公园开赛，是国内首个在户外公园举办的大型电竞赛事活动。游客市民可到现场"观战",体验赛事现场氛围,还可参加赛后电音派对和Cosplay狂欢等潮玩活动。2021年7月,成都雪花啤酒嘉年华开幕,将成都特色文化、潮流音乐文化、饮食文化与极限运动文化相融合,举办啤酒畅饮、极限运动、潮玩集市、互动游戏、音乐盛宴、户外露营等丰富活动体验。(见图9-13)

图9-13 桂溪生态公园雪花啤酒嘉年华

图片来源:成都日报,https://www.sohu.com/a/477941279_355475。

(三)示范意义

绿道建设是提高生态系统服务功能、整合绿色生态空间、培育新业态新消费、承载户外公共活动的重要契机。成都天府绿道型公园城市场景营造实践,进行了园林绿化和生态建设、完善服务设施、举办城市品牌活动与大事件等发展建设探索,具有一定的示范推广意义。

四 产业社区型公园城市场景营造特色模式

(一)内涵特质

重点依托成都高新技术产业开发区、经济技术开发区和中国西部(成都)科学城等科技创新和战略性新兴产业等功能区、高等院校和科研院所，按照"＋公园"的典型模式，开展产业社区型公园城市场景营造实践探索。高质量建设绿色开敞空间和公共空间体系，整合产业、居住及各类服务设施，构建与产业定位相匹配的高品质服务设施系统，吸引创新人才和要素集聚，支撑构建创新驱动的现代产业体系，落实"重要增长极和新的动力源"发展定位。

（二）营造要点

产业社区型公园城市场景营造强调绿色生态空间引领的布局结构，保留保护大尺度、结构性、区域性生态空间与要素，因地制宜开展城市生态修复和近自然生态景观营建，塑造高品质绿色开敞空间体系，保障区域生态环境承载力，在此基础上进行均衡适度的产业和城市功能建设。

双流区怡心湖片区是天府新区政策范围内以片区综合开发模式建设的综合型产业社区，充分尊重并保留自然地形，利用优化自然河流和农林风景资源，以绿色生态空间要素为引领，通过怡心湖、公兴湖两个景观核心和一条生态廊道构成整个片区的空间结构，均衡有序布局多个规模适宜的产业社区建设组团，总体形成了疏密有致的空间格局。

瞪羚谷位于成都高新技术产业开发区，是以网络视听和数字文创为主导的产业社区，在约4.6平方公里的范围内，保留了39%的生态用地占比，布局46%生活用地和15%生产用地。瞪羚谷重视生态保护修复与绿地系统构建，保留保护栏杆堰支渠和肖家河两条水系，实施沿线闲置用地生态修复和生态建设，构建水系绿链，形成蓝绿交织的空间脉络，与环城生态区锦城湖和锦城公园的绿色生态本底融为一体。以水系绿链为空间脉络，在沿线两侧逐步聚集新业态功能片区，形成"一园、两带、多片"生态为底的总体空间结构。同时，沿水系绿链建设的栏杆堰绿道，形成丰富的休闲游憩空间，建设艺术化与功能并重的便利服务、户外运动、文化活动、社区交流等设施与空间。（见图9-14）

图 9-14　瞪羚谷栏杆堰绿道

图片来源：https://new.qq.com/rain/a/20210807a07f5o00。

在业态和活态方面，顺应新经济形态发展需求，应践行从"产城人"到"人城产"的发展逻辑转变。推广服务设施完善、职住平衡的产城融合发展模式，构建定位明确、专业突出的产业配套和生活服务体系，促进创新人才聚集和产业生态圈构建。

瞪羚谷注重加强产业服务设施供给，提供人才服务、品牌服务、金融服务、公共技术平台、创业孵化全方位服务，优化产业布局，完善产业生态。爱奇艺潮流文化坊是集产业资源与文创体验于一体的产业服务平台，植入了《中国新说唱》《乐队的夏天》等知名 IP 和熊猫、盖碗茶等成都元素，为社区内创业企业提供直播服务、智能制作实验室、IP 生态公共服务、网络视听人才培训基地和版权保护等平台化服务。（见图 9-15）

瞪羚谷产业社区同样注重生活服务和消费体验。"铁像文旅环"是高新区将绿道慢行系统与文化消费功能相结合，打造的串联多个产业社区的环形城市公共生活和休闲消费空间。瞪羚谷产业社区内的栏杆堰、铁像寺水街（见图 9-16）是"铁像文旅环"上的重要节点。其中，铁像寺水街毗邻明代万历十八年（1590）间建址的铁像寺，南北流向的肖家河绵延贯穿，布局世界美食、艺术文化、戏剧音乐、民俗民风等多元文化休闲功能，是第四届非遗节重点推介的主题分会场。此外，瞪羚谷产业社区内部还规划建设了世界著名建筑大师设计的文化艺术中心等地标性文旅休闲消费设施，建设了与公园深度融合的无围墙住区，以及 TOD 站点、智慧公交路线、国际社区、国际学校等丰富的配套服务设施。

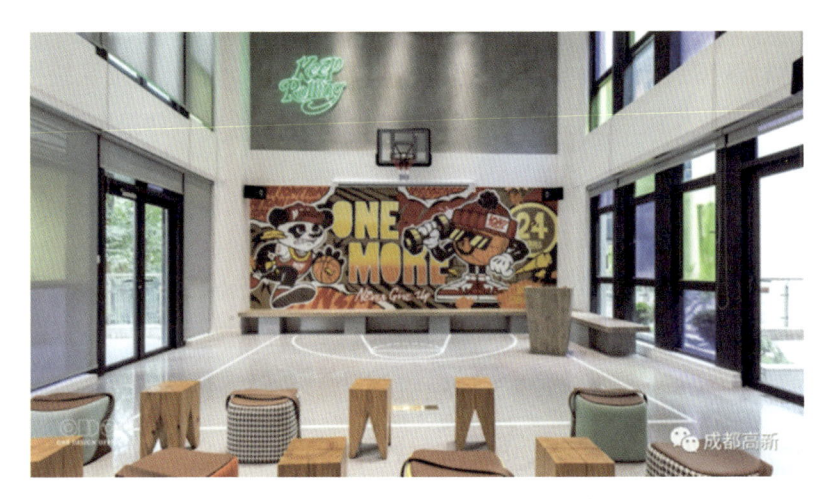

图 9-15　瞪羚谷爱奇艺潮流文化坊

图片来源：https://zhuanlan.zhihu.com/p/150003947。

图 9-16　瞪羚谷铁像寺水街

图片来源：https://www.163.com/dy/article/DVBRM9CJ0514RN2N.html。

（三）示范意义

产业社区建设通过满足生态友好、职住平衡、舒适便捷、多元活力等创新人群工作和生活需求，促进创新驱动的知识经济和现代产业发展。成都产业社区型公园城市场景营造实践，进行了生态修复与绿地系统构建、培育多元文旅休闲消费、加强产业和生活配套服务等发展建设探索，具有一定的示范推广意义。

五　人文成都型公园城市场景营造特色模式

（一）内涵特质

重点依托历史和地域文化资源、文创类产业功能区、"三城三都"相关功能布局，按照"＋公园"的典型模式，开展人文成都型公园城市场景营造实践探索。构建高品质开放空间和文化景观体系，保护传承历史文化，促进现代文化交流发展，引领文创、旅游、赛事、美食、音乐和会展等文化功能布局，促进文化交流互鉴与交往传播，支撑世界文化名城和国际文化旅游目的地建设。

（二）营造要点

在空间布局形态和人文风貌特色方面，保护传承历史文化遗产，保护利用传统街巷和工业遗址的景观风貌和文化意象，建设文化艺术主题设施、地标性公园和公共空间体系。成华区东郊记忆是工业遗址更新改造的文化创意空间，园区延续红砖厂房空间肌理，并与紧邻的万科天荟形成协调、联动的空间格局。内部保留蒸汽机等工业遗存，并适度开展人文景观设计，打造火车头咖啡馆、轨道踏板车座等设施，构建传承创新的文化识别体系和人文体验系统。（见图9-17、图9-18）

图 9-17　东郊记忆与万科天荟

图片来源：蓉城政事，https∶//mp.weixin.qq.com/s/Tq4BuemkkhRr2eNvyhv5fw。

图 9-18　东郊记忆景观风貌

图片来源：东郊记忆微信公众号。

在新业态新消费培育方面，将文化创意产业发展与日常生活消费新趋势相融合，发展艺术博览、文化创意、艺术展演、文化消费和文旅商业等多元业态。

宽窄巷子在本次更新改造中进一步引入主题特色业态，以"一巷一主题、一院一景"的模式布局消费业态，在宽巷子"闲生活"、窄巷子"品生活"、井巷子"市井生活"的基础上，打造小通巷"雅生活"、泡桐树街"漫生活"、奎星楼街"文创生活"的主题特色消费体验。由零散单一的零售型业态向文创艺术、文化展演、高端餐饮等规模化、多元经营的消费业态转变，商业品质得以显著提升。2020年8月，宽窄匠造所落成营业，是位于宽窄巷子主入口处的复合业态的文化地标，也是天府锦城"八街九坊十景"中的首批实施启动项目。另外，宽窄巷子是成都大力发展首店经济的代表性区域，好利来丨壹玖玖贰全国首家景区概念店、喜茶古风主题店丨宽窄喜舍、全国首家景区定制POPMART、李宁全国首家城市主题概念店均选址于宽窄巷子。

在文化活动组织方面，筹办文化、体育品牌赛事活动和城市大事件，激发文化活力，促进文化交流交往、文化价值创造性转化和创新性发展。2020年，宽窄巷子夜游活动成为中国最具人气夜游产品TOP3，时尚盛会王府井 × 宽窄巷子2020中国设计大秀举办（见图9-19）。此外，植村秀日式匠心庭院、馥蕾诗快闪店、宽窄匠造所 × 瘾瘾作乐咖啡集市、"NEW UP潮创季"快闪活动也更好地满足了新兴消费群体的文旅打卡与社交需求。

图9-19　王府井 × 宽窄巷子2020中国设计大秀

图片来源：https://www.sohu.com/a/425090271_120214231。

东郊记忆集合音乐、美术、戏剧、摄影等文化功能，是全国配套设施最为齐全的展演活动场馆聚集地之一，也被称为"中国的伦敦西区"。每年有超过千场的艺术展览、音乐盛会、戏剧演出、体育赛事等各类活动，包括成都·蓬皮杜全球都市国际艺术双年展、富士100系列十周年巡展（见图9-20）、成都国际友城青年音乐周、魔兽世界音乐节、成都国际嘻哈音乐节、"NBA 5v5"精英篮球赛成都站（见图9-21）等活动。

图 9-20　东郊记忆富士 100 系列十周年巡展

图片来源：东郊记忆微信公众号（https://mp.weixin.qq.com/s/IThOoqtNPYm7ehUvw4iYHg）。

图 9-21　东郊记忆"NBA 5v5"精英篮球赛成都站

图片来源：东郊记忆微信公众号（https://mp.weixin.qq.com/s/IThOoqtNPYm7ehUvw4iYHg）。

（三）示范意义

历史街区更新改造以文化保护传承与创新发展为目标。成都人文成都型公园城市场景营造实践，进行了历史街区景观风貌保护、业态功能与空间形态肌理融合布局、举办时尚文化与地域文化融合的消费活动等发展建设探索，具有一定的示范推广意义。

六　城市街区型公园城市场景营造特色模式

（一）内涵特质

重点依托城市更新和综合开发片区，按照"＋公园"的典型模式，开展城市街区型公园城市场景营造实践探索。将公园、绿道等各类园林绿化和生态要素融入城市街区建设，充分践行TOD、"小街区、密路网"等新理念，整合公共空间，系统化配置公共服务、商业服务、公共交通和慢行交通系统，构筑公共服务圈，塑造高品质人居环境，提高城市街区的宜居宜业宜游品质。

（二）营造要点

在城市街区的生态、形态和仪态建设方面，强调营造尺度宜人、步行友好、职住平衡、服务设施完善、富有认同感和归属感的城市街区空间。推进城市更新和生态修复，整合完善绿色空间、开放空间、绿道和慢行交通体系。

交子金融大街位于交子金融商务区，是高新南区金融和商业发展最具活力的街区。2020年，通过实施公共空间品质和形象提升工程，交子金融大街不仅产生了形态和视觉上的变化，还通过商业设施、文化设施、慢行交通、城市家具和生态景观组织，大幅提升了工作和生活的便利度和舒适度。（见图9-22）

图 9-22　交子金融大街公共空间夜景

图片来源：成都发布，https://mp.weixin.qq.com/s/d2ig0dzOjlKXI_xB55ol2g。

经过更新改造的高新西区合庆里成为一处新的创新人群的高品质生活空间。同时建设高架"彩虹"慢行系统，形成串联多个街区消费和商业服务设施的开放空间体系，同时在桥下形成夜市经济的载体。（见图 9-23、图 9-24）

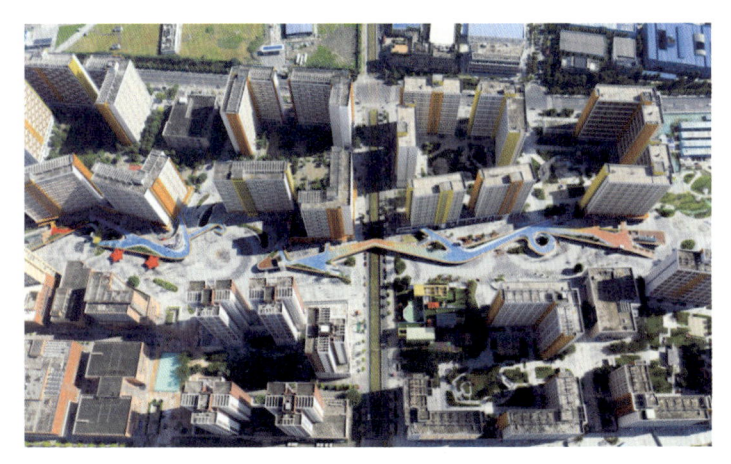

图 9-23　合庆里一体化建设的慢行系统、公共空间和商业空间

图片来源：蓉城政事，https://new.qq.com/rain/a/20211009A08MEI00。

图 9-24　合庆里一体化建设的慢行系统、公共空间和商业空间

图片来源：蓉城政事，https://new.qq.com/rain/a/20211009A08MEI00。

在城市街区的业态功能与活动引导方面，强化街区资源特质，营造全龄友好、服务完善的社区生活圈，融入国际时尚、文化创意、运动健康、智慧科技等主题特色，促进新消费新经济与传统功能的融合。

锐钯街是一条百年老街，因清代被用作兵器仓库而得名（见图 9-25）。世界顶级杂志 TIMEOUT 评出 50 个全球最酷城市街区，锐钯街位列全球第 19 位，中国第 1 位。TIMEOUT 杂志评价道："旧街区和新业态并行不悖，锐钯街区算得上成都传统与现代融合的完美示范街区。"以锐钯街为核心，与青莲上街、清安街、磨房街等街道共同构成的街区，是集传统与现代、文艺与市井、活力与安静、忙碌与休闲于一体的城市街区，各类消费形态聚集，满足多元城市居民的消费需求。

锐钯街聚集多元混合的高品质新消费，注重对不同人群消费需求的满足。600 米长的街道沿线聚集了多家高品质消费业态。WBC 咖啡师大赛中国区冠军经营的精致咖啡馆，为老社区创造新的公共空间和都市商业意象。成都第一家 24 小时不打烊书店为人们提供了深夜里温馨的公共空间。此外，复古理发店、地下风格的酒吧、美术系毕业生开设的甜品吧、家具设计公司展示空间、女装设计师品牌店、顶级日料店、新古典主义风格的咖啡馆、生活方式集合店、与小型艺术展相结合的茶铺都是使锐钯街成为"最酷城市街区"的高品质消费新业态。

图 9-25 锐钯街无早书屋、轩客会·格调书店

图片来源：每日经济新闻，https://baijiahao.baidu.com/s?id=1632150680155849438&wfr=spider&for=pc。

（三）示范意义

营造高品质、多元化休闲服务和消费体验，吸引创新人群，激发活力是城市街区的发展目标。成都城市街区型公园城市场景营造实践，进行了街区景观品质提升、风貌特色保护强化、聚集多元化高品质消费业态等发展建设探索，具有一定的示范推广意义。

第十章
建设公园城市城乡融合美丽乡村

第一节
建设国家城乡融合发展试验区

  1516年，英国空想社会主义学者托马斯·莫尔在《乌托邦》中描绘了一种未来愿景：城市和农村没有界限、人口自由流动、物资平等交换的理想社会形态。在工业化和城市化进程中，中国长期存在的城乡二元体制，使各种资源快速地向城市聚集，城乡差距拉大。从2003年开始，成都立足于大城市带大农村的区域实际，启动了统筹城乡改革探索。2007年，国家批准成都市设立全国统筹城乡综合配套改革试验区，要求成都在重点领域和关键环节率先突破。2019年成都市西部片区与全国其他10个试验区被命名为国家城乡融合发展试验区，再一次担负起在乡村振兴上先行先试的责任。成都将以协调推进乡村振兴战略和新型城镇化战略为抓手，彰显公园城市特色，重塑新型城乡关系，打破行政区划统筹产业布局，建立绿色低碳产业体系与生态产品市场机制，探索产业功能区协同共建机制，努力实现更高质量、更有效率、更加公平、更可持续的发展，为全国特大城市城乡融合发展提供标杆示范。

一　率先启动城乡一体化统筹，实行户籍制度改革

  2007年国家批准成都市设立全国统筹城乡综合配套改革试验区，进行

全面深化的改革。成都聚焦城乡工业布局分散、农村公共配套欠缺、农地零碎低效生产等问题，提出以"三个集中""六个一体化""四大基础工程"推进城乡统筹改革。

以"三个集中"为城乡一体化的基本原则、根本方法。成都以工业向集中发展区集中、农民向城镇和新型社区集中、土地向适度规模经营集中"三个集中"推进工业化、城镇化、农业现代化"三化"联动，促进城乡同发展共繁荣。通过工业向集中发展区集中，走集约、集群发展道路，以工业化作为城乡协调发展的基本推动力量，带动城镇和二、三产业发展，为农村富余劳动力的转移创造条件；农民向城镇和新型社区集中，聚集人气、促进消费、发展产业，带动农村富余劳动力向二、三产业转移，为土地规模经营创造条件；通过土地向适度规模经营集中，进一步转变农业生产方式，推动农业现代化发展。

通过"三个集中"推进实施，成都将全市分散的116个开发区整合为21个工业集中发展区，打造电子信息、软件、汽车、生物制药、航空航天等11个现代产业集群。调整招商引资考核政策，建立项目必须进集中发展区的激励约束机制，杜绝招商引资"捡进篮子都是菜"和工业发展"村村点火、户户冒烟"的现象，完善了配套、降低了成本、形成了集群。到2009年全市工业集中度达到70%，规模以上工业增加值同比增长21%。梯度引导农民向城镇和新型社区集中，鼓励小城镇发展和新型社区建设，全市平均每年向城镇转移农民近20万，农村居民生活居住条件得到根本性改善。以稳定农村家庭承包经营为基础，按照依法、自愿、有偿的原则，稳步推进土地向农业龙头企业、农村集体经营组织、农民专业合作经济组织和种植大户集中，发展优质粮油、生猪、茶叶、花卉、蔬菜、水果等十大特色优势产业。农业增加值由2002年的125.5亿元增至2009年的275亿元，翻了一倍多；2009年农民人均纯收入达到7129元，比2002年增长111.1%。

以"六个一体化"建立起同发展共繁荣的新型城乡关系。在"三个集中"基础上，成都通过城乡规划、城乡产业发展、城乡市场体制、城乡基础设施、城乡公共服务、城乡管理体制"六个一体化"推动城乡统筹。将城市规划局改为城乡规划局，按照城乡一盘棋的理念，对城乡发展进行统一规划，形成了城乡一体、配套衔接的规划体系和执行监督体系。推动城乡统筹的"大部制"改革，对只管城不管乡、重城轻乡或城乡分治的市政公用、交通、财政、农业、水利等30多个部门进行归并调整。深化户籍制度改革，取消农业户口和非农业户口，市民、农民统一登记为居民户口。出台一系列政策，推动城乡社会保障制度全面并轨。推动城乡教师、医生互动交流，优质教育、卫生资源向农村倾斜。推进交通、污水、垃圾、燃气市政公用设施向乡村覆盖。成都的城乡一体化实践，为中国从城乡二元分割走向城乡一体化展现了一个现实样本。

通过"六个一体化"推进实施，成都市出台《关于全域成都城乡统一户籍 实现居民自由迁徙的意见》，至2012年底，实现成都全域城乡统一户籍，城乡居民享有平等的基本公共服务和社会福利。农民进城不以放弃农村宅基地使用权、土地（林地）承包经营权等原有利益为代价，农民的各项权益不因居住地、职业的改变而受到侵害。实施城乡贯通的"大部制"改革，建立社会管理的城乡一体化机制，推进城乡基本公共服务均等化，推动政府管理和服务向农村覆盖和延伸。推进城乡社会保障并轨，2009年1月出台实施《城乡居民基本医疗保险暂行办法》，实现全市城乡居民基本医疗保险政策统一、待遇一致；2010年，成都建立城乡一体的居民养老保险制度，实现了城乡社会保障制度全面并轨。开展农村中小学、乡镇卫生院、村卫生站标准化建设，教师从"同县同酬"逐步向"同城同酬"过渡，从2009年开始成都实施"名校下乡"，市民心目中最好的三所学校——成都七中、石室中学、树德中学，分别领办远郊农村的都江堰聚源高级中学、彭州白马中学、崇州怀远中学，让农村孩子上好学校。基础设施不断完善，率先在西部实现了县县通高速、村村通水泥路，农村客运通村率达到98%。

以"四大基础工程"打好城乡统筹坚实根底。要从根本上解决好"三农"问题，必须唤醒农村"沉睡的资本"，让农民享有与城市居民同等的财产权利和发展机会。成都实施的农村产权制度改革、农村新型基层治理机制建设、村级公共服务和社会管理改革、农村土地综合整治"四大基础工程"是成都解决"三农"问题打基础的重要举措。农村产权制度改革较好地解决了城市发展"地从哪里来"和农村发展"钱从哪里来"的问题，用城乡一体化的市场机制，让城市资本和农村土地资源互惠共享，提高了农村和农民在土地城市化增值中的分配份额，促进了城乡同发展共繁荣。而在农村产权改革确权中遇到困难问题，通过村（社区）议事会、监事会等基层自治组织进行协商解决。在公共服务上，率先在全国将村级公共服务和社会管理资金纳入财政预算，为每个村每年安排20万元资金。农村产权制度改革，必须同时解决耕地保护的难题。成都推进田、水、路、林、村综合整治农村土地综合整治，率先在全国建立耕地保护基金，按每亩300—400元的标准为承担耕地保护责任的农民购买社保提供补贴。

2008年1月1日，成都启动以农村产权制度改革为核心的农村市场化改革，为农民承包地、宅基地、房屋开展确权、登记和颁证，并建立市、县两级农村产权交易机构，引入农业担保、投资和保险机制，使农民成为市场主体，可以平等地参与生产要素的自由流动，用市场之手，充分发挥市场配置资源的基础性作用，建立归属清晰、权责明确、保护严格、流转顺畅的现代农村产权制度。成都市在全国创造性地设立了耕地保护基金，市县两级财政每年将投入26亿元，为有效保护耕地的农户每年分别按基本农田400元/亩、一般耕地300元/亩的标准发放耕保金，用于补贴农民购买养老保险，确保了耕地总量不减少、粮食生产能力不下降。

二 深化城乡人口、资金、土地要素自由流动机制，建设彰显公园城市特色的城乡融合发展实验区

2019年成都市西部片区与全国其他11个试验区被命名为国家城乡融合发展试验区，开启了新一轮城乡融合试点。相较上一轮城乡统筹，这一轮在生态文明和公园城市建设新背景下，聚焦"建设为长江经济带生态价

值转化先行区、美丽宜居公园城市典范区、农商文旅体融合发展示范区、城乡融合发展改革系统集成区"目标，对城乡融合进行了进一步深化，提出基本形成生态价值实现机制、基本建成城乡产业协同发展平台、全面形成城乡统一建设用地市场、持续完善农村金融服务体系、基本建立城乡有序流动的人口迁徙制度5项重点任务。

筑牢公园城市生态本底，探索绿色生态价值实现机制。成都立足生态本底和公园城市要求，构建生态发展新格局，提出形成"多中心、组团式、网络化"的城乡空间结构，营造山水生态、天府绿道、乡村郊野等公园城市场景，塑造公园城市优美形态，并完善区域产业准入制度，健全生态环境保护体系；构建绿色发展多元投入体系，通过完善绿色金融产品应用机制，引导社会资本投入生态环境保护、绿色产业发展等领域，探索绿色开放空间多元营运商业收益反哺运营维护费用；建立健全生态产品市场机制，通过建立GDP和GEP（生态系统生产总值）"双核算、双运行"的绿色考评体系，建立生态保护补偿制度，探索生态产品市场化交易模式。

创新产业生态链，探索城乡产业协同发展模式。结合西部地区资源和保护要求，重点发展生态环境友好、具有本地优势的生物经济、农商文旅体融合经济，建立起绿色低碳产业体系。成都温江医学城、彭州中药城在医学、康养、生物经济上已具有较好的基础，同时当地优越的生态环境也为医养产业发展提供了支撑。其次，依托灌区、林盘资源，推动一二三产业融合发展，对于城乡产业协同提供了较好的基础。

推动农村土地制度改革，建立健全城乡统一建设用地市场。2008年，城乡统筹试验完成了土地确权登记，摸清了家底，对农村产权交易也进行了初步探索。但对农村土地入市，城乡建设用地市场统一等方面还需要进一步探索。在新一轮城乡融合试验中，成都提出通过就地入市、调整入市以及出让、出租等方式推动农村集体经营性建设用地入市，并推进农村集体经营性建设用地使用权转让、出租、抵押二级市场建设。其次，提出探索城乡低效闲置土地资源利用新途径，包括撤并乡镇闲置建设用地收储机制，产业园区低效用地和闲置土地高效利用机制等。

完善农村金融服务体系，强化城乡融合资金保障。资金缺乏一直是农业农村发展缓慢的重要原因。而投资农业效益较低、风险较大，是资金不愿下乡的重要原因。在新一轮城乡融合试验中，成都针对资金下乡问题，提出加快涉农信用体系建设，完善失信惩戒、信用贷款及风险应对机制；创新农村金融平台、产品、服务方式，创新新型信用类普惠金融支农产品；完善农村金融风险防范处置机制，加快涉农信贷风险分担机制建设，加强风险监测预警。通过以上措施的推进，未来成都农村金融体系和农村发展资金问题预计将得到改善。

健全城乡有序流动人口迁徙制度，促进乡村全面振兴。成都城镇化进程仍在快速推进，同时城乡人口流动一直以来以乡村人口进城单向流动为主，未来全面推动乡村振兴，人才下乡也是需要关注的重要方面。因此，在新一轮城乡融合试验区建设中，一是要继续推动乡村人口进城享受城镇优质公共服务和现代化生活，包括健全农业转移人口市民化分担和奖励机制，落实财政政策、土地政策向吸纳农业转移人口落户数量较多的城镇倾斜，并在公共服务建设上予以更多的支持。二是要健全城镇人口入乡机制，完善返乡入乡创业权益保障制度，鼓励原籍普通高校、职业院校毕业生、外出务工及经商人员回乡创业兴业；完善乡村引人用人机制，鼓励村集体经济组织以"合伙人"制度引进跨界经营、创新人才和团队；深化城乡人才双向交流机制，推进城市科教文卫体等工作人员定期服务乡村。

第二节

乡村景观保护与传承

成都具有"天府之国"的美誉，成都乡村景观因独特的自然地理条件、水利工程灌溉系统及悠久的历史累积，具有鲜明的地域色彩。但随着生活生产方式转变、"千村一面"危机及农耕景观的衰败，成都乡村景观的传统特征和文化价值逐渐消失。成都将公园城市理念引入乡村地区，探索公园城市的乡村表达，保护与传承传统乡村景观的特色与价值。

一　成都乡村景观生态人文价值突出

成都乡村景观生态文化价值突出，承载了成都平原自然环境与历代人民互相作用的历史，反映了生态环境的地域特征，是公园城市的乡村表达。

成都乡村景观传承了悠久的农业文明底蕴。生活在成都的历代人民，通过数千年的劳动，塑造出独特的乡村景观。长期兴修水利、开垦农田，加上倾斜地势的影响，形成以都江堰为核心，由干、支、斗、农、毛渠和塘、渠、提水组成的多层级自流灌溉体系，组成完整的区域水网。水网涵养了平原地区绵延成片的水田，水田中散布林地斑块。

成都乡村景观展示了独特的人居环境。农村聚落以林盘形式广泛出现在平原的水网与农田之间，数量多且密度大。林盘是指农家院落和周边高大乔木、竹林、河流及外围耕地等自然环境有机融合而形成的农村居住环境形态。川西林盘格局形成于明清时期。川西林盘的核心景观要素是田、水、林、宅，这些要素通过空间布局组合，形成以丰富多样的团状聚落单元，形成林盘聚落体系。[1] 林盘集中分区于成都17个区（县、市），总数约23256个（截至2018年12月）。[2]（见表10-1）

表10-1　成都市林盘现状汇总（截至2018年12月10日）

序号	区（市、县）	现状林盘数量
1	天府新区	32
2	高新区	493
3	龙泉驿区	66
4	温江区	74
5	新都区	469

---

[1] 李恒：《成都平原景观体系研究》，博士学位论文，北京林业大学，2018年。
[2]《成都市川西林盘保护修复利用规划（2018—2035）》。

续表

序号	区（市、县）	现状林盘数量
6	青白江区	165
7	双流区	71
8	郫都区	859
9	蒲江区	410
10	大邑区	524
11	金堂县	252
12	新津县	721
13	都江堰市	2726
14	彭州市	650
15	邛崃市	338
16	崇州市	2064
17	简阳市	13342
	合计	23256

二 整体保护都江堰灌区与川西林盘

整体保护都江堰灌区的空间形态、服务功能、自然风貌和文化内涵，以都江堰平原灌区的风貌保护为重点，即都江堰灌区总体规划范围内的都江堰市、郫都区、温江区、崇州市、邛崃市、大邑县等行政区域的平原自流灌区。控制都江堰平原灌区的国土开发强度，优先保护耕地，确保数量不减少、质量不降低。落实灌区内川西林盘、文保单位、古树名木等文化资源具体保护措施。尊重和维持灌区河道的自然特性，保持河道自然走向，结合排涝安全和生态保护要求实施河道治理，划定平原灌区渠道水利工程保护范围。保护灌区内自然景观，维护灌区内湿地生态功能和生物多样性，保护野生动物及其栖息地，禁止砍伐、移植灌区内古树名木和天然原生珍贵树木。鼓励支持灌区实施水旱轮作或天然稻鱼共生等稻田保护性耕作技术，优化提升稻田湿地农业生态系统。实施都江堰灌区修复工程，通过"理水、护林、亮田、彰文、兴业"等策略，再现水旱从人、美田弥望、产业兴盛的灌区胜景，建设川西特色田园风貌与村落文化景观。

川西林盘是指成都平原及丘陵地区农家院落和周边高大乔木、竹林河流及外围耕地等自然环境有机融合而成的农村居住地区，集生产、生活和景观于一体，是川西农耕文化的载体，也是传统时代文明的结晶。成都市保留川西林盘"田、林、水、院"的空间形态格局，统筹实施山水田林整治，延续川西本地建筑风格，融入穿斗结构、坡屋顶、挑檐、天井等建筑要素，建筑色彩体现朴素淡雅并突出特色文化，逐步呈现"岷江水润、茂林修竹、美田弥望、蜀风雅韵"的锦绣画卷。依托良好生态环境、天然地形地貌，着重保护林盘周边环境景观要素的完整性和空间格局，形成美田弥望、茂林修竹的川西田园风光。编制川西林盘保护及修复利用规划，制定川西林盘保护及修复工程总体方案和建设技术导则。加强林盘的创意化利用，结合本土特色文化、产业，通过改造和新建，植入休闲、观光、商务、会议、博览、度假、双创、社团组织等现代复合功能业态，构建旅游型、商务型、文创型、博览型、社团型等现代特色林盘。（见图10-1）

图 10-1　幸福村林盘

三 公园城市背景下乡村景观保护与更新措施

成都市建设践行新发展理念的公园城市示范区，开展乡村景观保护建设，充分依循传统川西林盘"田、林、水、院"空间格局，塑造"中国川西林盘聚落"，逐步呈现"岷江水润、茂林修竹、美田弥望、蜀风雅韵"的锦绣画卷。（见图 10-2）

保护林盘景观空间格局。加强对灌区良田的保护。成都西部地区的精华灌区主要包括温江—郫都—都江堰片、崇州—大邑片、邛崃—蒲江片、人民渠灌区片，通过严格耕地农田保护，控制城镇、产业扩张、人口增长等方式，减少城镇发展对田园的干扰和侵占。通过土地整理将零散的林盘进行拆除搬迁或集聚提升，优化乡村空间形态，巩固星罗棋布、沃野千里的空间格局。

建设全域景观化乡村。开展大地景观再造，大地景观再造工程构建"山水相融、田林交错、城园一体"生态格局，结合土地整理和高标准农田建设，打造农业生产区大地景观，实现"农田变景观"。丘陵地区，应保护并延续现状小田结构，形成梯田景观平原地区，应"小田变大田"，进行规模化生产，形成大地景观，崇大灌区、邛蒲灌区规模化现代农业生产区"沃野千里"大地景观，都郫温灌区自流灌渠、蜿蜒田埂、浑然天成"小田"大地景观和邛崃市南河西南侧丘陵"条状"茶园、橘园等丘陵缓坡经济作物大地景观。通过季相组合，合理引导区域产业布局，实现"处处皆景、移步换景"。

延续川西林盘空间格局。将现代川西林盘建设成为"山水田园中林木环绕的功能聚落"。通过"整田、护林、理水、改院"开展林盘保护修复和更新：以现代农业为导向，梳理规整无序种植的农田；保护林盘生态林木，优化林木种植品种结构，保留高大古树乔木，实施景观化提升；梳理依托都江堰、玉溪河的自流灌溉水系，尊重顺应河流水系自然流向，串塘入渠，串渠成网，保持灌溉水系的连通性和完整性，根据河流水系的功能策划，通过河道综合整治、滨水岸线改造，营造亲水、戏水、玩水等多样化的滨水景观场景，依托五水融汇自流灌溉水系，彰显新津水文化，营造亲水景观；林盘聚落应遵循传统川西林盘"田、林、水、院"空间格局，以"林"划定林盘的边界，林盘内部宜有"林、水、院"，外围有"田园"，按照"乡土化、现代化、特色化"要求，改造和建设林盘建筑，打造功能复合的现代林盘院落，推进林盘内部院落整治，通过围墙景观化改造、增设景观小品、增加小微绿地等方式，打造独具特色的庭院景观。

传承川西特色的林盘建筑风貌。建筑材质就地取材，建筑细部体现地域文化特色，建筑体量严格控制，以低层为主。严控林盘新建、改建、翻建项目。结合村镇特色在传统建筑风格的基础上开展创新设计，形成一批独具特色的乡村建筑。

图 10-2　蒲江县明月村林盘聚落

构建郊野公园基本单元。建设形成以特色镇为服务中心，农村新型社区和林盘聚落为服务节点，通过主要道路、旅游通道和绿道串联，形成"特色镇＋农村新型社区／林盘聚落＋农业景区／农业园区"模式，优化郊野空间形态、再造大地景观、持续改善生态环境、提升资源价值。在保障区域内农业生产基本功能前提下，改善生态环境，增加游憩空间，开展景观化改造，营建乡村道路风景长廊，种植乡土特色绿化，构建"亮田、亮水、亮林、亮山"景观视线廊道。

案例：竹艺村

　　竹艺村地处崇州市道明镇龙黄村，因国家非物质文化遗产道明竹编得名。竹艺村面积约300余亩，户数86户，人口267人，是典型的川西林盘（见图10-3、图10-4）。自古以来，道明人依竹而居，依竹而器，竹编不仅仅进入了道明人的生活，更融入了他们的血液。2013年，由政府牵头，邀请知名专家教授，将黄龙村靠近公路的九、十、十三组，规划为一个竹艺聚集区，并冠以"道明竹艺村"，打造"文创旅游的创新创意示范区"。2014年，道明竹编成功入选第四批国家级非物质文化遗产代表性项目名录。近年，通过将公园城市理念与传承非物质文化遗产有机融合，凭

图10-3　崇州市竹艺村鸟瞰图

借优美的自然景观和恬静的田园风光，以设计为媒、文化铸魂，打造以"竹里"为代表的生态文化林盘。

　　坚持三则同导。按照"旅游法则主导、设计导则引导、建设守则指导"原则，梳理林盘生态肌理，从空间立体性、平面协调性、风貌整体性、文脉延续性等方面规范管控综合施治林水田院。设计中依山就势，从建筑的形、势、面、色、细部等全方面考虑与环境的相融，并最大限度满足现代人对建筑使用价值需求，通过排水系统的巧妙设

计、室外地面的生态化铺装，将雨水有序收集并组织排放到周围荷塘中，使其自然下渗，既避免了雨水冲刷造成的水土流失，又增加了土壤的墒，截土留水保肥；在地势选择、建筑出入口、景观上，与环境相融，引气入室，达到通风聚气、除湿防潮的目的，减少空调的使用，降低能耗。

图10-4　崇州市竹艺村

坚持文创聚魂。探索"天府文化＋设计师联盟＋集体经济组织"模式，培育文创团队，孵化文创产业联盟。通过与中央美术学院等高校合作，一批以"传统文化＋现代元素"为代表的文创产品雨后春笋般应运而生，通过竹编匠人的改良，一个个设计成果转变成了附加值更高的工艺品，部分产品甚至出口国外，大批国内外设计师前往竹艺村交流学习。已建成竹编博物馆、第五空间、国际工作营、丁知竹非遗文化演习所，引进中央美院工作站、三径书院、来去酒馆等文创项目。

坚持创新机制。采取"产业＋人才＋文化＋生态＋乡村组织"的形式，产业融合发展，吸纳人才，打造四川乡村文化产业品牌，服务

"美丽四川·宜居乡村"建设工作,激发村民加入乡村自治工作,共建共享美丽乡村。

图 10-5　崇州市竹艺村文创产品

现在的竹艺村,不仅仅是竹编艺人设计、创作、展示和交流的基地,还成为了热门旅游目的地,创新了乡村振兴新业态,探索出一条"非遗文化＋文创基地＋乡村旅游"的文创产业发展模式(见图10-5),不仅实现了旅游助力乡村振兴,更加快了引进新人才、对接大项目、融入大市场的步伐,有效带动农商文旅体融合发展,形成川西林盘生态价值转化精品范例。

第十一章
创新公园城市绿色低碳发展方式

第一节
绿色交通体系

近年来,成都坚持将绿色交通体系构建、推进绿色低碳发展与公园城市示范区建设有机融合。通过加速推进轨道交通建设,以轨道交通引领居民低碳出行;打造"公园城市＋TOD"示范,践行以人民为中心、绿色发展的公园城市营城理念;促进"轨道交通＋地面公交＋慢行系统"三网高效融合,提高绿色交通转换效率,支撑城市绿色低碳发展,打造新时代公园城市建设新模式。

一 轨道引领低碳出行

城市轨道交通是世界公认的大运量、低能耗、集约用地、少污染的"绿色交通",已有140余年的发展历史,是低碳城市交通重要组成部分。成都市构建了"以轨道交通为主体、常规公交为基础、慢行交通为补充"的城市绿色交通体系,对于可持续发展、公园城市建设具有重要意义。

近年来,成都市大力推进轨道交通建设与规划,在引领低碳绿色出行方面已取得显著成效。2019年12月31日成都地铁线网单日客运量首次突破500万大关,成为继北京、上海、广州、深圳后国内第5个实现单日客运量突破 500 万乘次的轨道交通单位。2020 年 12 月 18 日，轨道交通 5 条线路同步开通运营，成都成为国内首个一次性开通 5 条地铁新线的城市，也是全国地铁运营里程最快突破 500 公里的城市，5 线开通后，累计开通线路达 13 条，运营里程达到 228 公里，正式跻身国内轨道交通"第四城"。根据成都地铁 2019 年《绿色出行报告》，2019 年全市轨道交通累计客运量达 14 亿乘次，日均客运量 383.41 万乘次，轨道交通已处于城市公共交通的主导地位，城市公共交通出行分担率超过 50%。至 2035 年，全市共规划 37 条轨道线路，共 1696 公里，中心城区在"环＋放射"基础上构建网络化城市轨道线网，实现中心城区、东部新区、8 个区域中心城以及大部分特色镇、产业园区轨道覆盖，核心区线网密度达到 1.3 公里/平方公里，实现 10—15 分钟满覆盖，全市绿色交通分担率将达到 85%，其中公交出行分担率占机动化的 70%，轨道出行占公交的 80%。

二 打造"公园城市＋TOD"示范

为支撑高强度、高密度的大城市形态，积极引导捷运系统与城市形态的耦合，通过借鉴学习东京、新加坡等先发城市经验和世界知名城市在轨道站点综合开发的先进做法，成都市依托建设公园城市示范区，制定切实可行的 TOD 发展战略目标和实施路径。按照公园城市以人民为中心的原则，成都市 TOD 强调城市、人、自然之间的和谐、可持续发展，市民来到地铁站可以兼顾换乘、购物、逛公园，决定了空间场景的多样性，而不再是简单的商业氛围。成都"公园城市＋TOD"示范主要从集中开敞空间、TOD 与绿道相结合，TOD 高标准绿化三个方面提出要求。

集中开敞空间。在形态塑造方面，在指标总体平衡原则的基础上，鼓励商业服务业用地的开发强度向核心区聚集，腾退出更多公园绿地和开敞空间。在站点核心区，结合建筑功能，形成城市花园、建筑前广场和街角休憩点，在辐射影响区布局绿道串联的公园、休闲空间和运动空间。

TOD 与绿道相结合。成都 TOD 设计中，用步行链接的方式将原本高

度集聚的轨道交通中心相对扩散,让公园融入其中,"这种形态能更具韧性,也更适合成都的烟火气"。《成都市轨道交通TOD综合开发战略规划》提出,以社区绿道串联公共服务设施与社区商业,打造高效畅通"上班的路",舒适漫游"回家的路"。这主要强调轨道站点与公共交通、骑行交通良好接驳,绿道直连地铁出入口,连通小区绿地、公园及公服设施,实现TOD节点向社区的边界客群分流。

TOD高标准绿化。成都所有TOD项目要求绿地率达到35%以上,绿化率达到40%以上,全面体现公园城市特色。这一特色不仅仅体现在绿化率的提升、绿道的增多,更在于公园城市理念所提出的"一公三生"内涵,即生态、生活和生产空间的渗透,成都的TOD综合开发既要把以人为本理念摆在首位,又要注重"三生"协调。

> **》》案例:陆肖TOD**
>
> 　　陆肖TOD是成都首批TOD一体化城市设计项目,陆肖站TOD位于成都高新区中和街道,西靠大源CBD,南接新川科技园,为地铁6号线(已运营)及22号线(远期规划)换乘站。目标是打造以轨道交通为引领、以公园社区为特色的城市中央活力区。空间结构为"一心、一环、两轴、四片区",即以陆肖站为城市发展核心,以轨道交通6号线为南北城市发展轴、22号线为东西城市发展轴,通过公园、绿地、绿道等形成24H活力生态环,串联4个象限的商务功能配套片区、运动功能配套片区、居住功能配套片区、综合功能配套片区。
>
> 　　公园里建社区,社区里建园林。陆肖TOD将生态与绿色作为底色,城市功能融入公园生活,城园互融,塑造望山见水的城市景观和"绿谷丘园连天色"大美形态。通过多层级绿道将公园、小游园、微绿地等串联起来,蓝绿成网;结合绿道合理布局商业服务、社区服务,打造15分钟"健康活力圈";通过绿道将社区、学校、医疗网点有机串联,构建15分钟"全龄教育圈"和"医疗服务圈"。

陆肖TOD建立了"轨道+公交+慢行"一体化交通体系。通过整合轨道交通、公交网络、公园绿道，将工作、生活、休闲、娱乐等功能有机串联，构建一体化交通体系；通过建立互联互通的立体公共步行空间体系，地下通道无缝链接下沉庭院，立体复合、点线成网、步移景异，形成尺度宜人、高效舒适的空间场所。

三　融合三网提高绿色交通效率

慢行交通与城市公共交通的无缝衔接对提高居民出行效率、缓解城市交通拥堵具有重要意义。通过网络、节点及运营融合，充分发挥三种交通方式的特长，彼此协调，促进轨道交通系统、地面公交、慢行交通系统融合发展，实现系统间高效衔接，共同构建绿色交通体系，有利于优化居住区出行结构，引导居民出行方式向"慢行+公共交通"的转变。

（一）轨道交通与慢行交通便捷可达

加密轨道站点周边街巷，增强地面慢行可达性。减小站点周边街区尺度，结合小街区规制要求，城市核心区轨道交通站点临近2个街区范围内，街区尺度不宜超过2.5公顷。逐步打开站点周边单位"大院"，增加内部街巷，确保街区内部通道开放；疏通整治现状既有内部街巷，提升通行环境品质；对于站点周边尚未出让土地，在规划条件中明确增加内部街巷要求，提升慢行到离轨道站可达性。严格控制街巷宽度，内部街巷宽度不低于4米为宜，以保障慢行通行为主，部分街巷可结合实际交通需要允许车行，宽度不低于9米为宜。

分级打造站点周边地下慢行系统，实现互联互通。结合站点周边城市功能，将轨道站点按照核心片区和一般片区两种模式打造站点周边地下慢行系统。连片成网打造核心片区站点地下慢行系统。站点周边300—400米范围内，沿主要道路形成地下慢行主通道，并沿主通道设置直接联系

地块的地下通道；地下慢行主通道宽度以6—8米为宜，兼具商业功能通道可扩展到20米，打造风雨无阻、便捷直达、功能融合的慢行接驳空间；地块内部地下慢行通道宽度以3—5米为宜，直接连接建筑内部。构建一般片区站点放射型慢行通道。以站点为中心，放射性辐射一般片区轨道站点周边临近第一个街坊（200—300米）；以最短路径设置地下通道，直接连通周边商业商务及公共服务设施地块，通道宽度以4—8米为宜。

优化站点周边共享单车停放，提升慢行环境便捷性。合理布局共享单车停放点，以"分散式、小规模"原则，于轨道站出入口后侧或临近人行道划定共享单车停车点位，每处50辆以内，考虑采用虚拟电子围栏管理；站点出入口通行方向30米范围内禁止共享单车停放；将非机动车接驳内容纳入轨道站点初步设计方案审查。严禁路边占道停车，轨道站周边临近第一个街坊内道路严禁设置机动车路边占道停车，保障骑行顺畅安全。保障站点周边慢行通道空间，轨道站点出入口所在人行道宽度应不小于3米，非机动车道宽度不小于2.5米，临近交叉口设置过街信号控制，保障慢行环境安全。

（二）地面公交与慢行交通安全舒适衔接

合理保障公交站慢行空间，提升候车安全性。根据道路条件和客流需求，结合各类站台形式的设置条件，合理选择适当的站台形式，原则上设有公交专用道的干路，宜设置为港湾岛式或直线岛式公交停靠站；站台设置不能影响非机动车道和人行道通行，岛式站台旁非机动车道宽度不应小于2.5米，港湾式和直线式站台设置后人行道宽度不应小于2米。（见表11-1）

表11-1　公交站台周边慢行系统设置需求

站台形式		设置条件			
^		公交专用道	机非分隔离	人行道	上跨下穿的辅道
港湾式	普通港湾式	宜设置	—	人行道宽度不小于4米	辅道数高于3条
^	深港湾式	宜设置	—	人行道+非机动车道大于10米	不宜设置

续表

站台形式		设置条件			
		公交专用道	机非分隔离	人行道	上跨下穿的辅道
岛式	直线岛式	宜设置	机非分隔带不小于2米或非机动车道不小于4米	—	不宜设置
	港湾岛式	宜设置	机非分隔带需不小于3米且非机动车道不小于4米	—	不宜设置
直线式	普通直线式	—	—	人行道宽度大于2米	辅道车道数高于3条

提升公交站慢行搭乘便捷性与舒适性。岛式站台与人行道间可通过划示斑马线、特殊铺装、抬高等方式，提示非机动车避让行人；地面公交站充分考虑设置信息提示与指引功能设施；地面公交站台充分考虑遮阳避雨功能。

（三）轨道交通与地面公交高效接驳

加强地面公交对轨道接驳延伸。围绕轨道交通站点，增加短距离接驳功能的地面公交线路，提升轨道交通覆盖吸引；采用垂直放射型、环型、波型或联络型四种方式，连接轨道站点周边居住及商业区，提升地面公交对轨道交通的接驳延伸作用，扩大轨道交通服务覆盖范围。

优化轨道站出入口周边地面公交站点布局。轨道站出入口150米范围地面公交站点不少于4个；临近干路的轨道出入口必须设置地面公交停靠站，同时优化站台形式，优先选择岛式站台，减少公交排队等候；地面公交停靠站距轨道站出入口小于等于50米，最远不大于150米，缩短地面公交接驳轨道换乘距离。

第二节
绿色建筑和绿色建造

一　建设高品质的绿色建筑

成都市认真落实新时代"适用、经济、绿色、美观"建筑方针，严格执行建筑节能要求，在全市范围积极推进绿色建筑发展，推动建筑业绿色转型升级，不断践行公园城市建设生态绿色的理念，助力高品质生活宜居地建设。

（一）持续提升建筑绿色发展要求

2021年7月1日起，成都市全面执行《成都市绿色建筑创建行动实施计划》，从标准提升、类别增加、管理前置、技术驱动四个方面升级了全市建设项目绿色发展的要求，提出"区域全覆盖、类型全覆盖、项目全覆盖"全面落实绿色建筑要求，并提升了建筑执行等级，明确中心城区范围内所有项目全面执行一星级标准。同时，进一步提升了新建民用建筑节能设计标准，初步设定公共建筑全面执行建筑节能75%设计标准，居住建筑全面执行建筑节能70%设计标准。

截至2021年上半年，全市绿色建筑实施总面积达2.3亿平方米，获得绿色建筑评价标识项目累计达264个，总建筑面积达3649万平方米，形成了天府国际机场（见图11-1）、新川园区（见图11-2）等片区化成果。其中，天府国际机场获得了国家绿色建筑三星级认证，新川创新科技园万科·新川荟项目获得了美国绿色建筑委员会LEED金级认证。

图 11-1　天府国际机场

图片来源：https://www.sohu.com/a/476987258_120189400。

图 11-2　高新区新川创新科技园万科新川荟实景图

图片来源：https://www.thepaper.cn/newsDetail_forward_8135786。

（二）强化既有建筑节能改造

"十三五"期间，成都制定了公共建筑节能改造计划及资金补助管理办法，推广合作能源管理模式，将公共建筑节能改造目标纳入到市能源"双控"目标考核体系，以目标为导向、以考核为手段，吸引社会资本积极参与公共建筑节能改造，大力推动了全市建筑领域节能减排，同时，结合老旧小区有机更新批量实施居住建筑节能改造。2018—2020年，三年累计完成公共建筑改造面积约243万平方米。

> **案例：四川省建筑科学研究院科技楼**
>
> 　　建于1985年的四川省建筑科学研究院科技楼于2018年进行了绿色化改造。该建筑应用了被动式节能、太阳能光伏发电、BIM应用、楼顶可再生资源利用等绿色技术及垂直＋屋顶绿化、雨水回收利用、智能灯光＋空调控制系统、新风热回收系统、可循环材料利用等绿色措施。改造后，总建筑面积由8143平方米拓展为15494平方米，但能耗水平比同类普通建筑降低50%以上，年节约标煤约1771吨，减排CO2 4605吨，有效降低了建筑碳排放，实现了建筑品质的提升。该项目先后荣获了成都市绿色低碳示范、四川省既有建筑节能改造示范、国家"十三五"科技支撑项目计划目标示范工程等荣誉，并获得国家三星级绿色建筑标识，成为西南地区首个三星级既有建筑绿色改造项目，树立了既有建筑绿色化改造典范。[①]（见图11-3）
>
> 图11-3　四川省建筑科学研究院科技楼

---

① 资料及图片来源：https://www.sohu.com/a/467207507_100087116。

（三）积极引导绿色建筑新技术应用

成都市历来重视绿色建筑新技术推广应用。一是积极推进太阳能光热光伏、浅层地热能、垂直绿化、再生水、直饮水等绿色技术应用示范，实施了可再生能源应用项目 20 个，示范面积达 164 万平方米。二是推进绿色建筑与装配式建筑、智能建筑、BIM 技术等融合发展。三是开展公共建筑能耗监测，推动公共建筑能耗监测信息化系统建设，持续开展民用建筑能耗统计工作。截至 2020 年底，累计进行公共建筑监测 68 栋、建筑面积 272 万平方米，累计开展民用建筑能耗统计 1272 栋、建筑面积 3900 万平方米。

> **案例：独角兽岛**
>
> 独角兽岛位于成都市天府新区鹿溪智谷区域，全岛建筑均按照二星级标准建设。该岛采用"地源热泵＋冷水机组＋燃气锅炉＋冷热电三联供"技术向全岛所有建筑实施集中供热制冷。据统计，该岛总供能面积约 94.74 万平方米，预计每年可节约标煤 3283.74 吨，减少二氧化碳排放 8009.04 吨，减少二氧化硫排放 54.18 吨，减少氮氧化物排放 51.23 吨，减少烟尘排放 31.52 吨。[①]（见图 11-4）

图 11-4　四川天府新区独角兽岛[②]

[①] 资料来源：https：//www.sohu.com/a/477159614_120683280。
[②] 图片来源：http：//www.sc.xinhuanet.com/topic/2019tfxq/index.htm。

二 实施工程建设全过程的绿色建造

（一）全面推进装配式建筑发展

2016年5月，成都市出台了《关于加快推进装配式建设工程发展的意见》，明确提出全市所有新取得的房屋建筑项目、市政和轨道交通项目等所有建设用地项目均全面执行装配式建设方式，推动了装配式建筑全市范围和项目类别全面覆盖，有效促进了新型建筑工业化发展，成功被列为国家首批装配式建筑示范城市。截至2020年底，全市装配式建筑面积累计接近1亿平方米，新开工装配式建筑占新建建筑的比例达到61.4%，国家A级—AAA级装配式建筑项目已建成6个、在建（拟建）16个，6个项目被认定为首批《装配式建筑评价标准》范例项目，试点示范成效显著。

> **案例：锦丰新城**
>
> 成都锦丰新城项目，位于新都区大丰街道赵家社区，总建筑面积52.38万平方米，总建设用地面积9.94万平方米，工程造价13.96亿元，是成都市首个大规模工业化高层住宅示范性项目，同时是目前全国体
>
> 图11-5 成都锦丰新城装配式建筑

量最大的装配式保障房住宅项目,成功获得"2020年中国土木工程詹天佑奖优秀住宅小区金奖(保障房项目)"。该项目采用装配式施工,预制率达到49%,共建成6500多套住房,有效推动了四川省装配式建筑产业化加速发展,成功解决了2万多低收入群体的住房难题。[①](见图11-5)

(二)推动绿色建筑工程材料应用

2021年9月,成都市出台了《成都市建设工程材料使用监督管理规定(试行)》,全面鼓励绿色、新型建材的推广应用,要求全市绿色建筑应用绿色建材的比例不低于60%。同时,初步建立了全市统一的可追溯的建材监管信息系统,强化了全市建设工程材料使用的监督管理,以保障建设工程质量和安全。

(三)加强建设工地绿色施工管理

为减少废物和污染物的产生与排放,推动建筑行业绿色可持续发展,成都市不断加强建设工地的绿色施工管理。一方面加强建设工地污水、废水排放管理,另一方面加强政府投资项目高分子防水材料、水性建筑涂料的推广应用,同时,不断加强纯电动混凝土运输车的推广应用,逐步淘汰燃油燃气混凝土运输车。

(四)探索建立全过程的监管机制

成都市主要以土地出让、施工图审查、施工监管等环节为重点,积极探索建立全过程管理机制,通过严格监管来推进绿色建筑发展。一是严抓土地出让环节,严格落实建设条件制度,将绿色建筑执行标准写入建设条件通知书进行约束,在土地出让建设条件中明确装配式建筑建设要求。二

---

① 资料及图片来源:https://www.sohu.com/a/425734613_744678。

是实施专项审查制度，将绿色建筑标准转化为施工图审查要求进行"前置管理"，紧抓出具施工图审查合格书和施工图设计质量专项检查两个环节，确保绿色建筑设计质量。三是出台了《成都市装配式混凝土建筑工程施工安全管理办法（暂行）》，要求质量监督部门把装配式建筑作为项目施工质量的重要内容进行施工质量安全监管。

第三节

综合管廊和海绵城市

一 积极开展地下综合管廊建设

根据《城市综合管廊工程技术规范》，综合管廊定义为"建于城市地下用于容纳两类及以上城市工程管线（不包括工业管线）的构筑物及附属设施，分为干线综合管廊、支线综合管廊及缆线管廊"。城市地下综合管廊作为一种综合性、统一性和前瞻性的城市基础设施，在推动城市集约发展、提高城市地下空间利用率、提高城市综合防灾能力等方面具有重要价值，在市政管理、公共安全、应急管理等社会管理领域方面具有举足轻重的作用，亦是构建社会管理领域信息化体系中不可或缺的一环，符合成都全面提升城市基础设施建设水平的内在要求，对成都市建设践行新发展理念的公园城市具有突出的现实意义。

按照国家、省、市关于地下综合管廊试点工作的部署，成都市自2012年积极开展了地下综合管廊建设实践，对各类管线进行统一规划、集中布局、统一管理，并在中心城区金融城片区、大源组团、新川科技园以及天府新区中央商务区等区域先后启动了多条综合管廊的建设。2016年，成都成功申报国家地下综合管廊设点城市以后，迎来了成都管廊建设的"高潮"。2017年6月，成都出台了《成都市地下综合管廊运营维护管理暂行办法》，明确了全市地下综合管廊规划建设、运营维护管理等相关政策。2018年2月，成都市城乡建设委员会发布《成都市地下综合管廊设计导则》，要求成都地下综合管廊工程建设应遵循"规划先行、分类研究、因地制宜、统筹兼顾"的原则，充分发挥地下综合管廊的综合效益，保证地下综合管廊工程建设做到安全适用、经济合理、技术先进、便于施工和维护，并综合成都市地形地貌、管线种类、建设现状等多方面因素，针对性地提出了成都市在地下综合管廊规划、设计、建设等方面的地方特色。2018年5月，成都出台《成都市地下综合管廊规划建设管理办法》。2018年11月，出台了《成都市地下综合管廊管线入廊及协商收费实施意见》，成为首个由市级政府部门和管线单位共同协商、市级部门共同印发的管线入廊和协商收费的意见，建立起了全套的管线入廊和收费流程，规范了全市管廊建设入廊管理，有效保障了管廊及管线的安全运行、科学管理。

按照工作部署，成都大力推进地下综合管廊建设。已建综合管廊舱室有五舱（IT大道综合管廊）、四舱等多舱，有与地铁（成洛路综合管廊）、有轨电车（IT大道综合管廊）同步建设，有与地下空间、地下车道（大源地下综合管廊）共建，有与河道（汉州路综合管廊）共建，形成了丰富的建设经验。目前已建综合地下管廊分布于中心城区、四川天府新区、双流区，综合管廊舱室多为双舱、三舱，主要集中在中心城区射线道路、金融城和新川区域，以及四川天府新区中央商务区、双流三支渠。

在管廊建设中，成都市创新建设模式，大力推动工业化建设和新技术新工艺，推广采用PPP模式，结合地铁、河道、地下空间等因地制宜开展综合管廊建设，如成洛路综合管廊采用与地铁同步建设，大源地下综合管廊采用与地下空间和车道共建，汉州路综合管廊则采用与河道共建。

> **案例：IT 大道地下综合管廊工程**
>
> 作为国家试点项目的 IT 大道地下综合管廊工程，全长约 5.7 公里，是目前四川省功能最全、复杂性最高、规模最大的双层五舱断面城市地下综合管廊，也是四川省首个兼具人防功能的地下综合管廊。该项目按照双层五舱断面标准建设，上层是燃气舱、综合舱和雨污水舱，下层是输水舱和高压电力舱，充分节省了地下空间，并有效解决了管道建设带来的重复开挖建设和交通拥堵等问题。[①]（见图 11-6）

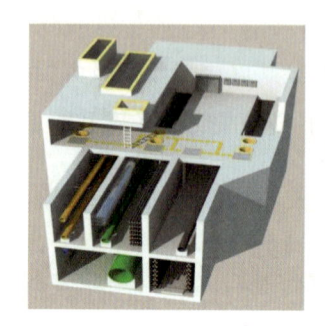

图 11-6 成都市 IT 大道地下综合管廊

二　全力推进海绵城市建设

成都"因水而生"，素有"长江上游、岷江咽喉"的天府之国美誉，地处长江流域上游、属于沱江水系，自古就有生态治水的历史，都江堰水利工程作为道法自然的治水工程典范，也是全世界唯一古老且迄今仍在发展之中的水利工程。随着城市化进程的不断发展，"水少为忧、水脏为患、水多为灾"的问题成为困扰成都可持续发展的一大难题，大力推进海绵城市建设，解决新时期治水矛盾，成为成都市建设践行新发展理念的公园城市示范区、推动城市高质量转型发展的重要内容。

近年来，成都市积极贯彻国家和部委关于海绵城市的建设要求，推动

---

① 资料及图片来源：https://m.thepaper.cn/baijiahao_13647875。

海绵城市的落地生根和本地化建设实践，加强海绵城市设计管理，全面提升城市安全韧性和城市防涝能力。依据"摸本底理家底辨问题、补短板提质量增效率、扎根基韧体系强布局"的综合发展思路，成都将海绵城市理念和要求应用到生态环境保护、城建基建、公园绿地、人居环境提升、城市更新改造等城市规划建设之中。2016—2018 年，成都市在省级海绵城市试点工作期间，形成了全域覆盖的规划体系、体系完整的组织保障体系、分工明确的体制机制、市区统筹推进机制、全方位制度保障、建设项目全过程管理体系。2016—2018 年四川省海绵城市试点建设绩效评价，成都市各年度绩效和综合绩效均为第一。2020 年，成都市成为全国"新城建"试点，提出海绵城市赋能公园城市和"新城建"的发展思路，正式打开"多措并举、并驾齐驱"的海绵城市建设新局面，海绵城市建设加快步伐。2021 年，成都市印发实施《成都市美丽宜居公园城市建设条例》，其中纳入海绵城市建设要求，成为成都市第一个引导海绵城市建设的法定文件。

目前，成都市已构建市区两级统筹和市区两级联动的海绵城市建设工作领导小组，组长由市政府分管城市建设的市领导担任，领导小组下设办公室在成都市住建局，由联合行政主管部门配备人员组成工作专班。围绕海绵城市组织保障、规划建设管控、建设管理、技术规范、城建计划、设施运维、投融资制度、绩效考核 8 类工作要点出台了 50 余项具有约束性和引导性的制度文件，涵盖条例、规定、办法、意见、细则等类型，为成都海绵城市建设提供全方位引导和制度保障。按照全域覆盖的要求，编制成都市海绵城市专项规划，并完成 18 个县级海绵城市专项规划编制，结合公园城市建设和城市发展新要求，启动市级海绵城市专项规划修编工作，制定更具指导意义的顶层设计文件。

截至 2020 年底，成都市建成海绵城市项目 2477 个，其中建筑类项目 2363 个，公园、绿道、市政类项目 114 个。建成海绵城市面积 343.9 平方公里，成都市域已建城区面积为 1288.02 平方公里，已建成海绵城市面积占建成区面积的比例为 26.7%。历史易涝积水点由 2017 年的 94 个下降至

2020年的40个，内涝防治标准达标率为60%；43条黑臭水体已达100%整治率，水环境质量总体优良；截至2020年底，108个地表水断面中，I—III类水质断面102个，占比94.4%；主要河流生态基流保障程度达90%，水功能区水质达标率50%，2020年底生态基流保障率相比2016年达标率增加了50%。

此外，为提升成都海绵城市智慧化和精细化管理水平，成都市正积极推进住建局CIM系统、规自局建设用地智能管控平台、水务局智慧水务平台之间的共享互通，打破事务边界和行业壁垒，打通"智慧—互融—互通—互联"的行政综合管理平台，融合多元化工作要求和全过程管理要求，实施海绵城市建设长效跟踪，将海绵城市建设进度、成效、权属、运维等内容录入智慧信息平台，建立可跟踪、可展示、可更新的保障体系。

>> **案例：活水公园**

成都活水公园建成于1998年，位于成都的护城河——府河，面积约2.6万平方米。作为世界上第一座以水为主题的城市公园，展示了人类与城市、水与自然的相互依存关系。近年，由于建设时间较长，出现了设施老旧破损、地面积水等问题。2018年，按照海绵城市的理念要求，活水公园进行了改造提升，配置了道路透水铺装、下凹式绿地、渗透广场、垂直绿化、屋顶绿化和雨水调蓄等海绵设施，形成了较为完善的海绵公园系统和水生态系统，对85%的雨水径流进行了控制。此次改造还完善了公园尾水回用设施，设计了环境气象监测系统，新建海绵城市绩效监测评价功能系统和降雨模拟系统，赋予了公园探索、科研、试验、科普、展示、教育、宣传等新功能，成为海绵城市科普教育、科研实验基地及住房和城乡建设部市政公用与建筑工程科技示范项目，荣获2017年度优秀环境设计奖[①]。（见图11-7）

---

① 资料及图片来源：https：//www.sohu.com/a/302868276_650729。

图 11-7 活水公园改造前后对比

第四节
绿色生产生活方式

一　推进产业绿色化转型

近年来，成都市把创新作为发展主引擎，以产业生态圈、产业功能区高质量发展为重要抓手，以优质生态资源招引培育绿色生态产业，把构建以产业生态化和生态产业化为主体的生态经济体系作为建设公园城市的物质基础和重要支撑，推动要素资源空间进一步耦合、传统产业全面绿色转型、新兴绿色产业不断壮大，促进了产业发展质效稳步提升。目前，已初步构建了以"产业生态圈—产业功能区—产业社区/科创空间"为支撑的现代化绿色产业体系，推动了全市综合实力不断提升。2021年上半年，全市地区生产总值9602.72亿元，同比增长13.1%，分别高于全国、全省0.4、1.0个百分点。

（一）产业生态圈引领

成都强化顶层设计，聚焦既有产业特色优势，抢抓未来发展赛道，按照"主题鲜明、要素可及、资源共享、协作协同、绿色循环、安居乐业"的要求，统筹架构了碳中和产业生态圈、数字经济产业生态圈、人工智能产业生态圈、新消费产业生态圈、都市农业和食品产业生态圈等12个产业生态圈体系，依托生态资源推动产业转型、动能转换，打造基于绿色的全产业链、创新链、供应链，引导产业形态向绿色集约高效方向发展，全面提升产业发展水平。

2021年开始，成都积极谋划构建碳中和产业生态圈，提前谋划碳达峰、碳中和路径。初步计划重点发展节能环保、新能源、清洁生产等产业，打造低碳能源、建筑、交通、生活等多元应用场景，加强低碳技术科技攻关，形成完善的低碳经济产业链、价值链和生态链，为碳达峰、碳中和示范城市建设夯实产业支撑。此外，还布局组建了四川省碳中和技术创新实验室，目前，该实验室已揭牌，成为全国首家省级的碳中和技术创新中心。该实验室面向四川省新兴产业培育与传统产业转型升级的重大需求，将重点攻关碳减排、碳零排、碳负排三个领域的核心技术，打造碳中和技术创新基地，助力成都实现碳达峰碳中和目标，创建碳中和"先锋城市"。[①]

（二）产业功能区承载

成都围绕先进制造业、现代服务业、农业及新经济产业，聚焦未来科技、未来医学、工业机器人、氢能、高分子新材料、绿色建筑材料、数字文创等细分领域，构建了66个产业功能区。通过构建完整的产业生态体系、提升高品质生产生活配套、全力培育创新生态链、提高开放性经济水平、创建"管委会+专业公司"的运营管理模式等途径，促进生态圈和功能区相互支撑。并探索经济区与行政区适度分离，尝试打破行政区建

---

① 资料来源：https://baijiahao.baidu.com/s?id=1699187306962580408&wfr=spider&for=pc。

设功能区，如由成都高新区和武侯区共同打造"华西医美健康城"、由青白江区和金堂县共同打造"成都欧洲产业城"。目前，产业功能区建设初步成型，效应逐渐显现，资金、人才、项目、政策等持续集聚，已成为践行新发展理念的重要载体、承载城市功能的重大平台、带动经济增长的重点区域、推动产业升级的有力支撑。

> **案例：成都电子信息产业功能区**
>
> 成都电子信息产业功能区，将产业生态圈构建和功能区配套建设两手抓，推动生产、生活、生态融合发展。坚持营城聚人，按一流科技园区标准打造高品质产业载体，环绕电子科大连片布局了IC设计总部基地、英特尔创新中心、阳光中电智谷等IC产业科创空间集群，并坚持产城融合，同步布局了配套商业、全链条专业技术和综合服务、品质公寓等商务场景，同时，聚焦产业人才的高品质需求同步推进了高标准公共服务配套，提供高能级的产业及人才支撑，打造了生态环境优美、自主创新氛围浓厚、功能完整齐全的高品质科创空间。目前，该区经济运行势头强劲，据统计，2020年1—7月，148家电子信息规上企业累计实现产值1924.3亿元，同比增长13.7%；2020年已开工建设项目23个，总投资额达227.2亿元。

（三）产业社区/科创空间孵化

成都聚焦物联网、工业互联网、量子技术、区块链、脑科学、无人机等未来赛道，"揭榜挂帅"了一批产业社区进行承载和孵化，通过建设高品质产业社区，促进产城融合、职住平衡。同时，大力推动建设高品质科创空间，构筑了"核心＋基地＋网络"科技创新体系，通过聚焦创新行为强社交特征、企业全生命周期创新需求、创新人群生活需求以及创新创意场所科技感、未来感、艺术感特征，提升科创空间的功能和服务。

> **案例：大川巷派叁艺术街区**
>
> 锦江区大川巷派叁艺术街区（见图11-8）开创性地在艺术创作领域引入共享模式，通过组织跨界艺术、绘画展览、艺术教育等社群活动，打造了独树一帜的成都艺术社群和现象级文化服务产品，形成了无阶层、零距离的原创画作艺术消费新方式，让原创绘画艺术成为成都高品质生活的一部分。
>
> 图11-8　大川巷派叁艺术街区

二　推动形成绿色生活方式

成都深入践行绿色发展理念，围绕服务"人"，全面倡导低碳出行，推进生活垃圾分类和处理，持续推进绿色消费革命，深化建设国家节水型城市，引导形成了简约适度、绿色低碳、健康优雅的生活方式，逐步减少了超前消费、炫耀性消费、奢侈性消费和铺张浪费等现象，实现了生活方式和消费方式向勤俭节约、绿色低碳、文明健康的方向转变。

（一）建设国家节水型城市

成都市贯彻落实国家有关节约用水的方针政策，大力开展节水型城市建设，全方位实行计划用水管理，积极推广再生水雨水利用等节水新技术，大力推广节水器具使用，不断增强市民保护水资源、防治水污染及节约用水的意识，以推动节水型城市建设为成都公园城市建设注入持续的生命之源。据统计，2019年全市节水量达到4900万立方米，相当于节约了36个锦城湖的水。[①]

（二）大力倡导绿色低碳出行

成都市不断加密轨道交通线路、提升公交服务能力、扩大慢行交通覆盖率，大力推广绿色低碳出行工具，已初步构建了"轨道交通为主干、常规公交为基础、慢行交通为补充"的绿色交通出行体系，实现了公交、地铁、共享单车、共享汽车、新能源汽车等多种绿色出行方式的无缝转换，"公交＋地铁＋共享单车"成为了当地市民的出行时尚。

截至2020年10月，成都市已建公交线路1385条，其中快速公交线路14条；共有公交车16691辆，其中天然气公交车10135辆，新能源公交车5838辆；共享单车约116万辆，日均骑行208万人次，周转率为1.9次／日，活跃率为63%，骑行指数全国领先，骑行减排量居全球12个样板城市第三。[②]（见图11-9）

图11-9 成都绿色出行倡导活动[③]

---

① 资料来源：http://slt.sc.gov.cn/scsslt/dfss/2020/5/18/44e8ababb23e4aaf82f9b07010c9b250.shtml。
② 资料来源：https://m.gmw.cn/baijia/2020-10/27/1301725912.html。
③ 图片来源：http://sc.cri.cn/20200923/7e4afcdd-4e20-b6ca-bf0c-25b16348c97d.html。

（三）全面推行生活垃圾分类

成都围绕垃圾分类法规、政策、工作、标准、设施五大体系建设，以街道为单位，全面推行生活垃圾分类工作，成功打造了全社会参与、成建制推进、市场化运作、产业化发展的"成都模式"。截至2020年底，全市生活垃圾分类累计覆盖居民571.8万余户，分类覆盖率已超过90%，建成了9座环保发电厂，基本实现了生活垃圾分类全覆盖，并在全国率先实现了原生生活垃圾"零填埋"。

同时，成都作为国家首批33个厨余垃圾资源化和无害化处理试点城市之一，采用了"集中规模化＋分布小型化"方式逐步推进厨余垃圾源头分类减量化、收运模式标准化、处理最大资源化及工艺方式多样化，共建成厨余垃圾处理设施4座、就地处理设施34个，生活垃圾回收利用率超过了35%。

此外，成都还借助星力量积极开展垃圾分类宣传活动。持续推进示范小区、社区、单位等示范创建，截至2020年底，全市城镇社区和农村集中居住区生活垃圾分类累计覆盖居民数为571.8万余户，分类覆盖率达90%以上，基本实现生活垃圾分类全覆盖，全市已建成垃圾分类教育示范基地29个，1519家党政机关、3780个学校、875个医疗机构、125个商业综合体生活垃圾分类均实现100%全覆盖。[①]每月定期开展"垃圾分类就是新时尚"主题活动，启动了光盘行动助力垃圾源头减量，确定每年8月11日为"光盘行动"宣传日，倡导居民减少"舌尖上的浪费"，极大提升了前端分类减量实效。[②]（见图11-10）

---

① 资料来源：http://www.chengdu.gov.cn/chengdu/home/2021-01/30/content_bf4ebef3119649ebb64e7d3ad7c24cb0.shtml。

② 资料及图片来源：https://www.sohu.com/a/452466671_120214231。

图 11-10　成都市生活垃圾分类宣传活动

（四）持续推进绿色消费革命

成都充分挖掘公园城市绿色生态价值，探索创新绿色低碳生活行为场景，打造公园、绿道、商超、酒店等成为市民绿色消费、绿色体验、绿色生活的重要载体，极大程度提升了城市的宜居品质。如成都伊藤洋华堂于2020年10月开展了"碳惠天府·守护成都绿　低碳欢乐购"活动，通过亲子互动、低碳知识抢答等形式发放环保购物袋，鼓励居民减少塑料袋的使用，宣传低碳购物、绿色消费理念，有效推动市民在低碳商场进行绿色消费，并鼓励市民通过获赠的积分兑换绿色商品和服务，一定程度上提升了市民进行低碳购物、绿色消费的积极性。

2021年3月，成都印发了《关于构建"碳惠天府"机制的实施意见》，在国内首创提出了双路径碳普惠建设的思路，将个人、家庭、社区及小微企业的绿色低碳行为进行量化，构建碳减排交易体系和消纳机制，鼓励公众践行绿色低碳理念。5月上线了"碳惠天府"绿色公益平台，营造了步行、共享单车、燃油车资源停驶、新能源汽车驾驶、环保随手拍等低碳场景，构建了商超、酒店、景区、餐饮等多种绿色消费场景，鼓励市民通过线上线下的低碳消费、绿色生活获取碳积分兑换服务和商品，助力成都公园城市绿色低碳发展。[①]

---

① 资料来源：https://baijiahao.baidu.com/s?id=1699700552281554847&wfr=spider&for=pc。

第十二章
创新公园城市空间治理机制

在公园城市统筹建设过程中，成都市加强顶层设计，构建了规划引导、底线约束、格局塑造、品质提升、资源配置、实施监督一体的空间治理体系，全面提升城市现代化治理能力。构建三级三类国土空间规划体系，实现多规合一，夯实空间治理规划基石；围绕国土空间规划"编制—审查—实施—监督—评估—预警"的全生命周期，构建完善的法规政策体系；构建全面适配公园城市国土空间规划体系的分级分类规划技术标准体系，为公园城市规划建设提供系统化、可操作、创新性的"成都方案"；强化公园城市的智慧化治理，探索城市规划建设的数字化管理新模式；推动生态价值转化机制创新，明确生态价值转化实施路径，示范城市绿色可持续发展新模式。

第一节
空间治理政策与法规

坚持政府主导，发挥整体谋划、科学组织、有效管控、整合资源、凝聚力量的作用，统一组织开展研究、策划和规划，保障公园城市建设的公益性、系统性、科学性和可持续性。突出理论先行，成立天府公园城市研究院，组建公园城市研究智库，组织开展系列公园城市专题研究，出版了《公园城市——城市建设新模式的理论探索》和《公园城市　成都实践》，构筑公园城市的理论框架。突出高标规划，借鉴雄安新区规划经验，以全球视野、国际标准、时代要求，优化构建"公园城市规划—公园城市建设实施规划—区（市）县公园城市建设实施规划"三级体系，探索构建规划建设技术导引体系。突出统筹推进，成立市委公园城市建设领导小组，整合组建公园城市建设管理局，建立健全目标考核机制，确保公园城市建设衔接顺畅、保障有力和推进有序。突出法治保障，已制定系列重要生态区保护法规，《成都市美丽宜居公园城市建设条例》已于2021年10月1日实施，构建公园城市评估监测体系，公园城市建设支撑体系不断完善。坚持市场主体，组建市级平台公司建设重大生态项目，招引领军企业、专业企业参与，探索政府社会合作共营模式，以"专业企业＋社会资本"释放投资价值和创新活力。坚持商业化逻辑，融合绿色生态，叠加多元场景，植入特色业态，激活新兴消费，以"场景营造＋产业植入"促进价值转化和产业转型。

综合平衡，创新投入产出平衡机制。前期生态投入资金，通过划定生态建设成本提取控制区域，将土地增值部分收益定向用于生态项目建设，形成土地增值与生态投入良性互动机制；后期管理维护资金，通过引入市场主体开展商业开发，以商业收益反哺运营维护费用机制，为可持续的生态绿色投入提供保障。以生态价值多元转化保障生态建设投入的可持续性，实现公园城市永续发展。武侯区水韵天府建成后，迅速改变了周边"楼宇空置、人气低迷"的窘况，促进地价、房价、租金的整体提升。

第二节
空间治理技术标准体系

规划技术标准体系是城市治理体系和治理能力现代化的重要基础，完善的技术标准体系不仅为各类规划编制审批、实施管理提供强有力的技术依据，同时还为行政部门和社会公众对规划制定和监督提供清晰的参考依据。

成都市在公园城市的背景机遇下，率先推动以技术标准带动治理模式、生产方式和生活方式转变的新范式，全面提升了市场主体标准创新能力，为提升空间治理的精细化水平奠定了坚实基础。

一 分级分类的公园城市技术标准体系构建

成都在公园城市建设初期搭建了全面适配公园城市国土空间规划体系的三级三类公园城市技术标准体系框架，多年来在实践的过程中不断强化学科融合、提高科学性和系统性，逐步形成完整的空间治理技术标准体系，对标国际一流标准，为公园城市规划建设提供系统化、可操作、创新性的"成都方案"，与公园城市政策法规相匹配、相衔接，全面体现公园城市生态、美学、生活、经济、人文、社会六大价值，支撑公园城市各领域规划建设。（见图12-1）

公园城市规划技术标准体系总体框架				
分级技术标准			分类技术标准	
市级规划层次	《成都市美丽宜居公园城市规划建设导则（试行）》《成都市城市规划管理技术规定》……	底线约束	《成都市湿地修复与生物多样性保育技术导则》《成都市公园城市棕地修复与再利用规划设计导则》……	
县级规划层次	《成都市"中优"区域城市剩余空间更新规划设计导则》……	格局塑造	《成都市"中优"区域规划设计导则》《成都市"西控"区域规划设计导则》……	
镇级（及社区）规划层次	《成都市镇村规划技术管理规定（2020）》《成都市城市镇区规划建设导则》……	品质提升	《成都市中心城区特色风貌街道规划建设技术导则》《成都市中心城区城市设计导则》……	

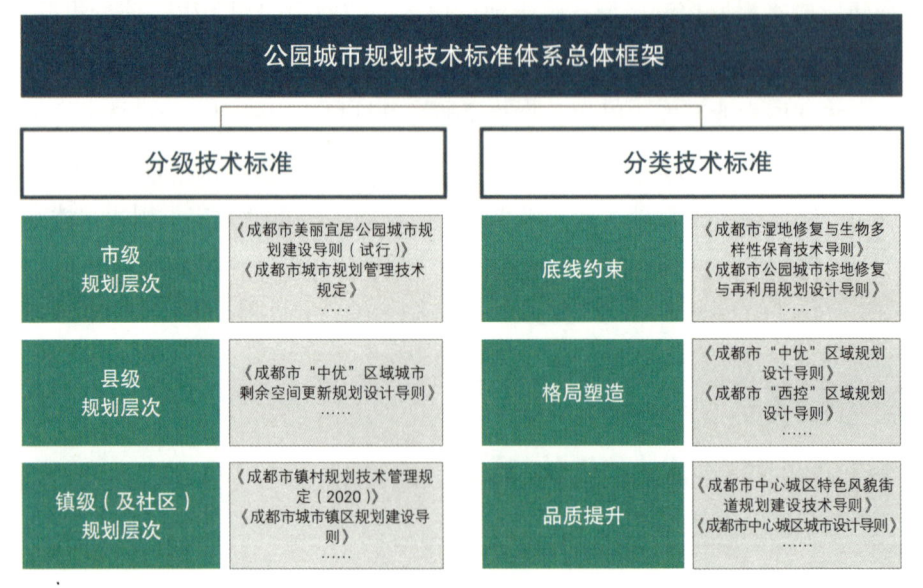

图12-1 成都公园城市技术标准体系框架

（一）分级技术标准

对应国土空间规划体系，构建市级、县级（及功能区）、镇级（及社区）逐级传导的分级技术标准体系。重点完善各层级国土空间规划内涵以及相互关系，围绕不同层次定位保障自上而下的责任约束以及自下而上的权益维护，确定差异化的内容深度和管理要求，层层落实公园城市精细化发展建设理念。

（二）分类技术标准

构建以强化底线约束、格局塑造、品质提升三类方向的专项技术标准体系。注重标准间的细化衔接和分类指导，聚焦于绿色发展、场景营造、人居活力等公园城市发展理念方向，形成整体覆盖各行业领域所需的技术标准体系，全面支撑公园城市建设、彰显公园城市空间特色。

二 成都公园城市技术标准体系特色与示范效果

成都的公园城市是全面体现新发展理念的新型城镇化建设模式，是覆盖城市各行业领域的综合建设实践，同时公园城市又是在不断创新和实践中发展丰富的理念。

在成都公园城市建设初期，完善的规划技术标准体系是公园城市有序推进的重要保障，确保在多重工作同步推进的过程中，有条不紊地指引各类项目高质量、高标准完成。成都市的规划技术标准体系具备系统性、先锋性、时效性和灵活性四个主要特征，通过全覆盖的体系框架、高标准的先锋实践、精确化的建设时效、多样化的标准形式，全面保障公园城市的标准化建设。

（一）构建多领域技术标准体系，引领公园城市建设示范

在国内现行规划技术标准体系尚不完善、大部分城市的技术标准制定

滞后于社会发展需要的背景下，成都以公园城市规划建设管理为契机，整合各专业各领域，构建了覆盖多级规划层次以及多专业领域的完整规划技术标准体系，所包含的数十项标准、导则彼此衔接、各有深度、互不冲突，已形成较为完善的体系框架，全面支撑公园城市各领域、各环节的规划建设，也为国内同时期其他城市的规划技术标准体系构建提供参考范例。

（二）发挥先锋示范作用，促进公园城市高标准建设

公园城市代表着新时代绿色城镇化发展的新模式，成都的公园城市空间治理技术标准体系瞄准国际先进标杆，充分融合公园城市的新标准、新要求，在大量国内外理论研究及实践经验积累的基础上，创新提出符合公园城市理念的先进建设理念及策略，尤其在场景营造、公园社区、智能服务等领域具有很强的先导性与示范性，以创新性的技术标准引领城市高质量建设。

公园城市街道一体化设计是满足成都公园城市提出的"建设清新宜人的城市街区公园场景"的新建设要求，促进实现"把公园建设融入社区建设，围绕绿化空间，织补绿道网络，按照公园＋的布局模式，形成公园式的人居环境、优质共享的公共服务、健康舒适的工作场所，构建绿色化出行体系"的规划建设理念。

导则系统梳理了公园城市新的规划建设导向，总结了国内外街道营造优秀案例经验，提出新时期成都街道建设特征及原则。创新性提出公园城市街道营造六大目标——慢行优先的安全街道、界面优美的美丽街道、特色鲜明的人文街道、多元复合的活力街道、低碳健康的绿色街道、集约高效的智慧街道。

（三）满足近期建设要求，保障公园城市按计划建设

成都公园城市建设正在如火如荼地进行，对于其技术标准的时效性、精准性提出了更高的要求，成都依据公园城市实际建设情况，制定和采用适合成都特色和当前公园城市建设要求的标准、导则，在城市公园、绿道

体系、微绿地等实际建设中起到了关键的标准化、规范化作用，保障城市建设在有限时间内又快又好地完成规划既定目标。

成都市委、市政府在全域推进天府绿道建设之初，借鉴国际国内优秀案例和先进经验，结合成都本土实际情况，编制了《成都市天府绿道建设导则》，对天府绿道的规划、设计、建设和管理工作进行全面细致的指导。其中明确了"一轴两山三环七带"的市域主干绿道体系，并根据规模等级和绿道沿线景观风貌两种分类方式，构建了完整的天府绿道体系。

《成都市天府绿道建设导则》特点在于对绿道建设技术标准的制定，通过对绿道要求、配套服务设施、园林绿化、智慧城市、海绵城市等十个方面技术标准的细化，切实指引成都天府绿道体系的各环节规划建设，保障绿道建设有序、高质量完成。截至2021年底，天府绿道总建成长度达到5327公里，成为成都的城市新名片，在百姓健康生活、生态价值转换、城市文化展示等方面都起到了积极带动作用。在此过程中，《成都市天府绿道建设导则》起到了重要的指导作用。

（四）创新标准形式和技术内容，精准指导项目建设

当前中国技术标准体系中，通用标准较多、专用标准尚有不足，标准内容以宏观整体把控为主，缺少更具有针对性、专业性的指导内容。

成都市在公园城市构建的过程中，注重平衡标准体系统一性和差异性的关系，有效保障了标准、导则的灵活及多样性，尤其注重与实施紧密相关、专业性强的技术指导类标准编制，在此类标准编制时依据该专业领域的实际建设需求，差异化地指引规划建设，有效地促进了城市特色塑造以及地域差异化发展，精准引导项目落地建成。

第三节
公园城市智慧城市建设

"十三五"时期,成都市深入贯彻落实习近平新时代中国特色社会主义思想,特别是习近平总书记关于网络强国、数字中国、城市治理等系列重要论述,坚决贯彻落实党中央国务院、省委省政府关于智慧城市建设相关决策部署,成立成都市智慧城市建设领导小组,加强对智慧城市建设工作的统一领导,锐意创新、励精图治、攻坚克难,坚持以"互联网+城市"行动为牵引,深入推进网络理政,以政务云建设为抓手,开展数据大会战,建设"城市大脑",赋能政务服务、城市运行、公共服务、风险防控、产业发展等重点领域智慧化应用场景构建,初步形成全天候能在线监测、能分析预测、能应急指挥的智能城市治理运行体系,城市智慧治理能力明显提升,促进了城市治理体系和治理能力现代化,智慧城市建设工作在成都发展全局中的重要地位和作用进一步凸显。2017年至2019年,成都市连续三年荣获中国智慧城市建设领先奖;2019年12月,李克强总理莅蓉考察对智慧城市建设相关工作给予了充分肯定;2020年成都市"智慧治理中心""数智环境大气系统"等项目获2020首届数字四川创新大赛政务大数据应用赛十佳案例奖、2020年度大数据应用创新示范奖。2020年11月,成都和上海、深圳一同荣获"2020世界智慧城市大奖中国区决赛入围奖"。

一 体制机制不断健全

成都市组建市网络理政办,集中政务服务、网络理政、政务公开、电子政务、政府网站管理、政务云建设、政务外网管理、公共数据管理、公共资源交易管理、营商环境建设等职责,牵头推进全市智慧城市建设工作。成立市级智慧城市建设领导小组，设办公室于市网络理政办。组建市大数据中心，为智慧城市建设提供技术支撑。成立市大数据集团，为智慧城市建设运营提供支撑。成立市智慧城市标准化技术委员会，助力研制智慧城市相关标准。

二 顶层规划接续优化

根据中央和省、市智慧城市建设工作系列部署，及时制定智慧城市中长期发展规划。出台《成都市"互联网＋城市"行动方案（2017—2020）》，以国家新型智慧城市评价指标开展全市智慧城市建设顶层设计，着力构建六大智慧应用体系。制定《成都市政务云建设规划（2017—2020）》，构建"云、网、端、数"四位一体的政务云平台，打破信息孤岛，推动"互联网＋城市"行动有效落地。出台《成都市智慧城市建设行动方案（2020—2022）》，结合新冠肺炎疫情防控新要求，着力构建"11153"智慧城市架构体系。印发《成都市智慧城市建设"十四五"专项规划编制工作方案》，高水平编制智慧城市建设"十四五"规划。

三 制度规范更加完善

出台《成都市公共数据管理应用规定》，规范公共数据采集生产、加工整理、开放共享和管理使用，消除数据壁垒。制定《成都市电子政务项目管理办法》，对使用市本级财政性资金的新建、续建、运行维护、购买服务的电子政务项目规范管理。出台《成都市政务信息系统整合共享工作方案》，避免各自为政，市级系统停用227个、整合22个。出台《成都市公共数据运营服务管理办法》，释放公共数据价值。制定《成都市运用人口大数据提高公共突发事件治理能力工作方案》，提升人口大数据应用能力。构建市智慧城市标准体系框架，发布地方标准16项、国家标准1项，荣获首批ISO智慧城市国际标准试点城市。

四　基础支撑有力夯实

建成全市统一的政务云平台，承载市县两级 1277 个非涉密应用，基本实现各级政务信息化基础设施统建共用，每年减少财政支出 1 亿余元。建成全市统一的电子政务外网，覆盖市县乡村四级 5 万余个终端。建成全市一体化协同办公平台。建设全市统一的身份认证平台，支撑一地认证、全域通办。光纤宽带网络、4G 网络覆盖城乡，移动用户规模达 2706 万户，5G 基站 3 万余个，具备 NB-IoT 物联网服务能力基站 7000 个。分类推进市政设施等八大领域感知体系建设，城市智能感知能力不断提升。成都超算中心一期投运，西部大数据中心、西部云计算中心等重大项目加快推进，全市在用数据中心 60 个，机架规模 7.2 万台。

五　城市大脑初步建成

建成市网络理政中心，开发"城市大脑"信息系统，迭代更新 147 余次，对接联通全市 60 多个行业部门 268 个生产和管理系统、16 万路视频和物联感知点位设备。开展数据大会战，建成人口、法人、空间地理等基础库和政务服务事项、新冠肺炎疫情防控等主题库，全面清理和录入 43 个市级部门改革开放以来历史数据，广泛汇聚政府、企业和社会数据资源 753 类 57.1 亿余条，形成城市数据资源池，支撑新冠肺炎疫情防控专题、"天府健康通"可视化分析以及防汛应急、森林防火监测预警等 49 个市级智慧化应用场景构建。22 个区（市）县建成区智慧治理中心，实现与市级"城市大脑"对接联通，支撑 110 个区（市）县级智慧化应用场景构建。

六　数据赋能成效明显

建成全市统一的政务信息资源共享平台，与省平台级联，向区（市）

县延伸，90个市级部门（单位）、22个区（市）县挂接资源1.4万项，日均交换数据3600万条，共享数据从2.7亿条增加到281亿条，支撑居住证积分入户办理等50余家单位163项业务协同；建成全市统一的融合服务平台，交付服务接口2736个，调用超过11.7亿次，大幅减少群众办事跑腿。建成全市统一的公共数据开放平台，向社会开放数据从0.22亿条到1.25亿条；促进公共数据社会化利用，为新网银行、成都银行和一批大数据企业提供数据服务；举办开放数据创新应用大赛，释放公共数据价值。支持市大数据集团和金控数据公司搭建公共数据运营服务平台，探索公共数据运营服务。

七　智慧应用渐成体系

一是智慧政务服务体系初步形成。建设集"一网受理、协同办理、综合管理"于一体的"天府蓉易办"平台，覆盖市、区（市）县、乡镇（街道）、村（社区）四级；建设"天府蓉易享"平台，实现全市惠企政策集中汇聚、全周期公开、智能匹配和在线申报。

二是智慧城市运管体系初步形成。打通"城市大脑"与管理末端的"神经"，将"单打独斗"业务重构为"协同联动"场景，初步构建形成"全天候能在线监测、能分析预测、能应急指挥"、市和区（市）县两级联动的智能城市运行指挥体系，实现重点项目调度、工业企业运行、环保在线监测等"一网通查"；"大联动微治理"平台贯通四级，时空大数据、国土空间规划、城市综合管理、交通运行协调中心、智慧工地、城市安全和应急管理、安全生产综合监管、智慧安防小区、天府智慧小区等城市运行领域系统平台加快建设，政法、公安、交通等领域视频融合共用。

三是智慧诉求服务体系初步形成。在整合81条市级非紧急救助类政务服务热线，实现"12345一号通"的基础上，统一搭建集市委书记信箱、2399个县乡政府领导干部信箱、12345热线电话、微博、微信和短信于一体的全天候社会诉求受理平台，实现受理、办理、标准、流程、考核、共享"六个统一"和"一号通、一网办、全覆盖";融合应用人工智能、地理信息系统、语义分析等技术,完善 12345 接听中心智能化质检功能,提升利企便民效能、辅助决策功能和风险感知、预测防范水平。

四是智慧公共服务体系初步形成。"天府市民云"集成 59 个部门(单位)市级服务 231 项、22 个区(市)县特色服务 410 项;建立全国首个全生命周期在线教育体系,全市二、三级医院和 80% 以上基层医疗卫生机构实现远程诊疗服务,养老服务、社会救助、社工及社会组织管理服务等信息系统建成投用,扶贫数据平台对全市 23703 户建档立卡贫困户实现全覆盖精准服务,"文化天府"云平台深入应用,公共图书馆实现基于第三代社保卡免注册服务,博物馆提供多元化智慧导览服务,"一部手机游成都"覆盖全市境内景区 100 余个。

五是智慧风险防控体系初步形成。建成统一疫情防控信息化平台,开发"天府健康通",有力促进精准防控;市网络理政中心集中接入 160 余个定点医院、医学观察点和隔离场所监控视频;建成 9 个区级教育资源支撑平台,全市约 60% 的学校常态化在线教学直播,70% 的学校开展网络录播教学,实现疫情防控期间"停课不停学";开展"云签约、云洽谈、云推介"等线上活动,举办"云招商"活动;建设"天府蓉易办—健康消费平台",支撑"成都新消费用券更实惠"系列活动。

六是智慧产业发展体系初步形成。电子信息产业成为全国首个亿万级产业,整体规模位居全国前列;推进 5G 应用传统产业融合,打造"5G＋智慧农机"等 10 个重点示范应用项目;落地 30 个新一代人工智能项目,24 家企业人工智能示范项目获得产业资金支持;工业互联网标识解析(成都)节点已接入企业 82 家,标识注册量 5.4 亿条;建设"成都会展新经济产业创新基地",孵化培育会展新业态;大数据企业已覆盖 50 余个垂直细分领域,人工智能核心产业规模达 200 亿元。电商企业超过 4 万家,网商数量超过 80 万家,电子商务交易额 2.5 万亿元,规模居全国第三,仅次于上海、北京。

八 网络安全更加牢固

网络安全工作机制优化成型，网信部门牵头抓总、部门协同联动"一盘棋"工作格局基本形成。编制网络安全规划，制定网络安全工作标准化指南，推动网络安全国家标准在蓉落地。建设网络安全通报平台，拓宽网络安全监测广度、深度，及时监测发现网络安全风险（事件）1600余个，及时整改高中危网络安全漏洞隐患。高质量遴选全市网络安全技术服务单位，巩固技术优势，赋能城市安全治理。开展网络安全应急演练210余次，完成重要时间节点、重大活动期间网络安全保障30余次。建设政务云网络安全体系，加强"两地三中心"的政务数据灾备体系建设应用。网络安全从业人员5万余人，网络综合治理能力不断提升。

随着信息技术的快速发展，移动互联网、物联网、云计算、"3S"技术为代表的新一代信息技术的兴起和推广应用，城市绿地管理工作也逐渐从人工模式转向信息化模式。面对城市绿地管理越来越复杂的元素和工作，构建城市绿地智慧化管理系统，提高园林绿化精细化和科学化管理水平，已成为园林绿化行业发展大势所趋。

从"公园城市"首提地到建设践行新发展理念的公园城市示范区，成都围绕城市绿地智慧化建设开展了从调研学习、理论探索到建设实践的系列工作。通过实地调研、网络远程联系等方式对北京、雄安、深圳等信息化平台建设的先进城市开展调研学习工作；委托专业机构咨询论证，拟定平台基础架构和总体设计，数次与多位行业专家讨论协商；以建设践行新发展理念的公园城市示范区为统领，从城市园林绿化管理工作的具体需求出发，建立了成都市美丽宜居公园城市信息平台，涵盖了城市绿地数据库、统计分析、辅助决策等功能，初步形成了城市绿地整体智治的数字化管理新模式。

第四节
生态产品价值实现机制

生态产品是人类从自然界获取的生态服务和最终物质产品的总称，既包括清新的空气、洁净的水体、安全的土壤、良好的生态、美丽的自然、整洁的人居，还包含人类通过产业生态化、生态产业化形成的生态标签产品。生态产品价值实现的过程就是将被保护的、潜在的生态产品以政府购买、地区间生态价值交换、生态产品溢价等形式转化成现实的经济价值。根据成都市公园城市建设管理局研究，公园城市生态价值主要涵盖两个维度：其一，城市生态系统及其要素作为环境对城市居民的生态价值，包括自在价值、使用价值和审美价值；其二，城市居民对城市自然环境能动作用的生态价值，主要表现为生态修复和生态创建。

一 生态产品价值实现是公园城市的时代命题

生态产品价值是公园城市区别于其他城市形态的本质特征，是实现可持续发展的必然选择，也是公园城市必须突破的时代命题。首先，生态产品价值实现是践行"两山"理论的生动实践。公园城市是成都践行习近平生态文明思想的城市表达，以"两山"理论为基本遵循，依托成都山水田林湖等优渥自然资源禀赋，统筹"规划—建设—转化"时序进度，体现生态为民、生态惠民、生态利民的价值依归，是践行"两山"理论的生动实践。其次，生态产品价值实现是公园城市永续发展的必由之路。公园城市依托绿色开敞空间，将生产、生活、生态有机融合，推动公园城市生态价值、经济价值、文化价值和社会价值创造性转化，是实现高质量发展的原动力和主色调，是推动城市永续发展的必由之路。最后，生态产品价值实现是创造美好生活的重要抓手。人民群众对美好生活的向往，是做好城市工作的出发点和落脚点，推动公园城市多维价值转化，全面提升城市功能品质，就是回应人民群众对美好生活向往的重要抓手。

二 生态价值转化示范探索

在推进成都市公园城市建设实践过程中，成都市积极探索政府主导、企业和社会各界参与、市场化运作、可持续的生态产品价值实现路径。邀请中国科学院、中国城市规划设计研究院、浙江大学等国内外权威研究机构，率先开展公园城市"两山"发展指数研究、生态价值转路径与策略研究、全域生态系统综合生态价值评估体系研究、EOD发展模式研究、场景营造模式、价值转化等重大课题研究，创新提出以城市品质价值提升平衡建设投入的建设模式和以消费场景营造平衡管护费用的发展模式。根据《自然资源统一确权登记暂行办法》（自然资发〔2019〕116号）、《成都市自然资源统一确权登记工作方案》（成府发〔2020〕12号）和《自然资源确权登记操作指南（试行）》的要求，分年度逐级实现对全市水流、森林、山岭、草原、荒地以及探明储量的矿产资源等自然资源统一确权登记全覆盖。发挥国有企业的平台功能和领军企业的专业优势，探索以生态环境为导向的城市发展模式（EOD）示范建设。坚持政府主导、企业和社会参与、市场化运作、可持续的生态产品价值实现路径，创新"绿道＋""公园＋""森林＋"模式，大力营造以生态为本底、以美好生活为导向、以新经济为动能的多元复合场景，发布新经济新场景新产品，以场景供给"给机会"、以产品供给"给体验"、以空间供给"给支撑"。先行开展川西林盘生态价值核算，为推进全域生态系统价值核算先行先试。编制"老公园·新活力"提升行动计划、公园（绿道）业态融合指引，以优质绿色开放空间集聚城市服务功能。公园城市以生态价值转化激发可持续发展内生动力效果初步显现，公园城市逐渐成为最有价值的投资载体。

三　成都生态产品价值实现三大机制

近年来,成都市先后被确定为全国农村改革试验区深化集体林权制度改革试点市、全国集体林业综合改革试验区,形成了经营"共营制"、补贴"普惠制"、交易"入场制"、风险"防控制"、承包"退出制"、融资"多元制"、保护"山长制"等林改"成都经验"。在生态价值转化机制创新层面,成都主要完成以下三方面工作。

(一)建立可持续建设机制

深化片区综合开发,积极引育城市综合运营商,以片区整体作为生态建设成本提取区域,探索以城市品质价值提升平衡建设投入的建设模式,开展土地增值平衡建设资金、运营收益平衡管护资金研究,全面实施生态建设资金平衡计划,推行生态产品供给与建设用地指标增减挂钩、生态资产账户异地增减平衡,推动形成"生态投入—环境改善—土地增值—价值反哺"的动态良性循环。

(二)可持续营运机制

统筹城市经营性生态资源运营,以组建专营公司、产权入股、资产租赁等方式推进公益性生态项目市场化运作,以特许经营、以规引资、利益分享等机制引导市场主体进行商业开发,依托生态场景叠加嵌入文化创意、生活美学等新兴消费功能,加快打造龙泉山城市森林公园"城市之眼"旅游环线等引领性项目,以生态场景赋能提升消费产品和服务附加价值,以商业收益扩大反哺生态项目运营维护成本。

(三)可持续变现机制

深化生态资源资产负债表编制改革,建立生态资本交易制度,健全生态资源资产产权制度,探索推进所有权与使用权分离,遵照"总量控制—

配额交易"模式创建西部环境资源交易所，建立用能权、水权、碳排放权等新要素市场，加快构建生态资源价格发现和形成机制，确保生态价值充分彰显、有机变现。

四 小结

经过了四年多时间的研究与实践，生态产品价值实现机制建立尚处于起步探索阶段，存在生态价值底数不明、市场主体参与不足、绿色空间体系自我造血功能薄弱等方面问题，生态产品价值实现机制还需进一步完善。下一步，持续建立健全政府主导、企业和社会各界参与、市场化运作、可持续的生态产品价值实现路径，把生态优势转化为经济社会发展优势。探索构建生态产权制度，完善生态产品调查监测机制，开展生态产品信息普查、确权登记。建立生态产品价值评价体系，开展以生态实物量为重点的生态价值核算，探索体现市场供需关系的生态产品价格形成机制。健全生态产品经营开发机制，打造特色鲜明的生态产品区域品牌，促进生态产品价值增值。探索生态资源权益交易机制，支持设立西部环境资源交易所，推进排污、用能、用水、碳排放权市场化交易。创新绿色信贷、债券、基金、保险等金融产品开发，探索生态产品资产证券化路径和模式。建立GDP和GEP双核算、双运行绿色经济考评体系。通过系统探索生态产品价值实现机制，创新示范城市绿色可持续发展新模式。

2021年4月26日，中共中央办公厅、国务院办公厅印发了《关于建立健全生态产品价值实现机制的意见》，并发出通知，要求各地区各部门结合实际认真贯彻落实，坚持绿水青山就是金山银山理念，坚持保护生态环境就是保护生产力、改善生态环境就是发展生产力，以体制机制改革创新为核心，推进生态产业化和产业生态化，加快完善政府主导、企业和社会各界参与、市场化运作、可持续的生态产品价值实现路径，着力构建绿水青山转化为金山银山的政策制度体系，推动形成具有中国特色的生态文明建设新模式。2022年3月16日，国家发展改革委、自然资源部、住建部联合印发《成都建设践行新发展理念的公园城市示范区总体方案》，要求成都"充分彰显生态产品价值，推动生态文明与经济社会发展相得益彰""充分挖掘释放生态产品价值，推动生态优势转化为发展优势"，并在生态产品价值实现路径、评价体系、权益交易机制等方面提出明确要求。

未来成都生态产品价值实现机制的发展将全面落实国家要求，全面落实《成都建设践行新发展理念的公园城市示范区总体方案》，持续探索生态产品价值实现机制。探索构建生态产权制度，完善生态产品调查监测机制，开展生态产品信息普查、确权登记。建立生态产品价值评价体系，开展以生态实物量为重点的生态价值核算，探索体现市场供需关系的生态产品价格形成机制。健全生态产品经营开发机制，打造特色鲜明的生态产品区域品牌，促进生态产品价值增值。探索生态资源权益交易机制，支持设立西部环境资源交易所，推进排污、用能、用水、碳排放权市场化交易。创新绿色信贷、债券、基金、保险等金融产品开发，探索生态产品资产证券化路径和模式。建立 GDP 和 GEP 双核算、双运行绿色经济考评体系。

第五节
以片区规划引领推动两项改革"后半篇"文章

一　四川省两项改革

为落实党的十九届四中全会精神、加强和改进乡村发展治理，四川省结合自身实际，自 2019 年正式启动乡镇行政区划和村级建制调整这一项重大基础性原创性改革。通过改革，全省乡镇从 4610 个减为 3101 个，减幅达 32.73%，建制村从 45447 个减为 26369 个，减幅达 41.98%，村民小组从 386120 个减为 230095 个，减幅达 40.41%，社区从 7804 个增加到 8265 个，增幅为 5.91%，有效解决了四川省镇村多、小、密、弱这一长期制约发展的老大难问题，县域经济版图得到整体性重塑，城乡融合发展格局实现系统性再造，基层治理体系发生结构性变革，顺利完成改革"前半篇"文章。

两项改革作为前后相续的大文章，"前半篇"重在调优减量、激发物理变化，"后半篇"重在提质增效、催生化学反应，二者共同指向优化乡村发展格局、夯实基层治理根基这一目标任务。2021年，四川省启动实施以片区为单元编制国土空间规划引领推动两项改革"后半篇"文章，打破县域内行政区划和建制界限，按一定条件把若干建制乡镇（村）划分成片区，然后以片区为单元编制镇村两级国土空间规划，把两项改革"前半篇"文章以行政区划和建制调整为主抓手，转到"后半篇"文章以片区规划和功能强化为主抓手上来，统筹各方资源、优化县域生产力和经济空间布局、优化基础设施建设和公共资源投放，提升片区整体公共服务水平，把两项改革一步一步引向深入。

二 成都两项改革"后半篇"文章

统筹推进以乡村国土空间规划编制和两项改革"后半篇"文章是推进成都乡村全面振兴和新型城镇化建设、促进县域经济高质量发展的长远之计，是经济区与行政区适度分离改革的创新之举，也是提升成都人口经济承载力的现实之需，对于成都建设践行新发展理念的公园城市示范区具有十分重要的意义。按照四川省委省政府工作要求，成都市以片区国土空间规划引领推进两项改革"后半篇"文章。

在成都市委农村工作领导小组的统一领导下，建立市委副书记主抓、4位分管负责同志专班推进、多部门共同参与的"1＋4＋N"组织框架，组建了包括100余名乡村规划师、专家学者等在内的专家智库，制定了"1规定＋2办法＋N导则"的乡村规划技术标准，初步构建"5大战略功能区＋5条乡村振兴示范走廊＋62个城乡融合发展片区"的乡村全面振兴发展空间规划体系。

各区（市）县通过现场调研和实地踏勘相结合的方式，基本摸清镇村片区本地条件和建设现状，聚焦"化散为整、调小变大"，成都市23个区（市）县共划分镇级片区62个、村级片区424个，设置中心镇31个、中心村358个，初步确定各片区功能定位，为国土空间规划的具体编制奠定基础。

按照省委工作安排，成都确定了"2022年底前实现全市镇级片区国土空间规划全覆盖、2023年上半年基本实现村级片区规划按需应编尽编"的目标任务。先期完成崇州"3＋3"镇村片区规划编制省级试点，分别按照生态涵养、城区带动、现代服务业、都市农业、先进制造5种类型选取5个镇级片区，按照生态保护、融合发展、城镇带动3种类型选取5个村级片区，开展市级片区规划试点，形成"5＋5＋18"示范片区规划成果，在此基础上，成都市于2022年初在全市范围内选取32个镇级片区和32个村级片区开展片区国土空间规划编制，并要求把握好四对关系。一是把握好规划编制与发展定位的关系，推动城市战略目标实现；二是把握好底线约束与发展导向的关系，推动规划科学精准实施；三是把握好盘活存量与做优增量的关系，推动资源合理高效配置；四是把握好顶层设计与基层探索的关系，推动形成更多经验成果。截至2022年6月，成都全市439个县级国土空间专项规划已有432个完成市级行业主管部门审查，第一批次32个镇级国土空间规划和32个村级国土空间规划已完成市级行业主管部门审查。

结语与展望

第十三章

结语与展望

第一节

绿色城镇化是未来发展新模式的必然选择

  回望建党百年历程，中国共产党自 1921 年成立起就一直把探索民族的彻底解放和中华民族的现代化发展道路作为自己的历史使命。1949 年新中国成立之后，更是始终走在努力奋斗建设社会主义现代化的征程上。习近平总书记指出，今天，我们比历史上任何时期都更接近、更有信心和能力实现中华民族伟大复兴的目标，当然，我们也比以往面临更加艰巨的挑战。当今世界正经历百年未有之大变局，中国发展的外部环境日趋复杂。在此变局之中，城市发展既要应对新阶段人民日益多元化的美好生活需求对城市空间供给提出的更高要求，由大规模增量建设转为城镇化快速发展中后期存量提质改造和增量结构调整并重，转变城市开发建设方式，提升城市空间环境品质，供应更多"生活品质"改善型物质产品和"生命价值"提升型精神产品；又要应对不断增加的生态资源环境安全风险，破除经济发展对消耗资源、破坏环境的路径依赖，探寻可持续的绿色发展路径。

  中华文化自古以来就有着天人合一、道法自然、因地制宜、持中守正的传统生态宇宙观和纳天地于怀，笼精华于身，达致"溪山潇洒入吾庐"之意境的人居环境营造理念。改革开放以来日益突出的生态环境问题促使中国环保机构与政策法规逐步健全，参与全球环境治理的决心和行动也逐渐奠定了中国成为全球生态文明建设引领者的地位。党的十八大将生态文明建设写入党章，并纳入中国特色社会主义事业总体布局，生态文明建设的战略地位更加明确，生态文明顶层设计和制度体系建设加快推动。2017年党的十九大提出人与自然是生命共同体、推进绿色发展、落实减排承诺等目标和要求。2020年习近平总书记在联合国一般性辩论时宣布中国二氧化碳排放量力争在2030年达到峰值，2060年前实现碳中和。绿色发展的目标和要求已经并将持续影响中国乃至世界未来发展的价值取向与模式、路径，同样也将决定城镇化发展的转型方向。

2016年，习近平总书记对深入推进新型城镇化建设做出重要指示强调，要坚持以创新、协调、绿色、开放、共享的新发展理念为引领，以人的城镇化为核心，更加注重提高户籍人口城镇化率，更加注重城乡基本公共服务均等化，更加注重环境宜居和历史文脉传承，更加注重提升人民群众获得感和幸福感。

新时代以绿色为导向的新型城镇化，即绿色城镇化，是新发展阶段践行新发展理念、构建新发展格局的必然趋势，既是对人民美好生活向往的必要回应，也是在资源紧约束条件下实现现代化的必经之路，同时还是全球视野下各国必须承担的共同责任。绿色城镇化将重构自然、城市和人类社会的关系，让城市发生从主宰世界到造福于世界的根本角色转变，集中体现人民需求、时代精神与文化理想。绿色城镇化还将破解未来新增城镇人口带来的巨大生态环境保护压力、能源资源约束考验、生态产品旺盛需求等难题，成为中国共筑"人类命运共同体"、引领全球生态文明建设的有力手段。

第二节

以成都公园城市建设探索绿色城镇化中国方案

改革开放以来，中国的城镇化发展取得了举世瞩目的成就。在如此体量庞大的国家完成如此艰巨的历史使命，如此规模的城镇化，不仅具有中国的意义，也具有全球的意义。进入新时代、新阶段，以生态文明思想为指导、以满足人民美好生活向往为中心、以探索可持续绿色发展道路为目标的绿色城镇化，呼唤新的理论、新的实践、新的技术、新的探索。绿色城镇化追求的是生态、生产、生活更加和谐的关系，追求的是兼顾发展与保护、统筹协调建设空间与非建设空间，追求的是在顺应自然、保护自然、亲近自然的同时，实现现代化城市中人人向往的理想人居愿景。

在此背景下，公园城市应运而生。公园城市作为全面体现新发展理念的城市发展高级形态，坚持以人民为中心、以生态文明为引领，是将公园形态与城市空间有机融合，生产生活生态空间相宜、自然经济社会人文相融的复合系统，是人、城、境、业高度和谐统一的现代化城市，是新时代可持续发展城市建设的新模式。公园城市奉"公"服务人民、联"园"涵养生态、塑"城"美化生活、兴"市"推动转型，其包含了"生态兴则文明兴"的城市文明观、"把绿水青山保留给城市居民"的城市发展观、"满足人民日益增长的美好生活需要"的城市民生观、"历史文化是城市的灵魂"的城市人文观、"践行绿色生活方式"的城市生活观，是全面体现新发展理念和习近平生态文明思想的城市发展新形态。

相较于在规划理论发展历程中曾经出现过的花园城市、田园城市、森林城市、生态城市、低碳城市、山水城市、绿色城市等相近概念、理念和城市形态，公园城市的提出更加契合了生态文明时代中国绿色城镇化发展的需求，既体现了对自然生态的尊重，也体现了社会人文的关怀。公园城市作为中国生态文明建设的未来新方位和新亮点，其发展是建立在生态文明的理论内涵指导下，在站位上更具有对工业文明思维的彻底反思，在出发点上也有着文明形态转型的高度，在落脚点上更是以人民为中心，把满足城市人民美好生活作为核心目标。

成都公园城市作为绿色城镇化的路径探索，其本质特征是自然系统与城市空间系统的多维度融合，在形态上从单纯的公园绿地走向全域自然系统筹城市空间的景观融合，实现城在园中的景观愿景，在内涵上从围墙绿地走向公共绿地，去墙敞绿，从自然装饰走向价值共生，生产、生活、生命与生态的融合共生，生境、画境、意境的统一，物质与精神的统一，实现园中建城、城中有园、推窗见绿、出门见园的美好生活愿景。

在建设践行新发展理念的公园城市示范区的总体目标下，成都大力推进成渝地区双城经济圈、成都都市圈建设，成德眉资同城化发展成势见效，城市格局由"两山夹一城"向"一山连两翼"转变，迈入超大城市行列，经济总量连跨8个千亿元台阶、接近2万亿元，形成万亿级电子信息产业和8个千亿级产业集群，天府国际机场建成投运，成为国内第三个拥有双国际枢纽机场的城市。"1环10射"铁路网和"3绕13射"高速公路网基本成型，轨道交通运营里程从108公里增至558公里，西部金融中心辐射能力不断增强，极核主干能级有效提升。

一 坚持改革开放、创新驱动，公园城市动力活力更加强劲

125项国家级改革试点走深走实，圆满完成机构改革、镇（街道）行政区划调整和村（社区）体制机制改革，接续做好两项改革"后半篇"文章，稳妥推进中心城区体制机制改革，深化国资国企、财政预算等五项制度改革，市场主体总量实现倍增。四川天府新区综合实力迈入国家级新区第一方阵，西部（成都）科学城加快建设，天府实验室正式揭牌，国家川藏铁路技术创新中心（成都）、精准医学产业创新中心启动建设，成都超算中心纳入国家序列，国家级创新平台增至216个，高新技术企业增长近3倍、达7821家，全社会研发投入实现翻番。国际（地区）航线达131条，累计开行国际班列超1.6万列，自贸试验区、成都国际铁路港经开区获批建设，进出口总额增长2倍，落户世界500强企业、领事机构数量均居中西部第1位，成功服务保障第八次中日韩领导人会议等主场外交活动。

二 坚持生态优先、绿色发展，公园城市宜居优势更加彰显

成都市坚定践行绿水青山就是金山银山理念，初步构建公园城市理论研究、规划技术、指标评价、政策法规体系，龙泉山城市森林公园加快建设，成都大熊猫繁育研究基地扩建区开园运营，环城生态公园、锦江公园全线贯通，至2021年底，共建成天府绿道5188公里，森林覆盖率提升至40.3%。扎实抓好中央、省环保督察反馈问题和长江经济带生态环境突出问题整改，深入开展"三治一增"，建成区劣Ⅴ类水质断面全部消除，锦江水生态治理深入推进，空气质量优良天数从214天增至299天，单位GDP能耗实现"五连降"，入选联合国人居署"国际可持续发展试点城市"，9个区（市）县创建为国家生态文明建设示范区。

三 坚持以文化人、培根铸魂，公园城市软实力不断提升

全面落实意识形态工作责任制，建强"学习强国"成都平台宣传阵地，打造"理响成都"宣讲品牌，主流思想舆论持续巩固壮大。积极培育和践行社会主义核心价值观，建成新时代文明实践中心3323个，连续第五届荣获全国文明城市称号。加快建设世界文创名城、旅游名城、赛事名城和国际美食之都、音乐之都、会展之都，提升城市文化沟通力和全球传播力，城市音乐厅、天府艺术公园等文化地标相继建成，实体书店、博物馆数量分别位居全国城市第1位和第2位，入选首批国家文化和旅游消费示范城市。全力筹办第31届世界大学生夏季运动会，东安湖体育公园等49个场馆全部完工，赛事组织、服务保障、疫情防控等工作全面推进。

四 坚持以人为本、共建共享，公园城市民生福祉持续改善

深入推进城乡社区发展治理，大力实施幸福美好生活十大工程，五年

来累计投入9100亿元实施重大民生项目649个。新增学位59.4万个、医疗床位2.6万张、养老床位1.4万张，建成保障性住房16.5万平方米，累计新增城镇就业133.5万人。残疾人关爱服务、特殊教育等体系更加健全。城乡居民人均可支配收入分别增长46.6%和56.5%，连续13年位居"中国最具幸福感城市"榜首。提前3年完成116个省定贫困村脱贫任务，按期完成19个涉藏县（市）对口支援和彝区贫困县脱贫帮扶任务。特别是面对突如其来的世纪疫情，团结和依靠全市人民，风雨同舟、守望相助，用较短时间打赢多轮输入性疫情防控遭遇战、歼灭战，建立健全常态化疫情防控机制，全力守护人民群众生命健康安全。

第三节
落实公园城市"首提地"的责任担当与"示范区"的历史使命

建设富强、民主、文明、和谐、美丽的社会主义现代化强国所需要的城市应当是以生态文明思想为引领、以人民为中心、全面体现新发展理念的宜居城市，是以实现人与自然的生态和谐、人与人的社会和谐、历史与未来的发展和谐为目标的城市。公园城市正是为解决当今城市面临的可持续发展问题和"城市病"而提出的时代命题，也将是实现三大和谐的必然选择，更将是我们走向复兴之路、强国之路的必要一步。

作为"公园城市"的"首提地"，成都在全国率先把新发展理念镌刻在城市发展的旗帜上。2018年2月，习近平总书记在视察四川天府新区时指出，天府新区是"一带一路"建设和长江经济带发展的重要节点，一定要规划好建设好，特别是要突出公园城市特点，把生态价值考虑进去，努力打造新的增长极，建设内陆开放经济高地。自此开启了成都公园城市的建设发展。成都坚持新思想引领新理念导航，实现了城市能级的全方位提升、发展方式的全方位变革、治理体系的全方位完善、生活品质的全方位提升，山绿水清，突围转型，经济总量和城市国际影响力不断攀升。从空间建造到场景营造，从生态到业态，从生产方式到生活方式，公园城市建设是一场新时代城市价值重塑新路径的积极探索。成都作为"首提地"，探索形成了公园城市建设一系列具有开创性、示范性的实践经验和创新做法。

2020年1月，习近平总书记亲自谋划部署推动成渝地区双城经济圈建设，赋予成都"建设践行新发展理念的公园城市示范区"重大使命。这是对成都自公园城市建设以来取得成绩的肯定与鼓励，更是对成都提出了创构未来城市形态、回应人民美好生活向往、标定新时代城市建设发展价值取向的新要求。[1]

2022年1月28日，国务院正式批复同意成都建设践行新发展理念的公园城市示范区，要求示范区建设以习近平新时代中国特色社会主义思想为指导，全面贯彻党的十九大和十九届历次全会精神，完整、准确、全面贯彻新发展理念，加快构建新发展格局，坚持以人民为中心，统筹发展和安全，将绿水青山就是金山银山理念贯穿城市发展全过程，充分彰显生态价值，推动生态文明建设与经济社会发展相得益彰，促进城市风貌与公园形态交织相融，着力厚植绿色生态本底、塑造公园城市优美形态，着力创造宜居美好生活、增进公园城市民生福祉，着力营造宜业优良环境、激发公园城市经济活力，着力健全现代治理体系、增强公园城市治理效能，实现高质量发展、高品质生活、高效能治理相结合，打造山水人城和谐相融的公园城市。2022年3月16日，《成都建设践行新发展理念的公园城市示范区总体方案》正式印发，赋予了成都探索山水人城和谐相融新实践、超大特大城市转型发展新路径的时代使命，明确了打造城市践行绿水青山就是金山银山理念的示范区、城市人民宜居宜业的示范区、城市治理现代化

---

[1]《中共成都市委关于高质量建设践行新发展理念的公园城市示范区　高水平创造新时代幸福美好生活的决定》，2021年8月13日。

的示范区的战略定位，强调了生态、宜居、宜业、治理四个方面的重点任务要求。

《总体方案》的印发，标志着成都从公园城市"首提地"转为"示范区"，中央层面明确了公园城市的发展主线为践行新发展理念，成都公园城市由"地方实践"上升为"国家战略"，由城市特色发展模式上升为国家先行示范。

党的十九大以来，中国经济由高速增长阶段转向高质量发展阶段，国家发展进入开放创新、绿色低碳、人文魅力、人本共享、区域协同的时代。在国家新的历史方位下，习近平总书记亲自谋划、亲自部署，先后设立雄安新区贯彻落实新发展理念的创新发展示范区、长三角生态绿色一体化发展示范区、深圳中国特色社会主义先行示范区、成都践行新发展理念的公园城市示范区，反映了中央在新发展阶段推动城市经济社会高质量发展的四个不同导向。雄安新区作为北京非首都功能疏解集中承载地，强调功能疏解、结构优化，反映的是新城规划建设导向的高质量发展路径探索；长三角一体化示范区作为超大特大城市地区的远郊腹地与跨界共建的创新探索区，强调一体化、高质量，反映的是乡村振兴导向的高质量发展路径探索；深圳作为中国改革开放的重要窗口，强调深化改革、扩大开放，反映的是开放竞争背景下如何实现高质量发展；成都作为拥有2300余年悠久历史的历史文化名城和西部地区超大城市，强调绿色生态、以人文本，反映的是城市更新背景下如何实现绿色转型发展、高质量发展。四者之间模式导向各有不同、功能价值相互补充，共同探索高质量发展特色路径，共同完善中国改革开放空间布局。

展望未来，成都要在现有基础上继续落实建设践行新发展理念的公园城市示范区的使命担当，以习近平新时代中国特色社会主义思想为指导，更加崇尚创新、注重协调、倡导绿色、厚植开放、推进共享，把《总体方案》确定的重点任务抓实抓细抓具体，统筹空间与功能、城市与自然、生产与生活、发展与安全、秩序与活力，着力塑造公园城市优美形态、增进公园城市民生福祉、激发公园城市经济活力、增强公园城市治理效能，彰显以熊猫为代表的多样性生态资源、天府之国的历史文化、勇于创新的精神氛围、巴适安逸的生活气息、温暖包容的人文关怀等成都特质，推动探索山水人城和谐相融、超大特大城市转型发展走出新路子，绘就经济高质高效、动能充盈充沛、人民宜居宜业、城乡共富共美、社会和顺和谐的公园城市图景。

要更好地引领区域发展、服务国家战略。担当极核城市使命，唱好"双城记"，共建成渝地区双城经济圈，联动打造巴蜀文化旅游走廊和国际消费目的地，共筑长江上游生态屏障，建设高品质生活宜居地。推动成德眉资同城化发展，着力构建"两轴"、打造"三带"，共建沱江绿色发展经济带，构建成都都市圈高能级发展空间载体，加快交界地带融合发展，强化生态环境联防联控联治。推动"三个做优做强"提升城市整体功能，巩固完善"一山连两翼"空间总体布局，形成多中心、组团式、网络化功能结构，促进城市内涵发展、区域差异发展、城乡融合发展。中心城区要推动城市有机更新、产业转型升级、宜居品质提升、治理效能增强；城市新区要坚持创新驱动、高端引领、产城融合、联动发展；郊区新城要发挥大城市带动大郊区优势，做优做强生态价值转化、促进乡村全面振兴、公园城市乡村表达等核心功能，推进以县城和中心镇为重点的新型城镇化。

要坚定不移推进创新驱动发展，推进产业建圈强链。抓创新就是抓发展、谋创新就是谋未来。提升创新策源能力，培育多元创新主体，培养和引进科技创新，加快培育发展产业生态，优化提升现代服务业，大力发展都市现代农业，培育壮大数字经济，加快构建竞争优势突出的现代产业体系。

要坚定不移推动绿色低碳发展，不断提升城市可持续发展能力。深入践行习近平生态文明思想，以实现"双碳"目标为引领，加强自然生态系统保护修复，构建以大熊猫国家公园成都片区为主体的自然保护地体系，开展"五绿润城""天府蓝网"行动，推动绿道串联绿地、水系、森林、湖泊、乡村和田园，形成完整生态网络。着力优化空间结构、产业结构、交通结构、能源结构。推行生态系统生产总值核算体系，建立健全生态产品价值实现路径，深化生态环境导向的开发（EOD）模式试点，执行绿色建筑要求，推行绿色建造方式，开展绿色生活创建和低碳公益行动，鼓励市民扩大绿色消费，加快形成简约适度、节能环保的普遍自觉。

要坚定不移推进文化繁荣兴盛，加快打造世界文化名城。坚持文化自信和文化传承，从历史和地方经验中汲取智慧，挖掘历史文化的现代活力，以"三城三都"建设为牵引，推动天府文化创造性转化、创新性发展，完善城乡一体、区域均衡的现代公共文化服务体系，运用新形态、新模式来承载与重塑传统文化，为公园城市注入更丰富的内涵、更持久的生命力。

要坚定不移提质幸福成都，加快打造高品质生活宜居地。深入实施幸福美好生活十大工程，开展高品质生活城市建设行动，优化配置城乡教育资源，加强公共卫生体系建设，深入实施城市更新行动，开展背街小巷整治提升行动，打造城市"金角银边"，把人文关怀体现到城市工作全过程各领域，让市民获得感成色更足、幸福感更可持续、安全感更有保障。

要坚定不移推进共建共治共享，积极探索超大城市现代化治理新路径。健全现代治理体系，将智慧、韧性、安全理念贯穿城市规划建设管理全过程，提升市政网络安全性，以"智慧蓉城"建设为牵引，推进市政公用设施、公共服务的数字化、智慧化建设，建设"数字孪生城市"，建好"智慧蓉城"运行中心，构建绿色生态、宜居生活、宜业环境、现代治理等智慧应用场景体系，全面推动城市经济、生活、治理数字化转型，不断提升公共服务、公共安全、公共管理能力。加强地下空间综合开发利用，健全城市防涝排水工程体系，大力推进海绵城市建设，提升城市生命线弹性韧性。

全面建设践行新发展理念的公园城市示范区，肩负着探索城市现代化建设国家试点示范的时代使命，是成都服务战略全局的独特定位和实现跨越发展的历史机遇。成都践行新发展理念的公园城市示范区的建设发展，要全面落实"一尊重五统筹"城市工作总要求，突出公园城市的本质内涵和建设要求，重点在生态、宜居、宜业、治理四个方面探索创新、先行示范，积极创造可复制可推广的典型经验和制度成果。成都公园城市要做一枚种子，将绿色城镇化的中国经验传播到全国、传播到全球，为世界贡献中国智慧。

附 录

成都公园城市大事记

一 2018 年

2月11日 习近平总书记在视察四川天府新区时指出，天府新区是"一带一路"建设和长江经济带发展的重要节点，一定要规划好建设好，特别是要突出公园城市特点，把生态价值考虑进去，努力打造新的增长极，建设内陆开放经济高地。

3月2日 成都市第十七届人民代表大会审议《成都市城市总体规划（2016—2035年）（送审稿）》并通过，确立了"建设全面体现新发展理念的城市，国家中心城市、美丽宜居公园城市、国际门户枢纽城市、世界文化名城"定位。

4月2日 习近平总书记参加首都义务植树，发表讲话："一个城市的预期就是整个城市就是一个大公园，老百姓走出来就像在自己家的花园一样。"

5月1日 作为天府绿道展示窗口和体验中心的锦城绿道规划展示中心正式对外开放。

5月11日 成都市依托成都市规划设计研究院组建全国首个公园城市研究院——天府公园城市研究院。

7月1日 全国首条主题绿道——以熊猫文化为特色的成都市三环路熊猫绿道全线贯通开放，全长102公里。

7月7日 中国共产党成都市第十三届委员会第三次全体会议审议通

过了《中共成都市委关于深入贯彻落实习近平总书记来川视察重要指示精神 加快建设美丽宜居公园城市的决定》，详细阐述公园城市的内涵、原则和目标。

10月11日 人民日报刊发文章《加快建设美丽宜居公园城市》，文中指出，加快建设美丽宜居公园城市需要深刻认识公园城市的科学内涵、准确把握公园城市的时代价值，同时积极探索公园城市的建设路径。

11月12日 四川省加快推进新型城镇化工作领导小组办公室印发《关于开展公园城市建设试点的通知》，拟支持成都先行先试公园城市建设，在成都以外的市州再遴选3—4个城市、6—7个县城开展公园城市建设试点。

二 2019年

1月14日 成都市委着眼统筹山水林田湖草系统治理，以成都市林业园林局为基础，组建全国首个公园城市政府工作部门——成都市公园城市建设管理局，加强对公园城市建设的总体设计和统筹协调，保障美丽宜居公园城市建设科学、有序、高效推进。

1月15日 大熊猫国家公园成都管理分局正式挂牌，标志着成都大熊猫保护工作正式进入国家公园时代。

是日 成都市委、成都市人民政府发布《关于推进龙泉山森林公园建设的意见》，提出规划建设龙泉山城市森林公园是增进民生福祉、建设美丽宜居公园城市的战略举措。

是月 成都市在原成都市风景园林规划设计院基础上组建成都市公园城市建设发展研究院，加挂成都市林业勘察规划设计院、成都市龙泉山城市森林公园规划建设发展研究院，开展公园城市理论研究、技术创新、咨询服务，助力成都市加快建设美丽宜居公园城市。

2月 成立成都市公园城市建设领导小组，下设办公室于成都市公园城市建设管理局，统筹全市公园城市建设工作。

4月22日　首届公园城市论坛在四川天府新区成功举办，论坛主题"公园城市·未来之城——公园城市的理论研究和路径探索"，发布了《公园城市——城市建设新模式的理论探索》理论专著，达成了《公园城市成都共识2019》。

5月10日　中共成都市委组织部、成都市公园城市建设管理局组织的成都公园城市系列专题培训（公园城市大讲堂）第一讲正式开讲。

8月12日　《成都市美丽宜居公园城市规划及规划建设导则》获成都市政府批复。

9月25日　成都市大熊猫繁育基地改扩建项目正式开工，加快打造"熊猫之都"。

10月15日　成都市首部街道一体化设计导则《成都市公园城市街道一体化设计导则（公示版）》发布。

12月24日　成都公园城市建设案例入选联合国《中国人类发展报告特别版》，被评为最具代表性的中国城市发展典型成功经验。

本年　成都市森林覆盖率提升至39.93%，绿地率达38%，绿化覆盖率达43.5%，人均公园绿地面积达13.85平方米，锦城绿道沿绕城高速公路的一级绿道环线全线贯通，锦江绿道中心城区段全面贯通，打造100条"回家的路"社区绿道，建成各级绿道822.4公里，累计建成绿道3429公里。正式启动"百个公园"示范工程项目建设。

三　2020年

1月3日　习近平总书记在中央财经委员会第六次会议上做出推动成渝地区双城经济圈战略部署，明确支持成都建设践行新发展理念的公园城市示范区。

1月21日　在瑞士达沃斯举行的2020年世界经济论坛年会上，成都推介区展位以"美丽宜居公园城市"为主题，将天府绿道、熊猫故乡、大运会等元素融汇其中，结合世界历史文化城市、国家中心城市、世界城市等发展定位，面向各国政要和企业领袖代表全面推介。

4月24日　成都市建设践行新发展理念的公园城市示范区领导小组第一次会议举行。要求全市各级各部门要坚持以习近平新时代中国特色社会主义思想为指导，高质量建设践行新发展理念的公园城市示范区，开好局、起好步，为加快推进成渝地区双城经济圈建设贡献更大力量。

5月　成都市启动公园城市示范片区建设，出台了《成都市公园城市建设示范片区申报指引》《成都市公园城市建设示范片区管理办法》和《成都市公园城市示范片区评价考核指标体系》等系列文件，以公园城市示范片区为重要抓手加快推进成都市公园城市示范区建设。

是月　成都市公园城市建设管理局与中国城市规划设计研究院合作，启动《成都市践行新发展理念的公园城市示范区建设实施规划（2021—2025）》编制工作，各区（市）县组织编制《践行新发展理念的公园城市示范区——区（市）县建设实施规划》，在全市层面和区（市）县层面谋划布局重大项目、形成行动计划。

7月10日　中共四川省委十一届七次全会举行，审议通过《中共四川省委关于深入贯彻习近平总书记重要讲话精神　加快推动成渝地区双城经济圈建设的决定》，强调要做强成都极核和主干功能，以建设践行新发展理念的公园城市示范区为统揽，加快天府新区、成都东部新区和中国西部（成都）科学城"两区一城"建设，大力推进成德眉资同城化发展，持续提升门户枢纽地位，促进成都与重庆相向、协同发展。

7月15日　中共成都市委十三届七次全会举行，做出加快建设美丽宜居公园城市的决定。会议通过了《中共成都市委关于坚定贯彻成渝地区双城经济圈建设战略部署　加快建设高质量发展增长极和动力源的决定》，至2025年，成都市初步建成践行新发展理念的公园城市示范区。

9月3日　"中国城市规划设计研究院·成都市公园城市建设管理局公园城市研究中心"在成都挂牌成立，标志着成都在加强与国内外知名规划设计院所合作交流、努力推进公园城市发展建设的道路上迈出了重要一步。

9月30日　国际园艺生产者协会秋季年会上全票通过了成都市举办

2024年世界园艺博览会的决定。

10月20日　中共中央、国务院印发《成渝地区双城经济圈建设规划纲要》，要求成都"以建成践行新发展理念的公园城市示范区为统领"，"打造区域经济中心、科技中心、世界文化名城和国际门户枢纽，提升国家中心城市国际竞争力和区域辐射力"。

10月24日　第二届公园城市论坛"公园城市·未来之城——践行新发展理念的公园城市示范区"在四川天府新区举行。此次论坛系统梳理、全面展示近三年来成都推进公园城市发展建设的理论与实践，形成可复制、可推广的理论成果和实践经验，发布了《公园城市　成都实践》《公园城市发展报告（2020）》《公园城市指数框架体系》等系列成果，为公园城市在全国推广发展提供"成都方案""成都智慧""成都经验"。

11月21—23日　以"风景园林·公园城市·健康生活"为主题的中国风景园林学会2020年会在成都市召开，会议围绕推进美丽中国建设，总结评估风景园林行业发展现状，探索公园城市建设理念、策略和路径，进一步推进风景园林与公园城市建设实践探索。

12月14日　中共四川省委、四川省人民政府正式印发《关于支持成都建设践行新发展理念的公园城市示范区的意见》，支持成都在城市规划、建设、管理、运营方面全方位变革，为成都下一步规划好建设好公园城市增强了信心和动力。

本年　成都市森林覆盖率提升至40.2%，绿化覆盖率达45%，人均公园绿地面积达15平方米，锦城绿道沿绕城高速公路的一级绿道环线全线贯通，锦江绿道中心城区段全面贯通，打造100条"回家的路"社区绿道，建成各级绿道822.4公里，累计建成绿道3429公里。正式启动"百个公园"示范工程项目建设。

四　2021年

1月18日　国际园艺生产者协会正式批准成都市举办2024年世界园

艺博览会，成都市正式获得2024年世界园艺博览会举办权。

1月26日 成都市举行成都新经济共享大会，面向全球发布《城市场景机会清单》，清单涵盖城市十大共享机遇，首批一千余个新场景，价值约1.9万亿元。

2月18日 成都市实施幸福美好生活十大工程动员大会召开，发布各项工程五年实施方案和2021年工作计划，该内容同时写入《成都市"十四五"规划和2035年远景目标纲要》。其中，开展生态惠民示范工程提出"五绿润城"示范行动，加快建设龙泉山城市森林公园、大熊猫国家公园、天府绿道、环城生态公园、锦江公园，打造涵养城市生态、塑造优美形态的"绿心""绿肺""绿脉""绿环""绿轴"。

是日 四川天府新区党工委管委会发布《天府新区公园城市规划建设白皮书》。

6月1日 由成都市公园城市建设管理局组织编制的《成都市古树名木保护管理规定》正式施行。

7月23日 中共成都市委十三届九次全会审议通过了《中共成都市委关于高质量建设践行新发展理念的公园城市示范区 高水平创造新时代幸福美好生活的决定》，提出坚定贯彻成渝地区双城经济圈建设战略部署加快建设高质量发展增长极和动力源的决定，实施"幸福美好生活十大工程"，"建设以绿色为新形态的公园城市，努力构建近悦远来的宜居环境"。

是日 成都市住房和城乡建设局牵头编制的《成都市公园城市有机更新导则》正式印发。

8月5日 成都市公园城市建设管理局正式发布《2020年成都市森林资源与林业生态状况公告》。数据显示，2020年全市森林面积864.30万亩，森林蓄积量3677.35万立方米，森林覆盖率达到40.2%。五年新增森林等于3090个天府广场。

8月6日 成都市出台《成都市美丽宜居公园城市建设条例》，共十一章七十六条，分别从总则、生态本底、空间格局、以人为本、绿色发展、低碳生活、价值转化、安全韧性、可持续发展、监督检查以及相关附则等方面对成都美丽宜居公园城市建设工作进行了系统阐释。该条例适用于成都市行政区域内美丽宜居公园城市建设工作，将于2021年10月1日起施行。

8月18日　国新办举行建设人与自然和谐共生的美丽中国发布会，介绍了成都市近五年大气环境改善成效——PM2.5浓度下降了约36%，并向全国分享了成都市大气环境改善的相关经验。

9月　成都市作为第十三届中国（徐州）国际园林博览会的参展城市，完成"成都园"建设。

9月7日　首届中国数字碳中和高峰论坛在成都举办，该活动积极探索数字化助力实现"双碳"目标，推动数字化路径与碳中和目标有机结合，促进可持续发展的理论经验与实践交流。

9月16日　2021年成都公园城市国际花园季成功举办，该活动展示了参赛选手的设计作品，同时还推动优秀作品在成都其他城市公园内转化落地，让未来花园的美丽愿景成为公园城市中的生活场景。该活动被包括中央媒体人民网、四川新闻网在内的多家媒体报道。

9月25日　中国城市规划年会在成都举办，其中学术对话暨中规智库系列活动"公园城市·绿色城镇化新模式"在北京中国城市规划设计研究院举行。

是月　成都市积极推进社区绿道"串街链户"，累计建成"回家的路"社区绿道1127条，基本形成15分钟绿道体验圈。

10月14日　以"芙蓉盛世开　大运成都来"为主题的第四届天府芙蓉花节开幕式在天府芙蓉园隆重举行。

10月20日　中共中央、国务院印发《成渝地区双城经济圈建设规划纲要》，要求成都以建成践行新发展理念的公园城市示范区为统领，厚植高品质宜居优势，提升国际国内高端要素运筹能力，构建支撑高质量发展的现代产业体系、创新体系、城市治理体系，打造区域经济中心、科技中心、世界文化名城和国际门户枢纽，提升国家中心城市国际竞争力和区域辐射力。

11月29日　四川省人民政府印发《成都都市圈发展规划》，加快建设践行新发展理念的公园城市示范区，到2025年，生态本底和城市空间有机融合，青山绿道蓝网相呼应的城市生态格局基本形成，绿色低碳公园城市形态充分显现。

12月29日　四川省委书记彭清华在成都调研时强调，扎实抓好践行新发展理念的公园城市示范区建设各项工作，加快打造高品质生活宜居地，把历史和文化、传统和现代、自然和城市连接贯通起来，突出生态价值构建绿色空间体系，全面提升城市宜业宜商宜居宜游功能品质，让公园城市不仅有高颜值，更有烟火气和幸福感。

12月31日　中共重庆市委、中共四川省委、重庆市人民政府、四川省人民政府联合印发了《重庆四川两省市贯彻落实〈成渝地区双城经济圈建设规划纲要〉联合实施方案》，推动成都打造区域经济中心、科技中心、世界文化名城和国际门户枢纽，建成践行新发展理念的公园城市示范区。

五　2022年

1月18日　省委书记、省人大常委会主任彭清华指出，成都市要坚定以习近平新时代中国特色社会主义思想为指导，深入学习贯彻习近平总书记对四川及成都工作系列重要指示精神，坚持把建设践行新发展理念的公园城市示范区作为统揽，以新发展理念为"魂"、以公园城市为"形"，站在新的历史起点全面推动成都现代化建设，在推动高质量发展中当好全省主干、走在全国前列。

1月23日　《2022年成都市政府工作报告》发布，明确以新发展理念为"魂"、以公园城市为"形"，坚决扛起建设践行新发展理念的公园城市示范区的重大使命，着力建设创新城市、开放城市、宜居城市、共享城市、智慧城市、善治城市、安全城市，推动城市发展由规模扩张向内涵提升转变。

1月28日　国务院正式批复同意成都建设践行新发展理念的公园城

市示范区。要求示范区建设以习近平新时代中国特色社会主义思想为指导，全面贯彻党的十九大和十九届历次全会精神，完整、准确、全面贯彻新发展理念，加快构建新发展格局，坚持以人民为中心，统筹发展和安全，将绿水青山就是金山银山理念贯穿城市发展全过程，充分彰显生态价值，推动生态文明建设与经济社会发展相得益彰，促进城市风貌与公园形态交织相融，着力厚植绿色生态本底、塑造公园城市优美形态，着力创造宜居美好生活、增进公园城市民生福祉，着力营造宜业优良环境、激发公园城市经济活力，着力健全现代治理体系、增强公园城市治理效能，实现高质量发展、高品质生活、高效能治理相结合，打造山水人城和谐相融的公园城市。

2月15日 成都市未来公园社区建设正式启动。

2月28日 《2021年度成都城市体检综合报告》正式出炉，显示成都已经实现了从区域性中心城市向国家中心城市、"新一线城市"的历史性跃升，各项建设均按照国家有关规定高标准、高质量完成，全面转向高质量发展的条件已经完全具备。在公园城市建设、民生福祉改善等方面取得了卓越成效，走在了全国前列。

3月16日 国家发展改革委网站正式发布《成都建设践行新发展理念的公园城市示范区总体方案》，以习近平新时代中国特色社会主义思想为指导，全面贯彻党的十九大和十九届历次全会精神，完整、准确、全面贯彻新发展理念，加快构建新发展格局，坚持以人民为中心，统筹发展和安全，将绿水青山就是金山银山理念贯穿城市发展全过程，充分彰显生态产品价值，推动生态文明与经济社会发展相得益彰，促进城市风貌与公园形态交织相融，着力厚植绿色生态本底、塑造公园城市优美形态，着力创造宜居美好生活、增进公园城市民生福祉，着力营造宜业优良环境、激发公园城市经济活力，着力健全现代治理体系、增强公园城市治理效能，实现高质量发展、高品质生活、高效能治理相结合，打造山水人城和谐相融的公园城市。

4月26日 四川省委常委、成都市委书记施小琳在中国共产党成都市第十四次代表大会上的报告中指出："全面建设践行新发展理念的公园城市示范区，肩负着探索城市现代化建设国家试点示范的时代使命，是成都服务战略全局的独特定位和实现跨越发展的历史机遇。我们要统筹空间与功能、城市与自然、生产与生活、发展与安全、秩序与活力，着力塑造公园城市优美形态、增进公园城市民生福祉、激发公园城市经济活力、增强公园城市治理效能，推动探索山水人城和谐相融、超大特大城市转型发展走出新路子，绘就经济高质高效、动能充盈充沛、人民宜居宜业、城乡共富共美、社会和顺和谐的公园城市图景，努力创造无愧于时代、无愧于人民、无愧于历史的新业绩。"

5月9日 四川省委书记王晓晖在成都市调研时强调，要突出公园城市的本质内涵和建设要求，统筹生态、生活、经济和安全需要，把公园城市示范区建设《总体方案》确定的重点任务抓实抓细抓具体，推动实现高质量发展、高品质生活、高效能治理，努力打造山水人城和谐相融的公园城市。

参考文献

1.《"应对气候变化"溯源（会议·机构·政策）》,《中国投资》2011年第5期。

2.《2019年应届生求职趋势报告》,BOSS直聘,2019年9月18日。

3.《2020中国人才指数发布》,中国经济信息社,2020年10月30日。

4.《成都凤凰山露天音乐公园：美好生活 凤凰展翅》,2019年6月18日,https://www.163.com/dy/article/EHUUCD0I0514FD4Q.html。

5.《成都锦江公园总体规划（征求意见稿）》,2019年8月5日,成都市规划设计研究院（http://www.cdipd.org.cn/index.php?m=content&c=index&a=show&catid=85&id=99）。

6.《成都市"中优"区域城市剩余空间更新规划设计导则》,2021年1月。

7.《成都市川西林盘保护修复利用规划（2018—2035）》。

8.《成都市国民经济和社会发展第十四个五年规划和二〇三五年远景目标纲要》。

9.《江山就是人民 人民就是江山——习近平总书记关于以人民为中心重要论述》,《民心》2021年第7期。

10.《就业蓝皮书：2019年中国本科生就业报告》《就业蓝皮书：2019年中国高职高专生就业报告》,麦可思研究院和社会科学文献出版社共同发布,2019年6月10日。

11.《明年再相约！2020年成都公园城市国际花园节精彩落幕！》,《中国时报》,2020年11月26日,http://cn.chinadaily.com.cn/a/202011/26/WS5fbf1ad3a3101e7ce9731c40.html。

12.《设计师眼中的东安湖》，2021年4月13日，http://www.longquanyi.gov.cn/lqyqzfmhwz_gb/c123113/2021-04/13/content_e5db9cb44e9c453babd7abb90b8eb1c2.shtml。

13.《天府文化》，2020年11月9日，https://www.sohu.com/a/430675643_99997284。

14.《无限成都》，https://www.cditv.cn/show-1171-1467885-1.html。

15.《用最严格制度最严密法治保护生态环境》，2020年8月16日，人民网（https://baijiahao.baidu.com/s?id=1675125636595951651&wfr=spider&for=pc）。

16.《中共成都市委关于高质量建设践行新发展理念的公园城市示范区 高水平创造新时代幸福美好生活的决定》，2021年8月13日。

17.《中华人民共和国国民经济和社会发展第十四个五年规划和2035年远景目标纲要》，人民出版社2021年版。

18.陈雄、吕立志：《人与自然是生命共同体》，《红旗文稿》2019年第16期。

19.成都市公园城市建设领导小组：《公园城市：城市建设新模式的理论探索》，四川人民出版社2019年版。

20.党建网微平台：《习近平谈城市建设与发展》，2021年5月9日，央视网（http://news.cctv.com/2021/05/09/ARTItD3vcwl9uMdXXUMOaZkz210509.shtml）。

21.党建杂志社：《习近平引经据典谈法治》，https://xw.qq.com/cmsid/20201124A011SW00?f=newdc。

22.樊纲、郑宇劼、曹钟雄：《双循环：构建十四五新发展格局》，中信出版社2021年版。

23.高世楫、俞敏：《中国提出"双碳"目标的历史背景、重大意义和变革路径》，《新经济导刊》2021年第2期。

24.李恒：《成都平原地域景观体系研究》，博士学位论文，北京林业大学，2018年。

25. 刘宛:《精微公共空间与活力城市生活——关于老城区精治的思考》,《北京规划建设》2019 年第 52 期。

26.《共谋全球生态文明建设(2020·年终专稿)》,《人民日报》2020 年 12 月 26 日第 3 版。

27. 沈清基:《论基于生态文明的新型城镇化》,《城市规划学刊》2013 年第 1 期。

28. 生态环境部党组:《以习近平生态文明思想引领美丽中国建设》,《人民日报》2020 年 8 月 14 日第 9 版。

29.《生态文明思想实践模式》,《城市与环境研究》2021 年第 1 期。

30. 孙诗萌:《浅谈中国古代的人居理想》,《人类居住》2019 年第 3 期。

31. 王凯、陈明:《中国绿色城镇化的认识论》,《城市规划学刊》2021 年第 1 期。

32. 吴良镛:《人生理想与诗意栖居——吴良镛谈理想人居环境》,《居业》2013 年第 9 期。

33. 吴岩、王忠杰、束晨阳等:《"公园城市"的理念内涵和实践路径研究》,《中国园林》2018 年第 34 卷第 10 期。

34. 习近平:《把握新发展阶段,贯彻新发展理念,构建新发展格局》《求是》2021 年第 9 期。

35. 习近平:《共谋绿色生活,共建美丽家园——在 2019 年中国北京世界园艺博览会开幕式上的讲话》,《中华人民共和国国务院公报》2019 年第 13 期。

36. 习近平:《推动我国生态文明建设迈上新台阶》,《求是》2019 年第 2 期。

37. 习近平:《在纪念马克思诞辰 200 周年大会上的讲话》,《党建》2018 年第 5 期。

38. 项目综合报告编写组:《〈中国长期低碳发展战略与转型路径研究〉综合报告》,《中国人口·资源与环境》2020 年第 30 卷第 11 期。

39. 于洪君:《中国现代化新征程发展三要素:新阶段、新理念、新格局》,《人民论坛》2021年第7期。

40. 张进财:《以人民为中心建设美丽中国》,《人民日报》2021年6月18日第13版。

41. 张守帅:《以建设践行新发展理念的公园城市示范区为统领 推动成都在高质量发展中当好全省主干走在全国前列》,《四川日报》2021年8月30日第1版。

42.《人民网评:不断满足人民群众的优美生态环境需要》,2018年5月24日,中国经济网(http://www.ce.cn/xwzx/gnsz/gdxw/201805/24/t20180524_29235592.shtml)。

43. 中华人民共和国生态环境部:《中国应对气候变化的政策与行动2020年度报告》,2021年6月。

44. 周光迅、胡倩:《从人类文明发展的宏阔视野审视生态文明——习近平对马克思主义生态哲学思想的继承与发展论略》,《自然辩证法研究》2015年第31卷第4期。